Peter Waldmann

Terrorismus

Peter Waldmann

Terrorismus

Provokation der Macht

MURMANN

Dieses Buch wurde klimaneutral produziert:

Print CO2 kompensiert
Id-Nr. 1111650
www.bvdm-online.de

FSC
www.fsc.org
MIX
Papier aus verantwortungsvollen Quellen
FSC® C106847

Bibliografische Information der Deutschen Nationalbibliothek

Die Deutsche Nationalbibliothek verzeichnet diese Publikation in der deutschen Nationalbibliografie; detaillierte bibliografische Daten sind im Internet über http://dnb.d-nb.de abrufbar.

ISBN 978-3-86774-140-8

3., aktualisierte und überarbeitete Auflage, Juli 2011

Die erste Ausgabe erschien 1998 im Gerling Akademie Verlag GmbH, München

Lektorat: Evelin Schultheiß, Ahrensburg
Mitarbeit: Matthias Michel, Wiesbaden
Umschlaggestaltung: Rothfos & Gabler, Hamburg
Herstellung und Gestaltung: Presse- und Verlagsservice, Erding
Gesetzt aus der Minion und der Myriad
Druck und Bindung: Freiburger Graphische Betriebe, Freiburg
Printed in Germany

Besuchen Sie uns im Internet: www.murmann-verlag.de

Ihre Meinung zu diesem Buch interessiert uns!
Zuschriften bitte an **info@murmann-verlag.de**

Den Newsletter des Murmann Verlages können Sie anfordern unter
newsletter@murmann-verlag.de

Inhalt

Vorwort zur dritten Auflage

Terrorismus und die Protagonisten dieser Form der Gewalt, die Terroristen, gelten vielen als der Inbegriff des Unbegreiflichen, kaum Fassbaren, Unberechenbaren. Diese Ansicht hat eine gewisse Bestätigung durch einen Klassiker der Terrorismusforschung, Walter Laqueur, erfahren, der seinerzeit behauptete, terroristische Gruppen könnten sich überall und jederzeit bilden, ihre Ursachen und Entstehungsbedingungen erforschen zu wollen sei sinnlos. In letzter Konsequenz läuft seine Abhandlung auf die bloße Beschreibung des Phänomens Terrorismus und den Verzicht auf dessen Erklärung hinaus. Demgegenüber wird hier der Versuch unternommen, die strukturellen Züge des Terrorismus und die ihm eigenen Regeln und Gesetzmäßigkeiten herauszuarbeiten. Dass der Band seit seinem erstmaligen Erscheinen im Jahr 1998, also vor den Anschlägen des 11. September 2001, bereits wiederholt neu aufgelegt wurde und gegenwärtig ein drittes Mal zur Publikation ansteht, spricht dafür, dass es eine bleibende Nachfrage nach dieser distanzierten, analytischen Betrachtungsweise von Terrorismus gibt. Vor allem Sozialwissenschaftler und historisch interessierte Leser wissen die Bemühung zu schätzen, jenseits aller die bisherigen Erkenntnisse angeblich in Frage stellenden aktuellen Anschlagsserien und Eskalierungsprozesse die durchgehenden Merkmale sukzessiver terroristischer »Wellen« aus komparativer Sicht aufzuzeigen.

Die Konstanten betonen heißt jedoch nicht, jüngere Entwicklungen und Differenzierungen unbeachtet zu lassen, die im breiten Feld terroristischer Aktivitäten zu beobachten sind und ihren Niederschlag teilweise in entsprechenden Untersuchungen gefunden haben. In der vergangenen Auflage wurde al-Qaida und generell dem religiösen Terrorismus ein besonderes Augenmerk geschenkt. Die zusätzlichen Entwicklungen, die in dieser Ausgabe Berücksichtigung finden, lassen sich in drei Punkten zusammenfassen:

Erstens haben sich die geografischen Schwerpunkte sowohl des internationalen als auch des nationalen Terrorismus, wie die Statistiken ausweisen, in den Nahen und Mittleren Osten (Irak, Afghanistan, Pakistan) und nach Südasien (Indien) verlagert. Europa, auch die USA, sind, ungeachtet der hohen Sensibilität ihrer sicherheitsverwöhnten Bevölkerung gegenüber dieser Extremform der Gewalt, kein zentraler Schauplatz terroristischer Anschläge mehr.

Dies bedeutet zweitens freilich nicht, dass der hochentwickelte Westen künftig gänzlich von Anschlägen verschont bleiben wird. In den letzten Jahren haben vor allem terroristische Angriffe muslimischer Zuwanderer und ihrer Abkömmlinge auf die Verkehrssysteme der Aufnahmeländer für erhöhte Alarmbereitschaft und Gefühle der Bedrohung gesorgt (sogenannter Exil- beziehungsweise Diaspora-Radikalismus). Der Versuch, diesen *homegrown*-Terrorismus zu entschlüsseln, führte zu einer erneuten Aufwertung psychologischer Erklärungsansätze und Untersuchungsmethoden. Man erstellte »Profile« potenzieller Terroristen und zeichnete ihre individuelle Entwicklung nach, um herauszufinden, wann und warum der Persönlichkeitsumbruch von einem »normalen« Jugendlichen zu einem fundamentalistischen Fanatiker stattfindet, der sich einem terroristischen Anschlagsprojekt anschließt.

Auch im Bereich der Terrorismusbekämpfung ist – dies ist der dritte Aspekt – eine Schwerpunktverschiebung zu beobachten. Trotz oder gerade wegen der intensiven Bemühungen sämtlicher westlicher Sicherheitsdienste, den Operationsspielraum radikaler religiöser Gruppen auf jede erdenkliche Weise einzuengen, werden die Grenzen dieses Ansatzes, dem Terrorismus beizukommen, immer deutlicher. Deshalb haben parallel dazu die Überlegungen darüber zugenommen, wie sich Konflikte strukturell entschärfen lassen und bereits im Vorfeld von Spannungen Eskalierungsprozessen begegnet werden kann. Auf individueller Ebene haben etliche Staaten Programme (etwa in Gefängnissen) entwickelt, die ein Abdriften Gefährdeter in den Extremismus verhindern oder es dem einzelnen

Gewaltaktivisten ermöglichen sollen, sich von der terroristischen Gruppe zu lösen. Generell neigt man weniger als früher zur Überschätzung rein repressiver Methoden, sondern versucht vermehrt, sich in die Denkweise von Terroristen hineinzuversetzen und »natürliche« Abstiegs- und Ermüdungserscheinungen bei terroristischen Gruppen zu fördern oder zu beschleunigen.

Bei der Überarbeitung des Manuskripts war mir Stefan Malthaner durch zahlreiche Hinweise behilflich. Cornelia Meier brachte die Statistiken auf den neuesten Stand. Beiden sei an dieser Stelle sehr herzlich gedankt.

Peter Waldmann, Augsburg, im April 2011

Postskriptum:

Nach Fertigstellung des überarbeiteten Manuskriptes wurde Osama bin Laden, wie Medienberichten zu entnehmen war, durch eine US-Spezialeinheit in Pakistan getötet. Für eine auch nur ungefähre Einschätzung der mittel- und langfristigen Folgen des plötzlichen Verschwindens des Al-Qaida-Führers lassen die Umstände der Hinrichtung und die unmittelbare Reaktion der arabischen Welt darauf zwei Schlussfolgerungen zu. Zum einen bestätigen sie die in diesem Band vertretene Auffassung, dass Bin Laden als militärischer Führer der von ihm gegründeten Gewaltorganisation nur noch eine reduzierte Bedeutung hatte. Man darf sich insoweit durch Informationen aus Washington, Bin Laden sei weiterhin der Drahtzieher etlicher Anschläge in Afrika und im Nahen Osten gewesen, nicht täuschen lassen. Das Interesse der USA, zur Legitimierung des unrechtmäßigen Tötungsaktes auf fremdem Territorium die von dem Terroristenführer bis zuletzt ausgehende Bedrohung aufzubauschen, liegt auf der Hand. Die meisten Experten sehen Bin Ladens tatsächliche Rolle anders. Zum anderen, und das ist die wichtigere Einsicht, ist die Bin Laden stets zugeschriebene Ausstrahlung als symbolische Leitfigur des transnationalen Dschihadismus ebenfalls deutlich zurückgegangen. Nur so ist zu erklären, dass sein Tod in den Medien der meisten arabischen Staaten nur ein verhaltenes Echo auslöste. Offenbar übte der von ihm propagierte heilige Krieg und Opferheroismus nur noch eine schwindende Anziehungskraft auf die gebildeten Schichten der arabischen Jugend aus, welche – die jüngsten Aufstandsbewegungen in Nordafrika zeigen es – sich zunehmend neuen Zielen wie der Einforderung von mehr Demokratie und einer angemessenen Teilhabe an der modernen Konsumgesellschaft verschrieben hat.

Die Entwicklung scheint jenen recht zu geben, die den Irak-Feldzug der USA und ihrer Verbündeten von 2003 dafür verantwortlich gemacht haben, dass die schon abebbende Welle des islamistischen Terrorismus erneut aufbrandete. Die meisten Anschläge in jüngerer Zeit fanden neben Afghanistan im Irak, in Saudi-Arabien, im Jemen und in Pakistan statt und sie kosteten überwiegend Muslime das Leben. Damit hat auch den islamistischen Terrorismus das alte Dilemma eingeholt, dass von terroristischen Gewaltakten just jene Bevölkerungsgruppen am meisten betroffen sind, deren Wohl und Heil er angeblich verteidigt. Was die USA betrifft, so ist zu vermuten, dass sich die politische Führung großenteils der geschwundenen strategischen Bedeutung Bin Ladens durchaus bewusst war, so dass sich dessen Tötung primär als Vergeltungsakt für die Anschläge vom 11. September 2001 darstellt.

1. Einleitung: Begriff und Tragweite des Phänomens

Terrorismus ist ein stark emotional besetztes Thema, das unterschiedliche Empfindungen auslöst: Angst, Verzweiflung, Unsicherheit, Abwehr und Verteidigungsimpulse, sensationslüsterne Neugier, Schadenfreude, bisweilen auch Faszination. Dieser Gefühlsvielfalt entspricht auf der rechtlich-politischen Ebene eine gewisse Offenheit und Ambivalenz des Begriffs. Trotz lautstarker allgemeiner Verdammung des Terrorismus hat man sich bis heute international nicht darüber einigen können, was darunter eigentlich zu verstehen ist. Äußerst schmal ist der Grat, der den Terroristen vom Freiheitskämpfer trennt, und entsprechend groß ist die Versuchung für die politisch Mächtigen, unbequeme Oppositionsgruppen kurzerhand zu Terroristen abzustempeln. An Beispielen für diese willkürliche Praxis mangelt es nicht, es hat auch Regierungen gegeben, die einen wiederholten Etikettenwechsel vornahmen, je nach politisch-militärischer Konstellation ein und dieselbe aufständische Bewegung als Widerstandskämpfer akzeptierten oder als Terroristen stigmatisierten.

Wer den Terrorismus aus sozialwissenschaftlicher Sicht untersucht, ist gut beraten, sich von derartigen definitorischen Konjunkturschwankungen unabhängig zu machen. Er kann dies auch guten Gewissens tun, denn im Unterschied etwa zur Moralphilosophie oder dem Völkerrecht zielt die sozialwissenschaftliche Analyse weniger auf die Beurteilung der moralischen beziehungsweise rechtlichen Qualitäten terroristischer Anschläge ab. Vielmehr geht es ihr, um mit Max Weber zu sprechen, primär darum, diese als soziales Handeln zunächst zu verstehen und damit zugleich erklären und, bedingt, prognostizieren zu können. Dass mit der Analyse der Motivation der Terroristen auch deren legitimatorische Vorstellungen zur Sprache kommen, versteht sich von selbst.

Die Darstellung beginnt folglich mit einer operationalen Definition von Terrorismus, das heißt einer Definition, die von einer moralischen oder rechtlichen Bewertung des Phänomens absieht. In einem zweiten Schritt erfolgt die Abgrenzung von Terrorismus zu Nachbarbegriffen wie »Terror«, »Guerilla«, »Kriminalität« etc. Es folgen Ausführungen zur zeitlichen Entwicklung des Terrorismus sowie, am Schluss des Kapitels, eine Auseinandersetzung mit der Gegenüberstellung von »altem« und »neuem« Terrorismus.

Was heißt Terrorismus?

Unser Definitionsvorschlag lautet: Unter Terrorismus sind planmäßig vorbereitete, schockierende Gewaltanschläge aus dem Untergrund gegen eine politische Ordnung zu verstehen. Sie sollen vor allem Unsicherheit und Schrecken verbreiten, daneben aber auch Sympathie und Unterstützungsbereitschaft erzeugen.

Bewusst wird damit eine Abgrenzung zur Mehrheitsmeinung vorgenommen, die auch von Staatsterrorismus spricht. Staatliche Machteliten können ein Terrorregime errichten, aber gegenüber der eigenen Bevölkerung keine terroristische Strategie verfolgen. Terrorismus ist vielmehr eine bestimmte Art gewaltsamen Vorgehens *gegen* eine politische Ordnung. Die politische Dimension des Phänomens, die auch in den politischen Absichten und Zielen der Terroristen ihren Ausdruck findet, ist wichtig. Die Ausübung von Druck, Zwang und Erpressung zwischen »Privaten«, etwa zwischen zwei Handelspartnern oder innerhalb einer Familie, kann nicht als Terrorismus bezeichnet werden; denn dieser wirkt in den politischen Raum hinein, weist eine unverzichtbare öffentliche Komponente auf. Freilich gibt es schwer zu klassifizierende Grenzfälle, wenn sich beispielsweise unterhalb der staatlichen Ebene zwei ethnische Gruppen durch gewaltsame Übergriffe einzuschüchtern versuchen oder

Links- und Rechtsextremisten innerhalb einer Region durch terroristische Akte die Vorherrschaft streitig machen.

Terroristische Anschläge sind meist planmäßig vorbereitet und erfolgen aus dem Untergrund. Beide Merkmale hängen eng miteinander zusammen. Terrorismus ist die bevorzugte Kampfstrategie relativ kleiner und »schwacher« Gewaltverbände, er stellt die Extremform dessen dar, was in der neueren Literatur als asymmetrische Konfliktkonstellation bezeichnet wird. Terroristischen Gruppen fehlt es sowohl an der erforderlichen Kampfstärke als auch am notwendigen Rückhalt in der Bevölkerung, um ein Stück Territorium zu besetzen und der Staatsmacht offen Paroli zu bieten. Sie können sich nur behaupten, indem sie in die Illegalität abtauchen und im Untergrund operieren. Missachten sie diese Vorsichtsregel und wagen sich an die Oberfläche, dann wächst schlagartig das Risiko, angegriffen und vernichtet zu werden.

Im Untergrund wiederum müssen diese Gruppen darauf achten, dass sie nicht zu groß, ihre Organisationsstrukturen nicht zu unübersichtlich werden; ansonsten laufen sie Gefahr, von Polizeispitzeln unterwandert oder auf andere Weise entdeckt und zerschlagen zu werden. Dies schränkt ihren Aktionsradius erheblich ein, der Aufbau einer breiten Widerstandsfront kommt für sie im Allgemeinen ebenso wenig in Frage wie die Vorbereitung einer offenen Rebellion, an der eine Vielzahl von Menschen teilnimmt. Stattdessen sind sie auf spektakuläre, sorgfältig vorbereitete Anschläge angewiesen, um die allgemeine Aufmerksamkeit auf sich und ihr Anliegen zu lenken.

Ihre Wühlarbeit im Untergrund erscheint zwar unheimlich und reizt die Fantasie allgemein dazu an, terroristischen Gruppen außergewöhnliche Macht zuzuschreiben. Dennoch sollte dies nicht darüber hinwegtäuschen, dass wir es im Grunde mit einer Art Verlegenheitsstrategie zu tun haben, die der fehlenden Möglichkeit entspringt, den abgelehnten Staat offen herauszufordern. Viele, gerade auch die pathologischen Züge der primär oder ausschließlich auf eine terroristische Strategie setzenden Gewaltorganisationen erklären sich daraus, dass es sich um verdeckt agierende Kleingruppen oder Agglomerationen von Zellen handelt, die einer spezifischen sozialpsychologischen Entwicklungsdynamik unterliegen und dabei weitgehend den Kontakt zur sozialen Realität, auch zu den im legalen Bereich operierenden politischen Gruppierungen, verlieren.

Die Anschläge, so die Definition, sind schockierend. In diesem Punkt sind sich sämtliche Autoren, die über diese Form politischer Gewalt gearbeitet haben, einig: Terroristische Anschläge respektieren keine humanitären Konventionen; sie setzen sich häufig gezielt über alle moralischen und rechtlichen Restriktionen hinweg und zeichnen sich durch besondere Willkür, Unmenschlichkeit und Brutalität aus. David Rapoport hat in diesem Zusammenhang von einer Politik der *atrocity*, der Grässlichkeit oder Scheußlichkeit, gesprochen. Man denke etwa an die islamischen Fundamentalisten in Algerien, die Frauen und Kindern in den überfallenen Dörfern die Kehle durchschnitten, eine Gewaltform, die im gewaltsamen Nachspiel zum Irak-Krieg wieder aufgenommen wurde; an die baskische ETA, die einen Gefangenen acht Monate lang in einem Kasten von zwei Meter Länge, zwei Meter Breite und zwei Meter Höhe einsperrte; oder an die Geiselnahme von über 1000 Schulkindern, meist Erstklässlern, in Beslan, von denen über 600 bei der nach einigen Tagen anlaufenden »Befreiungsaktion« zu Tode kamen.

Wie diese Beispiele zeigen, ist der Schockeffekt kein nebensächliches oder zufälliges Merkmal terroristischer Aktionen, sondern zentraler Bestandteil terroristischer Logik. Er soll für allgemeine Aufmerksamkeit sorgen, garantieren, dass der Anschlag von einem möglichst breiten Publikum zur Kenntnis genommen wird. Bezeichnenderweise hat die außerordentliche Brutalität und Rücksichtslosigkeit, mit der Terroristen gegen ihre Opfer vorgehen, meist wenig mit deren individuellen Eigenschaften zu tun. Man wird im Allgemeinen zur Zielscheibe eines terroristischen Angriffs, weil man einer bestimmten angefeindeten Personenkategorie angehört, zum Beispiel Kapitalist ist, Nordamerikaner, Tourist oder Geschäftsmann, und sich zum falschen Zeitpunkt im falschen Land am falschen Ort befindet. Es kann aber auch gänzlich Unbeteiligte, rein nach dem Willkürprinzip ausgewählte Menschen, etwa Kinder oder

Greise, treffen. Der spanische Schriftsteller Sánchez Ferlosio hat dieses Paradox in die treffende Formel gefasst: »Es wäre weniger schlimm, wenn sie [die Terroristen, P. W.] jemanden umbrächten, weil sie ihn persönlich hassen; das Unmenschliche besteht darin, dass sie ihn töten, ohne eigentlich etwas gegen ihn zu haben.«

In der Tat: Ein zu Schaden oder auch zu Tode gekommener Mensch zählt für die Terroristen nicht. Die Gewalttat hat primär einen symbolischen Stellenwert, ist Träger einer Botschaft, die in etwa lautet, ein ähnliches Schicksal kann jeden treffen, insbesondere diejenigen, die den Terroristen bei ihren Plänen im Wege stehen.

Damit sind wir zum Kern unserer Definition vorgestoßen, ohne den die Ratio terroristischen Handelns letztlich unverständlich bleibt: Dem Terroristen geht es weniger um den eigentlichen Zerstörungseffekt seiner Aktionen. Diese sind nur ein Mittel, eine Art Signal, um einer Vielzahl von Menschen etwas mitzuteilen. Terrorismus, das gilt es festzuhalten, ist primär eine Kommunikationsstrategie.

Ausgehend von diesem Grundmerkmal ergeben sich unmittelbar zwei Fragen, die zur weiteren Charakterisierung dieser Gewaltform beitragen: Welcher Art sind die Botschaften, die Terroristen übermitteln? Und auf welchen Kommunikationsraum sind sie dabei angewiesen? Was die erste Frage betrifft, so wird sie in der Literatur überwiegend dahin gehend beantwortet, dass die Terroristen mit ihren Gewalttaten darauf abzielen, Furcht und Schrecken zu verbreiten, die jeweils betroffene Bevölkerung zu verunsichern und das allgemeine Vertrauen in den Staat und seine Fähigkeit, die bestehende Ordnung zu schützen, auszuhöhlen. Diese Betrachtungsweise, die ausschließlich auf die Negativeffekte terroristischer Anschläge abstellt, wird der Komplexität der terroristischen Botschaft nicht gerecht. Als relativ schwache Gruppe sind Terroristen darauf angewiesen, sich nicht ausschließlich Feinde zu machen, sondern auch nach Bundesgenossen Ausschau zu halten, um Sympathie und Beistand für ihr politisches Anliegen zu werben. Ihre Anschläge sind deshalb regelmäßig für einen Teil der Bevölkerung als Hoffnungszeichen gedacht; sie sollen zumindest Schadenfreude, unter Umständen auch die Bereitschaft auslösen, die Gewaltaktivisten direkt oder indirekt in ihrem »Kampf« zu unterstützen.

Gewaltbotschaften werden indes nur »vernommen«, wenn der Lärmpegel in einer Gesellschaft nicht zu hoch, der öffentliche Raum nicht bereits dicht mit Gewalthandlungen besetzt ist. Dies ist einer der Hauptgründe, warum Terroristen lange Zeit als Aktionsbühne die westlichen Industrieländer bevorzugten, in denen der Staat ein Gewaltmonopol erlangt hat und Gewalteruptionen »von unten« zu den breit kommentierten Ausnahmeerscheinungen zählen. In diesen »postheroischen« Gesellschaften (Herfried Münkler) lösen massive Gewaltereignisse jene Reaktionen des Entsetzens und allgemeiner Panik aus, die eine ausschließlich auf Terrorismus fußende Strategie als lohnend erscheinen lassen. Dagegen stellen in den weniger entwickelten Regionen des Nahen und Fernen Ostens, Afrikas oder Lateinamerikas terroristische Angriffe meist nur eine unter mehreren Taktiken dar, um das Konfliktpotenzial einer Gruppe oder Bewegung zu demonstrieren und die Staatsmacht in Bedrängnis zu bringen. Zwar lösen auch dort Anschläge allgemeine Verunsicherung und Angst aus. Vor allem die Großstädte stellen in der ganzen Welt Ordnungs- und Resonanzräume eigener Art dar, die hoch anfällig für Störungen sind. Doch lässt sich der Schockeffekt, den eine Bombenexplosion in Bagdad, Peschawar, Mumbai oder Bogotá hervorruft, schwerlich mit der panikartigen Reaktion und dem Medienecho vergleichen, die auf einen solchen Anschlag hin in Stockholm oder Chicago zu erwarten wären.

Signale werden nur wahrgenommen, wenn sie sich nicht inflationsartig vermehren. Traditionell galten terroristische Anschläge als eine Variante des sogenannten *low intensity war*, wenn man sie denn überhaupt als Kriegshandlungen ansprechen will. Damit sind Kriege gemeint, die im Unterschied zu konventionellen Kriegen oder auch Bürgerkriegen gewissermaßen auf niedriger Flamme geführt werden: ohne größere Truppenverbände, ohne konventionelles Kriegsgerät, das heißt ohne Flugzeuge und Panzer, und vor allem mit begrenztem Schaden, das heißt wenig Tote und Verwundete sowie geringe Sachschäden auf allen Seiten. Indes muss man sich fragen, ob diese Einstufung nach der Entwicklung des Terrorismus in den letzten Jahren noch haltbar ist. Selbst wenn man zugesteht, dass die rund 3000 Todesopfer, welche die Anschläge auf die Zwillingstürme in New York gefordert haben, einen Ausnahmefall bilden, lässt sich nicht übersehen, dass die durchschnittliche Zahl der Opfer pro Anschlag seit einigen Jahren kontinuierlich ansteigt. Das gilt jedenfalls für die in hohem Maße aufsehenerregenden Aktionen des internationalen Terrorismus, die *spectaculars*, wie sie Bruce Hoffman nennt (vgl. die Übersicht im Anhang). Offenbar ist in die Logik des transnationalen beziehungsweise globalen Terrorismus ein Mechanismus eingebaut, der die Verlust- und Opferkurve stetig nach oben treibt: Um die Aufmerksamkeit der Weltöffentlichkeit konkurrierend, sehen die zahlreichen auf der internationalen Bühne sich tummelnden terroristischen Gruppen und Grüppchen keine andere Möglichkeit, auf sich und ihr Anliegen aufmerksam zu machen, als zu immer drastischeren, skandalöseren Mitteln zu greifen. Ob und wann dieser Eskalierungsprozess enden wird, ist schwer auszumachen; selbst der, wenngleich begrenzte, Einsatz von Massenvernichtungsmitteln lässt sich für die Zukunft schwer ausschließen. Dies wäre eine Forcierung der Gewaltbereitschaft, die einem jähen Sprung des Terrorismus von der Ebene des *low intensity* auf jene des *high intensity war* gleichkommen würde.

Abgrenzung von Nachbarbegriffen

Die Abgrenzung zu anderen öffentlich wirksamen Gewaltformen ist hilfreich, um das Profil der Sonderform »Terrorismus« herauszuarbeiten. Insbesondere gilt es, diesen vom staatlichen Terror, dem Guerillakrieg und der Kriminalität abzugrenzen.

Zunächst zur Abgrenzung zwischen »Terror« und »Terrorismus«: Auffallend sind hier die semantischen Unterschiede der Begriffe im deutschen und angelsächsischen Sprachgebrauch. So hat sich bei angelsächsischen Gewaltforschern eingebürgert, aufständischen Terrorismus und Staatsterrorismus gewissermaßen in einem Atemzug zu nennen, während *terror* primär den durch terroristische Anschläge erzeugten *sozialpsychologischen* Effekt der Erzeugung von Furcht und Panik bedeutet. Demgegenüber scheint es allerdings angemessener, beide Begriffe in ein dialektisches Verhältnis zueinander zu bringen, das heißt – wie im deutschen Sprachgebrauch üblich –, dem Terror als staatlicher Schreckensherrschaft den Terrorismus als eine bestimmte Form des Angriffs gegen den Staat und die etablierte Ordnung gegenüberzustellen.

Zwar teilen aufständischer Terrorismus und staatlicher Terror in ihrer Erscheinungsform einige Züge, die dafür sprechen, sie als vergleichbare Phänomene zu behandeln, insbesondere wenn es um das auf der Verbreitung von Furcht und Schrecken beruhende Machtkalkül geht. Dennoch verbieten gravierende Unterschiede, die Begriffe auf die gleiche Ebene zu stellen. Die wichtigsten seien kurz aufgezählt:

- Regimeterror fordert ungleich mehr Menschenleben als aufständischer Terrorismus. Man denke nur an den Naziterror, die Sowjetunion unter Stalin oder die chinesische Kulturrevolution, als jeweils Millionen dem Terror zum Opfer fielen. Selbst wenn man in Rechnung stellt, dass der Terrorismus mittlerweile weit blutiger geworden ist als früher, bleibt der Unterschied in den Opferzahlen beträchtlich. Staatsterror ist nicht nur ein Machtmittel von Diktaturen, sondern kommt auch in formal demokratischen Systemen vor. Beispielsweise werden in Kolumbien regelmäßig mehr Menschen durch die staatlichen und parastaatlichen Sicherheitskräfte umgebracht als durch die aufständischen Organisationen. Ähnliches gilt für Russland bezüglich Tschetschenien.
- Im Vergleich zu Terroristen riskieren die Mordschergen eines Terrorregimes stets weniger und wüten deshalb auch weit hemmungsloser, ein Unterschied, der die höhere Mordrate des staatlichen verglichen mit jener des aufständischen Terrorismus erklären dürfte. Terroristen leben gefährlich, sie trachten nicht nur anderen nach dem Leben, sondern riskieren auch ihr eigenes

oder doch zumindest, eines Tages zu einer hohen Haftstrafe verurteilt zu werden. Demgegenüber haben die Sicherheitskräfte eines Staates, der die Bevölkerung durch Terror in Schach halten lässt, meist wenig zu fürchten. Sie können offen und ungehindert ihrem mörderischen Treiben nachgehen.

- Terroristische Gruppen müssen, da sie »schwach« sind, Sympathisanten und Bündnispartner gewinnen; das setzt ihrer Gewaltstrategie Grenzen. Dagegen kann ein Staat im Zeichen einer bestimmten Ideologie – wie dies Hannah Arendt für totalitäre Staaten aufgezeigt hat – Terror zum Hauptgesetz seines Handelns machen, ohne sich allzu sehr um die Reaktion der Bevölkerung zu kümmern.

Es ließen sich noch weitere Unterschiede nennen, wie etwa den, dass Terroristen auf die Massenmedien angewiesen sind, während bei Terrorregimen bereits die Flüsterpropaganda zur Verbreitung der Schreckensbotschaft ausreicht. Letztlich aber resultieren alle aus der Tatsache, dass es nicht nur eine quantitative Differenz, sondern einen qualitativen Sprung ausmacht, ob Gewalt dem Machterhalt oder der Veränderung der Machtverhältnisse dient, ein Instrument der Herrschenden darstellt oder der Beherrschten. Im Folgenden wird es also um Terrorismus als Gewaltform relativ schwacher Gruppen gehen, wobei drei Hauptformen unterschieden werden sollen: sozialrevolutionärer, ethnisch-nationalistischer und religiöser Terrorismus. Bereits an dieser Stelle sei jedoch angemerkt, dass es eine vierte Form gibt, die einen eigentümlichen Zwischenplatz in der Dichotomie »Terror von oben«, »Terrorismus von unten« einnimmt: der vigilantistische beziehungsweise der Rechtsterrorismus, der eine bestehende Ordnung außerhalb und unter Missachtung der Gesetze gegen angebliche Abweichler oder Störenfriede verteidigt, wie beispielsweise die Neonazis in Deutschland oder die »Milicia«- und Ku-Klux-Klan-Bewegungen in den USA.

Die Abgrenzung des Terrorismus vom Guerillakampf ist zwar nicht weniger wichtig als die Unterscheidung zwischen Terror und Terrorismus, lässt sich jedoch rascher abhandeln. Beide Begriffe bezeichnen irreguläre Kampfmethoden, die im Übrigen nicht selten kombiniert zum Zuge kommen: Terroristische Anschläge können den Auftakt zu einem Guerillafeldzug bilden, diesen flankieren oder seinen Ausklang markieren. Fließende Übergänge dieser Art dürfen jedoch nicht darüber hinwegtäuschen, dass es sich um im Grunde verschiedene aufständische Vorgehensweisen handelt. Guerillakampf ist eine militärische Strategie; hier geht es um die Belästigung, allmähliche Einkreisung und letztlich die Vernichtung des Feindes. Dagegen stellt der Terrorismus wie erwähnt eine Kommunikationsstrategie dar. Gewalt wird nicht wegen ihres Zerstörungseffektes, sondern als Signal verwendet, um eine psychologische Breitenwirkung zu erzielen.

Um eine griffige Formel, die Franz Wördemann schon in den 1970er Jahren geprägt hat, wieder aufzunehmen: Der Guerillero will den Raum, der Terrorist will dagegen das Denken besetzen. Diese Absichten miteinander zu verwechseln kann unheilvolle Konsequenzen haben. Beispielsweise hielten die französischen Sicherheitskräfte am Anfang des Algerienkrieges in den 1950er Jahren die Gewaltanschläge der aufständischen Befreiungsbewegung FLN für die Eröffnung eines Guerillafeldzugs und begannen, eine Mauer des Misstrauens und damit eine deutliche Distanz gegenüber der algerischen Bevölkerung herzustellen. Tatsächlich war es genau das, was die algerischen Freiheitskämpfer, die zu jenem Zeitpunkt noch eine unbedeutende Minderheit waren, mit ihren provokativen Angriffen bezweckt hatten: die Franzosen zu einer Überreaktion der Abschottung zu veranlassen. Dadurch würde sich die bis dahin vielfach gespaltene algerische Bevölkerung als ethnische Einheit empfinden und ein gemeinsames Bewusstsein der Unterdrückung und des Widerstandes den Franzosen gegenüber entwickeln.

Neben diesem Hauptunterschied gibt es noch einige weitere Punkte, in denen sich Guerillakampf und Terrorismus voneinander abheben. Beispielsweise wird von Guerilleros, ungeachtet ihrer irregulären Kampfweise, die Scheidelinie zwischen Kombattanten und Zivilisten zumindest im Prinzip respektiert, während Terroristen sich nicht scheuen, im Extremfall beliebige Zivilpersonen zum Träger ihrer blutigen Botschaften zu machen. Terrorist ist außerdem ein stark negativ besetzter Begriff, während Guerilla und Guerillero eher positive Assoziationen wecken. In Abbildung 1 werden beide Phänomene einander idealtypisch gegenübergestellt; ergänzend werden die typischen Züge eines konventionellen Krieges aufgeführt.

Schließlich ist noch auf den Unterschied zwischen Terrorismus und gewöhnlicher Kriminalität einzugehen. Der Zusatz »gewöhnlich« zeigt an, dass sich beide Begriffe nicht notwendig ausschließen. Immerhin ist von den meisten Staaten Terrorismus als kriminelles Vergehen unter Strafe gestellt. Er fällt unter die »politischen Delikte«, denen seit jeher ein Sonderstatus zukommt, sei es, dass sie besonders hohe Strafen nach sich ziehen, sei es, dass den wegen politischer Vergehen Abgeurteilten eine Vorzugsbehandlung zuteilwird, wie es etwa mit der Festungshaft im 19. Jahrhundert geschah. Der Grund für die Sonderbehandlung liegt darin, dass der normale

Abb. 1: Charakteristika von Terrorismus, Guerilla und konventionellen Kriegen

	Konventioneller Krieg	Guerilla	Terrorismus
Kampfeinheit	groß (Armeen, Divisionen)	mittel (Züge, Kompanien)	klein (»Zellen«)
Ziele	meist militärisch, daneben Industrie und Verkehrsinfrastruktur	meist militärisch, Polizei und Verwaltung, auch politische Gegner	Staatssymbole, politische Gegner, die Allgemeinheit, das heißt letztlich jedermann
angestrebter Erfolg	physische Zerstörung	primär die Zermürbung des Feindes	psychischer Zwang
territoriale Kontrolle	ja	ja	nein
Uniform	wird getragen	wird teilweise getragen	keine Uniform

Quelle: Größtenteils übernommen von A. Merari, in: V. S. Ramachandran: Encyclopedia of Human Behaviour, *Vol. 4, San Diego 1994, S. 401*

Rechtsbrecher und der Terrorist, oberflächlich betrachtet, zwar ähnliche Delikte begehen – Totschlag, Sachbeschädigung, Körperverletzung –, dabei jedoch unterschiedliche Ziele verfolgen. Geht es dem Kriminellen um egoistische Zwecke, hat der Terrorist den Umsturz der politischen Ordnung im Auge; hat der kriminelle Akt die Erlangung unmittelbarer persönlicher Vorteile zum Gegenstand, so zielt der terroristische Anschlag auf mittelbare, hauptsächlich psychologisch wirkende Effekte ab. Besonders deutlich kommt diese unterschiedliche Motivlage in der jeweiligen Art und Weise der Tatbegehung zum Ausdruck. Der Kriminelle, der den Rechtsbruch insgeheim, sozusagen »bei Nacht und Nebel«, begeht, bestätigt damit indirekt die Gültigkeit der herrschenden Rechtsordnung. Dagegen sucht der Terrorist mit seinem Anschlag den öffentlichen Eklat, versteht ihn als einen offenen Angriff auf das bestehende rechtliche und politische System.

Nun könnte man gegen diese sorgfältige Differenzierung verschiedener Gewaltformen einwenden, dass sie faktisch an Bedeutung verliert angesichts der unübersehbaren Tendenz zur Vermischung der beschriebenen Gewalttypen. So bedienen sich beispielsweise Guerillatruppen, um ihren Einfluss auf die Städte auszudehnen, terroristischer Methoden oder üben in Gebieten, die fest in ihrer Hand sind, eine Art »Terrorherrschaft« aus. Weltweit beschaffen sich terroristische Gruppen die erforderlichen Mittel für ihre Untergrundaktivitäten durch Überfälle, Schutzgelderpressung, Geiselnahme, Drogenhandel oder ähnliche kriminelle Methoden, wenn sie nicht sogar selbst, temporär oder auf Dauer, zur kriminellen Bande mutieren. Trotz dieses Vorbehalts sollte man sich die unterschiedlichen Handlungslogiken vergegenwärtigen, die den Mischtaktiken zugrunde liegen, sind die jeweiligen Gruppen doch regelmäßig unter einem bestimmten Vorzeichen entstanden und weisen eine genetische Grundsubstanz auf, die trotz mancher Überlappung mit anderen Handlungsorientierungen erhalten bleibt.

Entwicklung und Verbreitung des weltweiten Terrorismus

Es ist keineswegs einfach, sich einen zuverlässigen Überblick über die Zahl der weltweit operierenden terroristischen Gruppen und ihre Aktivitäten zu verschaffen. Einige Institutionen wie das nordamerikanische Außenministerium (U.S. Department of State), das Jaffee Center for Strategic Studies in Tel Aviv und die RAND Corporation, Kalifornien, veröffentlichen zwar regelmäßig einschlägige Statistiken und Berichte, doch die Ergebnisse sind keineswegs deckungsgleich. Eine Erklärung für diese auffallenden Differenzen mag die unterschiedliche Handhabung der Frage sein, ab wann eine Gruppe als terroristisch einzustufen ist. Reichen gelegentlich begangene terroristische Anschläge bereits aus, oder muss erst eine konsequent verfolgte terroristische Strategie erkennbar sein? Auch die verübten Anschläge werden in ihrer Bedeutung sehr unterschiedlich gewichtet. Generell gilt, dass die dem internationalen Terrorismus zuzurechnenden Ereignisse regelmäßig eine besondere Beachtung erfahren, weil davon überproportional viele Nordamerikaner, Europäer und Israelis betroffen sind, also just Angehörige der Länder, in denen sich die meisten Forschungszentren befinden. Dadurch erfährt das Gesamtbild allerdings eine beträchtliche Verzerrung, da, wie man schon früher vermutet hat und inzwischen sicher weiß, auf den internationalen Terrorismus nur etwa 10 Prozent sämtlicher terroristischer Anschläge entfallen.

Die folgenden Tabellen stützen sich auf die Daten der RAND Corporation, Kalifornien. Das von RAND zugrunde gelegte Terrorismuskonzept kommt nicht nur dem hier vertretenen Begriffsverständnis besonders nahe, die Arbeitsweise dieser Forschungsinstitution zeichnet sich außerdem durch besondere Transparenz und Sorgfalt aus, zum Beispiel was die Behandlung von Grenzfällen betrifft. Seit einigen Jahren werden von ihr auch die Fälle des *domestic terrorism*, die also nicht unter den internationalen Terrorismus fallen, erfasst.

Abb. 2: Internationaler Terrorismus – Anschläge pro Jahr 1968–2008

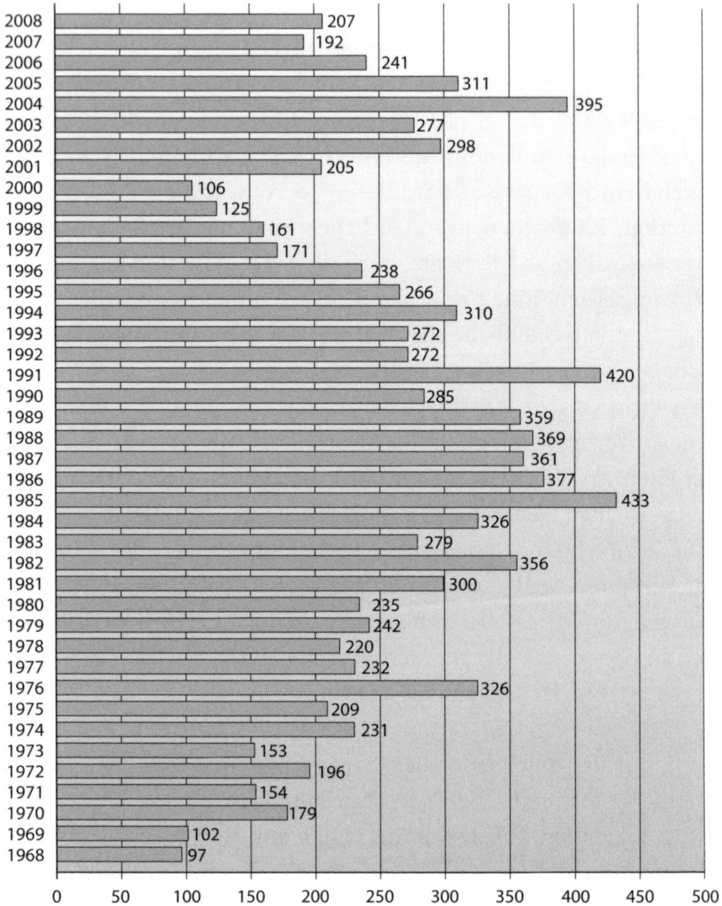

Quelle: RAND Database of Worldwide Terrorism Incidents (http://www.rand.org/nsrd/projects/terrorism-incidents.html)

Die Abbildungen 2, 3 und 4 beziehen sich auf den sogenannten internationalen Terrorismus. Dazu werden jene Anschläge gezählt, die von Tätern außerhalb ihres Landes durchgeführt werden, sich innerhalb eines Landes auf Zielobjekte beziehen, die symbolisch eine auswärtige Macht verkörpern oder ihrer Natur nach international sind

Abb. 3: Internationaler Terrorismus – Anschläge und Tote pro Jahr 1968–2008

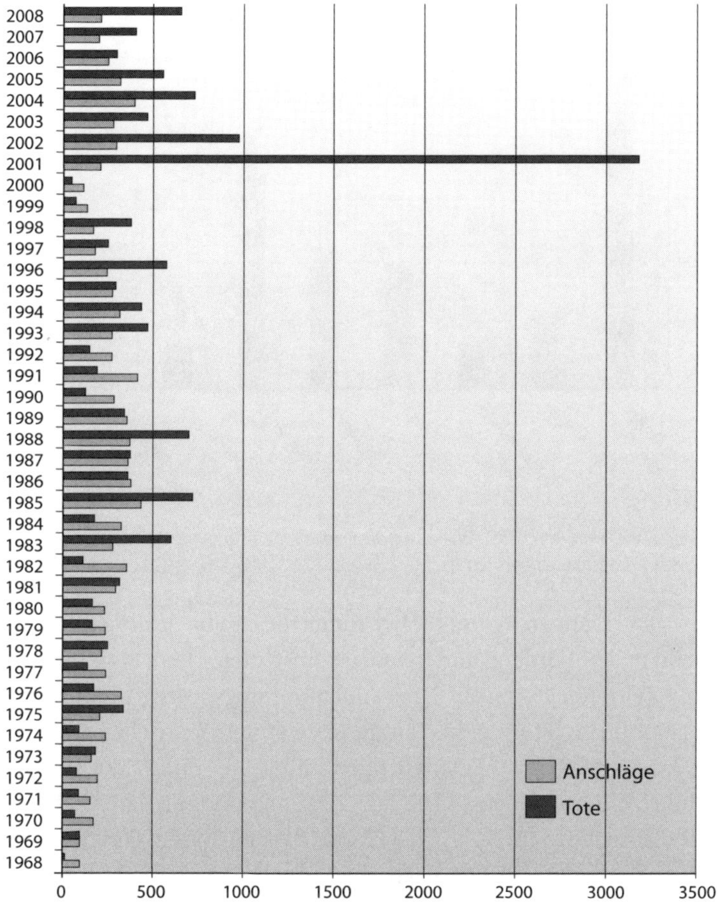

Quelle: RAND Database of Worldwide Terrorism Incidents (http://www.rand.org/nsrd/projects/terrorism-incidents.html)

wie zum Beispiel Flugzeugentführungen. Wie den Zahlen zu entnehmen ist, gibt es von 1985 bis 2000 bei den Anschlägen einen rückläufigen Trend, während die Zahl der Toten eher zunimmt. Ob der höhere Blutzoll, der damit durchschnittlich auf den einzelnen Anschlag entfällt, dem Umstand zuzuschreiben ist, dass ab Mitte

Abb. 4: Internationaler Terrorismus – Anschläge und Tote nach Regionen 1968–2008

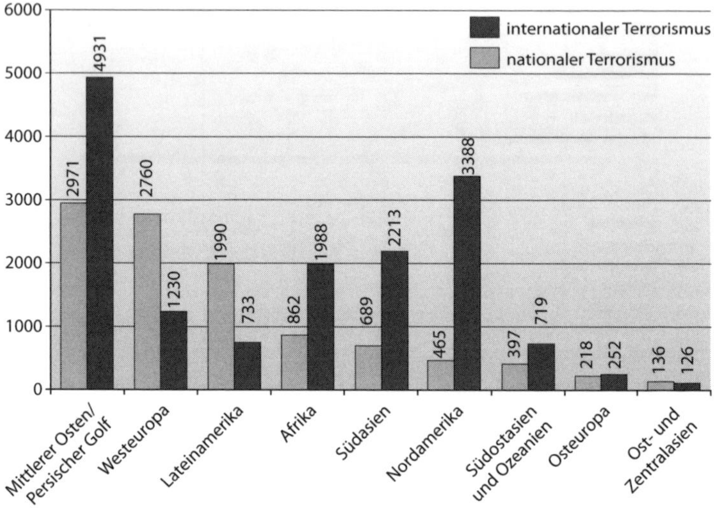

Quelle: RAND Database of Worldwide Terrorism Incidents (http://www.rand.org/nsrd/projects/terrorism-incidents.html)

der 1980er Jahre religiöse Motive für terroristische Aktionen zunehmend in den Vordergrund treten, ist umstritten. Denn etwa im gleichen Zeitraum kommt auch der Globalisierungsprozess in Schwung, der sämtliche international ausgerichteten terroristischen Akteure zu Konkurrenten auf einer einzigen Bühne, der Bühne der Weltöffentlichkeit, werden lässt. Das Jahr 2001 markiert mit den Angriffen auf die Zwillingstürme in New York, bezogen auf die Opferzahlen, einen deutlichen Sprung nach oben. Auch danach bleibt die Zahl der durch terroristische Anschläge verursachten Toten höher als zuvor. Dagegen geht die Zahl der Anschläge nach einer Steigerung bis 2004 danach wieder leicht zurück.

Interessant ist die Aufschlüsselung der Anschläge sowie der Zahl der dabei zu Tode gekommenen Menschen nach Regionen. Es zeigt sich, dass beide Größen weitgehend voneinander entkoppelt sind: Der Mittlere Osten, Westeuropa sowie Lateinamerika bildeten von 1968 bis 2008 die geografischen Hauptschauplätze des internationa-

Abb. 5: Internationaler und nationaler Terrorismus – Anschläge nach Regionen 1968–2008

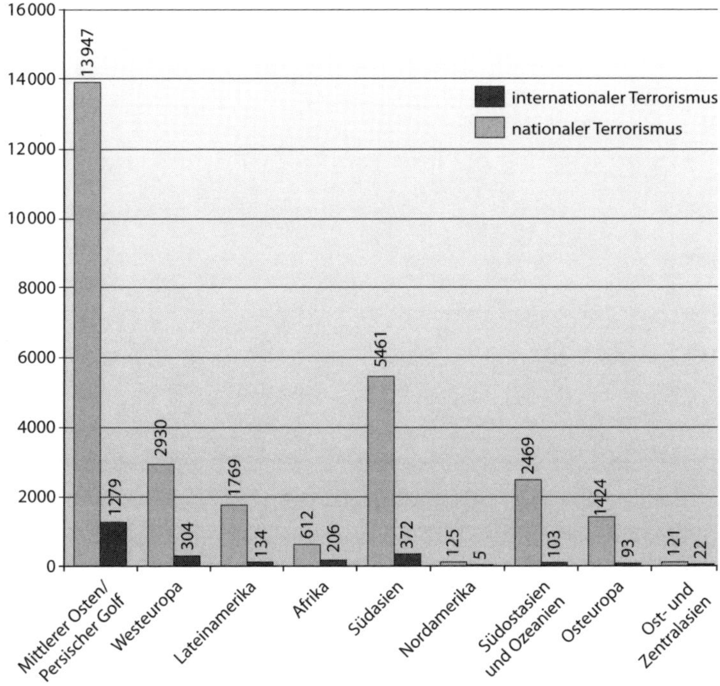

Quelle: RAND Database of Worldwide Terrorism Incidents (http://www.rand.org/nsrd/projects/terrorism-incidents.html)

len Terrorismus; doch in der Opferbilanz rangieren Nordamerika, Afrika und Südasien weit höher als Europa und Lateinamerika, wobei freilich Megaanschläge wie jener vom 11. September 2001 in den USA oder die Anschläge in Nairobi und Daressalam im August 1998 in Afrika besonders ins Gewicht fallen. Insofern gibt Abbildung 4 auch indirekt darüber Auskunft, welche Regionen, ungeachtet einer lebhaften Tätigkeit des internationalen Terrorismus, bislang von Megaanschlägen weitgehend verschont geblieben sind. In Europa markiert der Anschlag in Madrid im März 2004, bei dem rund 200 Menschen umkamen, insoweit eine gewisse Wende. Doch ist davon auszugehen, dass der Spitzenplatz Europas hinsichtlich

Abb. 6: Internationaler und nationaler Terrorismus – Anschläge im Irak 1998–2008

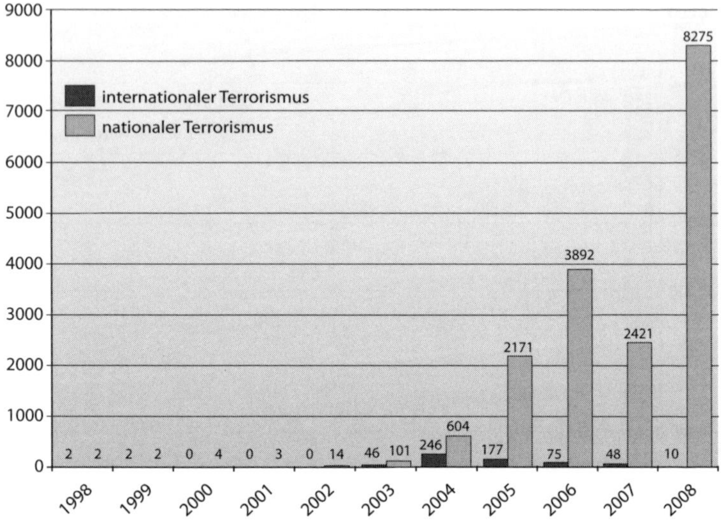

Quelle: RAND Database of Worldwide Terrorism Incidents (http://www.rand.org/nsrd/projects/terrorism-incidents.html)

der Zahl der Anschläge nach dem Mittleren Osten und dem Gebiet rund um den Persischen Golf primär damit zusammenhängt, dass hier im Unterschied zu anderen Regionen jeder Anschlag registriert wird, auch jene mit einem niedrigen Gewaltniveau (etwa das Werfen von Molotowcocktails).

Da RAND seit einigen Jahren sämtliche terroristischen Ereignisse erfasst, ergibt sich erstmals die Möglichkeit, nationalen und internationalen Terrorismus mengenmäßig miteinander zu vergleichen. Dabei bestätigen sich schon seit längerem gehegte Mutmaßungen, dass der internationale Terrorismus nur die Spitze darstellt, die auf einem breiten Sockel im nationalen Rahmen begangener terroristischer Anschläge aufruht. Sieht man von einigen wenigen Regionen (etwa Afrika) ab, so machen die »internationalen« weniger als 10 Prozent sämtlicher terroristischer Anschläge aus. Die Frage, wann es sich um internen, wann um grenzüberschreitenden Terrorismus handelt, hängt oft von Nuancen ab. Beispielsweise gelten palästinen-

Abb. 7: Internationaler und nationaler Terrorismus – Anschläge in Afghanistan 1998–2008

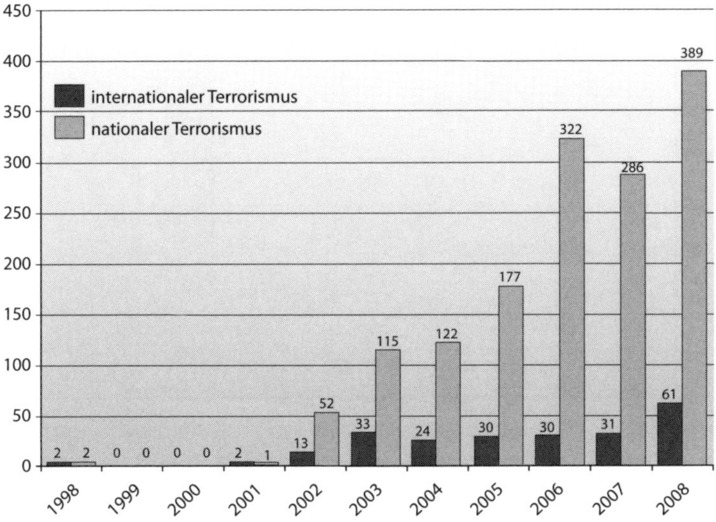

Quelle: RAND Database of Worldwide Terrorism Incidents (http://www.rand.org/nsrd/projects/terrorism-incidents.html)

sische Attentate außerhalb des Gazastreifens und des Westjordanlandes als »internationaler Terrorismus«, während es sich bei einem Anschlag von Tschetschenen im fernen Moskau um *domestic terrorism* handelt. Immerhin lassen sich mit Hilfe der Unterscheidung wichtige Verschiebungen in der Zielrichtung terroristischer Anschläge verdeutlichen. So geht aus der Übersicht über die Anschläge im Irak von 1998 bis 2008 hervor, dass nach der Invasion dieses Landes durch eine von den USA angeführte Mächteallianz die Zahl der internationalen Anschläge vorübergehend in die Höhe schnellte, um sich mit dem allmählichen Rückzug der internationalen Truppen wieder auf einem niedrigen Niveau einzupendeln, während der Umfang des nationalen Terrorismus weiter stark zunahm. Demgegenüber spiegelt es die unverminderte Präsenz ausländischer Truppen in Afghanistan wider, dass dort sowohl die Zahl der nationalen als auch der internationalen Anschläge seit 2002 fast kontinuierlich ansteigt (Abb. 6 und 7).

Abb. 8: Zahl der jeweils in einer Dekade gegründeten terroristischen Gruppen 1910–2000

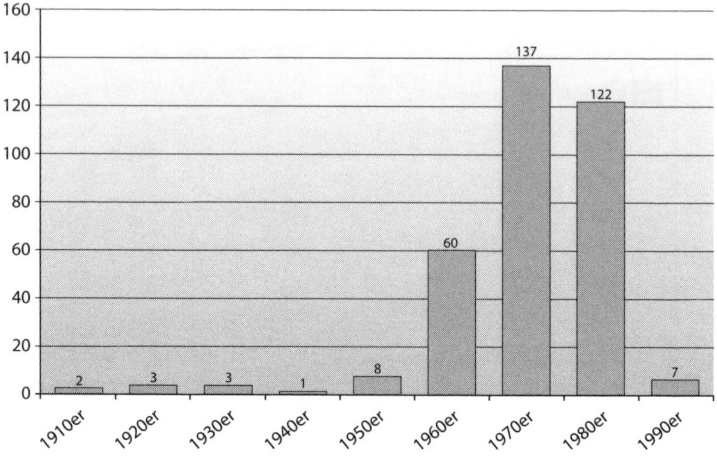

Quelle: Ami Pedahzur u. a.: »The War on Terrorism and the Decline of Terrorist Group Formation: A Research Note«, in: Terrorism and Political Violence, *Vol. 14, No. 3 (Autumn 2002), S. 143*

Ergänzend zu dem Überblick über die zeitliche Entwicklung der Anschläge, ihre geografische Verteilung und die Verlustzahlen sei noch ein Blick auf die jeweils in einer Dekade entstandenen terroristischen Gruppen und deren ideologische Ausrichtung geworfen.

Die Abbildungen 8 und 9 sind insofern besonders aussagekräftig, als in ihnen nicht nur die wichtigen terroristischen Verbände erfasst sind (vgl. hierzu die Aufstellung im Anhang), sondern auch kleinere, unbekannte Gruppen in das Sample mit insgesamt 399 Fällen einbezogen wurden. Die Tabellen legen drei bemerkenswerte Schlussfolgerungen nahe. Zum Ersten gibt es eine auffällige Parallele zu Abbildung 2: Die Entwicklung der Zahl von Neugründungen terroristischer Gruppen nahm die Entwicklung der Frequenz der zum internationalen Terrorismus zählenden Anschläge vorweg beziehungsweise begleitete sie. Dies gilt auch für den Abschwung beider Kurven in den 1990er Jahren. Allerdings wirft der erneute Anstieg der Anschlags- und Opferzahlen ab 2000 die Frage auf, inwieweit Anschlagsintensität und Schadenshöhe im begrenzten Bereich des

Abb. 9: Ideologie der jeweils in einer Dekade gegründeten terroristischen Gruppen 1910–2000

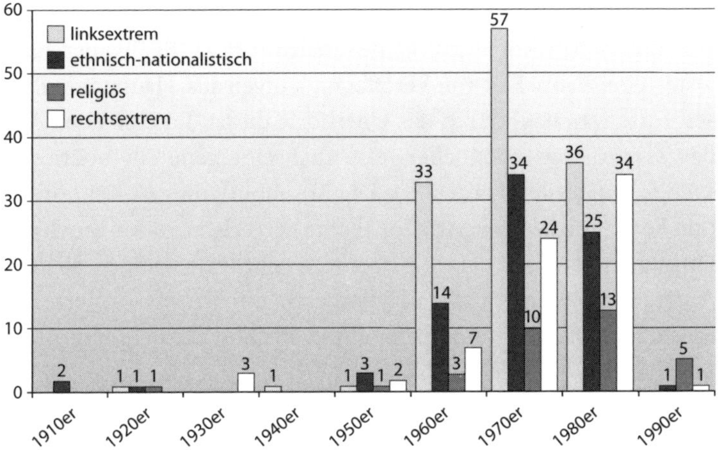

Quelle: Ami Pedahzur u. a.: »The War on Terrorism and the Decline of Terrorist Group Formation: A Research Note«, in: Terrorism and Political Violence, *Vol. 14, No. 3 (Autumn 2002), S. 145*

internationalen Terrorismus wirklich von der Entwicklung der Gesamtzahl terroristischer Gruppen oder nicht vielmehr der Initiative einiger weniger unter diesen abhängt. Zweitens ist zu beobachten, dass sich ab den 1990er Jahren die Bandbreite der Motivationen bei der Neugründung terroristischer Verbände reduziert hat. Linksextreme Orientierungen spielen keine Rolle mehr, und auch nationalistische sowie rechtsextremistische Gründungsideologien sind stark in den Hintergrund getreten. Vorherrschend ist eindeutig das religiöse Motiv. Doch auch dieses ist begrenzt, das wäre die dritte Schlussfolgerung, auf den Islamismus. Weder von christlicher noch von jüdischer Seite wurde in den 1990er Jahren eine neue terroristische Gruppe ins Leben gerufen. Freilich stellt sich, wie immer bei statistischen Tabellen, die Frage, wie extrapolierbar derartige Trendergebnisse sind. Deuten sie auf einen sich abzeichnenden allmählichen Abschwung des Terrorismus, einschließlich des religiös motivierten, hin, oder kommen sie eher einer Bestätigung von Samuel Huntingtons These vom Zusammenstoß der Kulturen gleich?

Alter oder neuer Terrorismus

In den vergangenen Jahren sind zahlreiche Studien zum Terrorismus erschienen, vor allem die Anschläge vom 11. September 2001 lösten eine wahre Flut von Veröffentlichungen aus. Haupttenor dieser Texte war, dass durch das Unerhörte dieser Tat eine neue Ära des Terrorismus, möglicherweise auch eine generelle politische Wende eingeleitet worden sei. Die bis dahin gültigen Kenntnisse und Forschungsergebnisse zum Thema Terrorismus seien durch die jüngste Entwicklung definitiv überholt, es bedürfe völlig neuartiger Ansätze und unverbrauchter Hypothesen, um den »neuen Terrorismus«, seine Erscheinungsformen und strukturellen Hintergründe zu erfassen.

Grundsätzlich ist natürlich richtig, auf die sich wandelnden Strukturen eines Phänomens und die nur relative Gültigkeit eines jeweils erreichten Kenntnisstandes aufmerksam zu machen. Und selbstverständlich ist auch der moderne Terrorismus seit seiner Entstehung um die Mitte des 19. Jahrhunderts nicht unverändert geblieben, sondern hat bereits mehrere Entwicklungsstadien durchlaufen. Einen Entwicklungssprung stellte beispielsweise die Ablösung des anarchistischen Einzeltäters, der im 19. Jahrhundert überwog, durch die organisierte Gruppe im 20. Jahrhundert dar. Ein weiterer Sprung vollzog sich Anfang der 1970er Jahre, als die Palästinenser das Fernsehen als öffentliche Bühne für sich entdeckten, die ihrem Anliegen zu weltweiter Aufmerksamkeit verhalf. Doch niemand kam auf die Idee, in diesen Neuerungen einen prinzipiellen Bruch mit den traditionellen Vorstellungen des Terrorismus zu sehen, die davon ausgehen, Gewalt könne nicht nur instrumentellen Zwecken dienen, etwas zerstören oder beschädigen, sondern auch eine kommunikative Funktion erfüllen, eine Botschaft transportieren. Wird diese Tradition durch die jüngsten Entwicklungen in Frage gestellt?

Diejenigen, die einer Neuorientierung der Terrorismusforschung das Wort reden, stützen sich im Wesentlichen auf drei Argumente. Das erste Argument bezieht sich auf die Organisationsstruktur terroristischer Gruppen und behauptet, der hierarchische Aufbau von früher und die damit einhergehende relative Abgeschlossenheit nach außen, die klassische Gruppen wie die irische IRA oder die baskische ETA noch kennzeichneten, seien heute flachen, dezentralen Netzwerken gewichen, die flexibler, schwerer fassbar und insofern auch gefährlicher seien. Der professionelle Terrorist von einst habe dem Amateurterroristen Platz gemacht, der sich mit ähnlich Gesinnten zu einer Projektgruppe zusammenschließt, die sich nach vollzogenem Anschlag rasch wieder auflöst.

Der zweite Argumentationsstrang betrifft die religiöse Orientierung der Mehrzahl der Terroristen von heute. Sie ist den »Experten« – im Allgemeinen säkularisierte westliche Sozialwissenschaftler – ersichtlich unheimlich. Verglichen mit dem angeblichen endzeitlichen Engagement fundamentalistischer Christen oder radikaler Islamisten erscheint ihnen das Prozedere der »traditionellen« marxistischen oder ethnisch-nationalistischen Gewaltverbände als nachgerade rational und berechenbar. So wird denn der gestiegene durchschnittliche Blutzoll je Anschlag und die zunehmende Tendenz, auf Bekennerschreiben oder -meldungen zu verzichten, häufig mit der religiösen Motivation der Täter in Verbindung gebracht.

Drittens ist der grenzüberschreitende, teils globale Charakter des Terrorismus der letzten Jahre sowie der gleichzeitige Einsatz modernster Informations- und Kommunikationstechnologien ein Grund, ihm eine prinzipiell neue Qualität zu bescheinigen. Als Inbegriff und Inkarnation der neuen Tendenzen, zugleich Hauptbeleg für alle drei Argumente, gilt al-Qaida, die von ihrem langjährigen, vor Kurzem getöteten Führer Osama bin Laden gegründete Organisation, die mit herkömmlichen Konzepten und methodischen Instrumentarien der Terrorismusforschung nur schwer zu erfassen sei.

Al-Qaida ist zweifellos eine ebenso originelle wie mächtige Organisation, die die theoretische Erfassung wie die praktische Bekämpfung des Terrorismus vor nicht unerhebliche Probleme stellt. Eine ganz andere Frage ist jedoch, ob man speziell dieser Organisation wegen sowie generell im Hinblick auf die jüngste Welle religiös motivierter Anschläge die bisherigen Prämissen und Konzepte aufgeben und sich gänzlich neuen Forschungshypothesen und Strategien zuwenden sollte. Auf diese Frage und auf die drei Argumente, die die Existenz eines »neuen Terrorismus« erklären und damit gleichzeitig auf die Notwendigkeit neuer methodischer Ansätze verweisen, wird im Einzelnen erst in den Kapiteln zur Organisationsstruktur und zum religiösen Terrorismus sowie im Exkurs zum transnationalen Terrorismus eingegangen. An dieser Stelle dazu nur so viel: Es wird sich herausstellen, dass das sogenannte Neue, das den Terrorismus unserer Tage auszeichnen soll, genauer besehen keineswegs immer so neu ist.

Beispielsweise stellen dezentrale Strukturmerkmale terroristischer Organisationen keineswegs ein Novum dar, sondern waren auch schon früher verbreitet, wenngleich nicht in der ausgeprägten Form, wie wir ihnen heute begegnen. Dies erklärt sich daraus, dass die Planung und Durchführung von Anschlägen aus dem Untergrund, insbesondere bei größeren Organisationen, ein gewisses Maß an struktureller Streuung und Delegation von Verantwortung unabdingbar macht. Auch Religiosität als Begründung terroristischer Attentate ist das jüngste und zugleich älteste Motiv für diese Form der Gewalt. Vor 1800, genauer: vor der Französischen Revolution von 1789, waren für einen terroristischen Akt kaum andere als religiöse Beweggründe denkbar. Auch was die fehlenden Bekennerschreiben und die durch die jüngsten Anschläge entstandenen hohen Verluste an Menschenleben betrifft, sollte man sich vor vorschnellen Verallgemeinerungen hüten, da es Ähnliches beziehungsweise Vergleichbares schon früher gegeben hat. Was schließlich die internationale Orientierung der heutigen Terroristen angeht, so knüpfen sie damit unmittelbar an die Gewohnheiten der Anarchisten im 19. Jahrhundert an, von denen sich etliche pausenlos über die damaligen Grenzen hinweg innerhalb Europas bewegten. Al-Qaida als erste von vornherein transnational angelegte terroristische Organisation stellt sicher einen deutlichen Innovationsschub in diesem Bereich dar. Doch handelt es sich dabei um eine hybride, in vielerlei Hinsicht anfällige Konstruktion, über deren Überlebenschancen noch nicht das letzte Wort gesprochen ist.

Terroristen müssen als numerisch und von ihrer Kampfstärke her relativ schwache Gruppen lernfähig sein, um sich in einer feindlichen Umwelt zu behaupten, ihren gewaltsamen Botschaften Gehör zu verschaffen. Das heißt aber nicht, dass man jede ihrer neuen Ideen, so originell sie sein und so desaströs sie sich auswirken mag, als Beginn einer neuen Ära des Terrorismus apostrophieren muss. Hinter der Rede vom »neuen Terrorismus« verbirgt sich häufig fehlende Sachkenntnis und mangelnde Bereitschaft, sich mit der Geschichte des Terrorismus auseinanderzusetzen. Die Grundfragen bleiben ja stets die gleichen: Welche Individuen greifen, als einzelne oder zu einer Gruppe zusammengeschlossen, aus welchen Motiven zu diesem extremen Mittel der Gewalt? Welche Ziele verfolgen sie dabei, welche intendierten und nicht intendierten Reaktionen provozieren sie mit ihren Anschlägen, wie wirken sich diese auf ihre politische Umwelt und rückwirkend auf sie selbst, die terroristische Gruppe, aus, wie erfolgreich sind sie letztlich? Was kann man gegen sie unternehmen? Während die letzte Frage verständlicherweise Daueraktualität genießt, sind wir bei den anderen in den letzten Jahren nicht wesentlich vorangekommen. Der aktuelle Diskussionsstand wird immer noch durch die aus den späten 1980er und frühen 1990er Jahren stammenden grundlegenden Studien von Martha Crenshaw, David Rapoport, Donatella della Porta und anderen bestimmt.

In Teilbereichen sind zweifelsohne Fortschritte erzielt worden, vor allem in Hinblick auf den religiösen Terrorismus. So sind wir inzwischen, nicht zuletzt aufgrund der Arbeiten von Marc Sageman, gut über die sozialen Hintergründe und Motivationen islamistischer Terroristen, einschließlich der Selbstmordattentäter, informiert. Auch Radikalisierungsprozesse, wie sie sich etwa in ethnischen oder religiösen Diasporagemeinschaften vollziehen, wurden unter die Lupe genommen. Dabei wurden auch Spezialphänomene wie die Tatsache, dass Gefängnisse ein besonders dankbares Rekrutierungsfeld für künftige Terroristen darstellen, genauer untersucht. Und schließlich ist die Forschung nicht bei der Analyse der Ursachen und Entstehung terroristischer Gruppen stehen geblieben, sondern hat sich auch Entradikalisierungsprozessen sowie der Frage zugewandt, warum Einzelne den Gewaltweg verlassen und warum ganze Gruppen und Organisationen schließlich ihre terroristischen Aktivitäten einstellen. Allerdings steht eine tiefere Durchdringung des religiösen Terrorismus noch aus, die etwa erklären könnte, unter welchen Umständen bei den grundsätzlich ambivalent angelegten monotheistischen Religionen das Gewaltpotenzial und nicht ihre friedensstiftenden Qualitäten die Oberhand gewinnen. Hier warten noch wichtige Aufgaben auf die Forschung, wichtigere jedenfalls als die Entscheidung des Etikettenstreits, ob die jüngste Entwicklung das Prädikat »alt« oder »neu« verdient.

2. Das terroristische Kalkül

Die terroristische Aktivität besteht darin, die schädlichsten Personen in der Regierung zu vernichten, die Partei gegen Spione zu schützen und die offizielle Gesetzlosigkeit und Gewalt in den wichtigsten Fällen und da, wo sie besonders deutlich zutage tritt, zu bestrafen. Das Ziel dieser Aktivität ist es, das Prestige der Regierung zu zerstören, den ständigen Beweis zu erbringen, dass es möglich ist, der Regierung den Kampf anzusagen, auf diese Weise den revolutionären Geist des Volkes zu stärken und schließlich eine Einheit zu bilden, die für Kriegführung geeignet und daran gewöhnt ist.

(aus dem Programm der russischen Terroristengruppe Narodnaja Volja, 1878)

Es gab eine Zeit, da wurde die Frage des Terrors heiß im Land der Revolutionen, in Russland, debattiert. ... Die Periode dieser Debatten gehört seit langem der Vergangenheit an. ... Ein Streitpunkt kann nur aus der falschen Fragestellung entstehen. Wenn die Frage lautet: Ist es möglich, eine Revolution auszulösen, indem man das Mittel des Terrors einsetzt?, dann ist die Antwort: Nein! Wenn die Frage lautet: Tragen diese Aktionen dazu bei, die Revolution und Befreiung näherzubringen?, dann ist die Antwort: Ja! ... Erstens ist Terror für uns ein Teil unserer gegenwärtigen politischen Kriegführung und spielt eine sehr große Rolle. In einer Sprache, die über die ganze Welt hinweg gehört werden wird, sogar von unseren elenden Brüdern jenseits dieser Landesgrenzen, ist er ein Beweis unseres Kampfes gegen den Besetzer. ... Er zielt nicht auf Personen, sondern auf Vertreter und ist deshalb effektiv. Und wenn er zudem die Bevölkerung aus ihrer Selbstzufriedenheit aufrüttelt, umso besser. Nur so, und aus keinem anderen Grund, wird die Befreiungsschlacht beginnen.

(aus der Zeitung **Freiheitskämpfer für Israel**, 1943)

das ist die dialektik der strategie des antiimperialistischen kampfes: dass durch die ... reaktion des systems, die eskalation der konterrevolution, die umwandlung des politischen ausnahmezustandes in den militärischen ausnahmezustand der feind sich kenntlich macht, ... und so, durch seinen eigenen terror, die massen gegen sich aufbringt, die widersprüche verschärft, den revolutionären kampf zwingend macht. (Text der RAF, 1977)

Die drei Zitate stammen aus unterschiedlichen Epochen und spiegeln unterschiedliche gesellschaftliche und politische Situationen wider. Wer sie genau liest, wird feststellen, dass die Begriffe Terrorismus und Terror in den 100 Jahren, die das erste vom letzten Zitat trennen, einen Bewertungswandel erfahren haben: Sind sie im 19. Jahrhundert noch positiv besetzt, weshalb sich die russischen Anarchisten umstandslos zu dieser Strategie bekennen, so zieht es die RAF vor, vom »antiimperialistischen kampf« zu sprechen, und behält den inzwischen ins Negative abgedrifteten Begriff »terror« der staatlichen Reaktion auf ihre Anschläge vor. Unabhängig von diesen sprachlichen Nuancen ist den drei Zitaten jedoch gemeinsam, dass sie etwas über die operationale Logik aussagen, die dem terroristischen Vorgehen zugrunde liegt. Sie zeigen, dass terroristische Anschläge nicht lediglich emotionale Reaktionen auf einen extrem unbefriedigenden Zustand darstellen, sondern durchaus einem rationalen Mittel-Zweck-Denken entsprechen, das nach Max Weber die Moderne generell charakterisiert. Allerdings handelt es sich im Falle der Terroristen, wie wir sehen werden, um ein indirektes und daher kompliziertes Kalkül.

Grundzüge terroristischer Strategie

Wenn im Folgenden von terroristischer Strategie die Rede ist, dann ist damit ein Vorgehen regierungsfeindlicher Gruppen gemeint, das sich primär, wenn nicht ausschließlich, auf terroristische Methoden und Mittel stützt. Diese »Option« ist keineswegs selbstverständlich, da terroristische Aktivitäten in der Praxis nicht selten andere Formen des gewaltsamen Angriffs auf einen Staat oder eine Regierung flankieren. Vor allem in Dritte-Welt-Regionen wird Terrorismus häufig als eine Taktik unter mehreren eingesetzt. Sie kann beispielsweise die Schwächephase einer Guerillabewegung überbrücken helfen, wie es in Lateinamerika oft geschieht. Terrorismus kann auch zur Begleiterscheinung eines im Übrigen ebenso offen wie unversöhnlich geführten Bürgerkrieges werden, wie dies im nordamerikanischen Sezessionskrieg (1861–1865), im spanischen Bürgerkrieg (1936–1939) oder bei den blutigen Auseinandersetzungen in Bosnien-Herzegowina in den 1990er Jahren der Fall war. Die Einbettung von terroristischen Aktionen in eine umfassendere politisch-militärische Strategie, auch in Form der Zusammenarbeit mit einer politischen Partei – die enge Symbiose zwischen der IRA und Sinn Fein in Nordirland vor dem Friedensschluss kann hier als Beispiel dienen – stellt, verglichen mit reinem Terrorismus, den erfolgversprechenderen Weg dar. Auf diese Weise können die Schwächen einer ausschließlich auf den Schockeffekt von Anschlägen ausgerichteten Vorgehensweise teilweise kompensiert werden. Hier soll jedoch zunächst die primär terroristische Strategie analysiert werden, da sich darüber die für Terroristen typische Denkweise am besten erschließt.

Das terroristische Kalkül in seiner klassischen Form lässt sich in Anlehnung an Eugene Victor Walter, dessen wegweisende Studie *Terror and Resistance* schon 1969 erschien, durch drei Elemente charakterisieren:

- An erster Stelle steht ein geplanter Gewaltakt beziehungsweise dessen öffentliche Androhung.
- Damit ist zweitens eine starke emotionale Reaktion intendiert: Gefühle der Furcht und des Schreckens, zumindest starker Verunsicherung bei den Feinden; »positive« Emotionen wie Schadenfreude, Erleichterung, innerer Beifall bei Anhängern und Sympathisanten.
- Ausgehend von diesen Emotionen zielen terroristische Anschläge drittens auf bestimmte Verhaltensreaktionen ab: insbesondere

> überstürzte, von einer gewissen Panik diktierte Schutz- und Vergeltungsmaßnahmen, aber auch auf Unterstützung und aktive Mithilfe beim angestrebten Kampf.

Diese Dreiersequenz gilt, wie gesagt, für das klassische terroristische Kalkül, wie wir ihm etwa bei den sozialrevolutionären Untergrundgruppen der 1970er Jahre oder auch beim ethnisch-nationalistischen Terrorismus der IRA oder ETA begegnen. Daneben existieren allerdings auch Rumpfformen terroristischer Strategie, vor allem bei religiös motivierten Gewaltgruppen der jüngeren Zeit, aber auch beim Rechtsterrorismus. Sie geben sich häufig mit der Verkündung einer gewaltsamen Protestbotschaft zufrieden, ohne dass ein weiter reichendes strategisches Gefühls- und Verhaltenskalkül zu erkennen wäre.

Der Dreiersequenz entsprechen bei Vollzug und Wirkung terroristischer Aktionen drei Personengruppen, die in das Geschehen einbezogen sind. Das sind zum Ersten die Gewaltakteure selbst, von denen der terroristische »Prozess« seinen Ausgang nimmt, zweitens die Opfer der Gewaltanschläge und drittens die eigentlichen Zielgruppen, um deren emotionale Beeinflussung und entsprechende Verhaltensreaktionen es in erster Linie geht. Hier wiederum ist zu unterscheiden zwischen jenen, die als Angegriffene und potenzielle Opfer weitere Verluste zu befürchten haben, und den anvisierten Sympathisanten auf der Gegenseite, denen die Terroristen mit ihren Anschlägen Mut machen und die sie für ihren Kampf mobilisieren wollen.

Allerdings kann die mobilisierende Motivation, die sich mit den terroristischen Botschaften verbindet, auch in Wut und Verbitterung umschlagen, dann nämlich, wenn die Anhänger nicht reagieren, sich der Konfrontation nicht anschließen wollen. Dann können repräsentative Vertreter der umworbenen sozialen Gruppen, als »Verräter« etikettiert, ihrerseits zur Zielscheibe terroristischer Angriffe werden. Wie immer die Grenze zwischen den Opfern des Terrorismus und den eigentlichen Zielgruppen, um deren psychologische Beeinflussung es geht, im Einzelnen zu ziehen ist, die Unterscheidung als solche ist konstitutiv für Terrorismus als Gewaltstrategie. Wenn alle oder möglichst viele Mitglieder einer Religionsgemeinschaft oder einer Ethnie umgebracht werden sollen, wie es in Ruanda Anfang der 1990er Jahre geschah, als die Hutus plötzlich über die Tutsis herfielen, dann kann man nicht mehr von Terrorismus oder Terror sprechen. Hier ist vielmehr der Ausdruck Völkermord am Platz. Terroristen begnügen sich mit einer begrenzten Zahl von Opfern, um den Rest der Bevölkerung und vor allem ihre Feinde im Sinne ihrer Zielvorstellungen zu manipulieren.

In einem ganz allgemeinen Sinne lässt sich Terrorismus als ein Spezialfall des Handlungsprinzips »Provokation« interpretieren, dem wir in zahlreichen Machtkonstellationen begegnen. Bezeichnend für eine Provokation ist im Regelfall – die Rollen können ausnahmsweise auch vertauscht werden – die Herausforderung eines Starken durch einen Schwächeren. Der Soziologe Rainer Paris hat sie definiert als »einen absichtlich herbeigeführten, überraschenden Normbruch, der den anderen in einen offenen Konflikt hineinziehen und zu einer Reaktion veranlassen soll, die ihn, zumal in den Augen Dritter, moralisch diskreditiert und entlarvt«. In den verschiedenen Elementen dieser Definition lassen sich unschwer die wichtigsten Bausteine terroristischer Strategie, die freilich eine extreme Form der Provokation darstellt, wiedererkennen. Es sind dies

- der offensive Normbruch, der als frecher Übergriff die Gegenseite verletzt, bloßstellt und damit die Situation für alle Beteiligten, einschließlich der Zuschauer, emotional auflädt. All dies lässt sich nahtlos auf das Vorgehen der Terroristen übertragen, die sich mit ihren Gewalttaten gezielt über die herrschenden Normen und Moralvorstellungen hinwegsetzen. Der Sinn ihres Normbruches besteht darin, auf eine höherrangige Moralordnung aufmerksam zu machen, nach der ihre Angriffe legitim und gerecht sind, während die Gegenseite der Vorwurf von Bösartigkeit und Verblendung trifft.
- der überraschende Angriff, der sozusagen aus heiterem Himmel erfolgen muss, soll er seinen Provokationseffekt nicht verfehlen. Dies entspricht genau den Momenten der Unberechenbarkeit,

Unwägbarkeit und Willkür terroristischer Anschläge, durch die Verwirrung und Furcht gestiftet werden soll.

- der gezielt herbeigesuchte Konflikt, in dem der Feind anvisiert wird, jedoch in einer spezifischen Weise: Die andere Seite wird gereizt, bis diese zum Gegenschlag ausholt, so dass es so aussieht, als sei sie der aggressive Part. Eben darauf zielen auch die Anschläge der Terroristen ab: den feindlichen Staat aus seiner Reserve herauszulocken, damit er Verfolgungsinitiativen ergreift.
- die Reaktionen des provozierten Machtträgers, sei es ein Einzelner, eine Gruppe oder Institution. Paris spricht in diesem Zusammenhang von der »Reaktionsangewiesenheit« des Provokateurs. Auch hier liegen die Parallelen zum Terrorismus auf der Hand. Reagieren die gesellschaftlichen und politischen Führungseliten maßvoll, lassen sie sich nicht zu übertriebenen Verfolgungs- und Sicherheitsmaßnahmen hinreißen, dann haben die Gewaltaktivisten ihr Ziel, mindestens teilweise, verfehlt. Provokationen, die keine heftige, möglicherweise überhaupt keine Antwort hervorrufen, fallen auf den Provokateur zurück. Allerdings, und dies gilt sowohl für die persönliche als auch für die institutionelle Ebene, ist es schwierig, sich dem Reaktionszwang zu entziehen, der von gewaltsamen Provokationen ausgeht.
- die Entlarvung des Gegners, der sich in der Reaktion desavouieren, das heißt als maßlos, ungerecht, brutal, kurzum: als der eigentliche Angreifer erscheinen soll. Der tiefere Sinn der Provokation und des Terrorismus als einer Spezialform davon liegt darin, in den Augen des Publikums einen Rollenwechsel zu inszenieren: Der Angreifer wird zum Angegriffenen und der Angegriffene zum eigentlichen Angreifer. Wenngleich diese Absicht durchsichtig erscheinen mag, ist sie doch nicht leicht zu durchkreuzen. Denn reagiert der Provozierte nicht, so riskiert er, sein Gesicht zu verlieren und der Verachtung anheimzufallen; umgekehrt wird rasch der Vorwurf unverhältnismäßiger Härte gegen ihn erhoben, wenn er zu energischen Gegenmaßnahmen greift.

Bezogen auf den Terrorismus ist der Titel »Der kurze Atem der Provokation«, den Paris seinem Aufsatz gegeben hat, nicht unbedingt stimmig. Keineswegs handelt es sich bei dieser Art der Provokation immer nur um kurzatmige Bewegungen. Es gibt terroristische Kampagnen, die sich mit Unterbrechungen über Jahrzehnte hinziehen. Wie also steht es mit der praktischen Einlösbarkeit des terroristischen Kalküls, den Erfolgsaussichten der Terroristen?

Bei der Beantwortung dieser Frage soll im Augenblick von der inneren Dynamik terroristischer Gruppen abgesehen werden. Diese sind wie alle zweckrationalen Organisationen nicht nur ein Instrument zur Realisierung bestimmter Ziele, sondern bestehen aus Menschen mit unterschiedlichen Bedürfnissen, die aufgrund ihres engen Zusammenschlusses im Untergrund und der einseitigen Fixierung auf Gewalt Züge entwickeln können, die sich negativ auf ihre strategische Gesamtplanung auswirken (vgl. Kap. 10). Doch nicht von diesen »inneren« Hindernissen und ihrer Überwindung soll hier die Rede sein, sondern von den externen Schwierigkeiten und Imponderabilien, denen das terroristische Kalkül begegnet.

Ausgangspunkt ist die Feststellung, dass die terroristische Strategie eine indirekte Vorgehensweise ist, die über mehrere Zwischenstufen zum angestrebten Erfolg führt. Solche indirekten Strategien werden nach Lawrence Freedman im Rahmen machtstrategischer Auseinandersetzungen nur in Ausnahmefällen gewählt von aufständischen Gruppen, die äußerst schwach sind. Denn im Zweifel hält er direkte militärische Strategien, die den Besitz und die Verteidigung beziehungsweise Erweiterung eines Stücks Territorium voraussetzen, für weitaus praktikabler und effektiver. Im Falle einer indirekten Strategie stellt sich vor allem das Problem, wie die Gewaltakteure es bewerkstelligen wollen, die Kontrolle über die einzelnen Stufen und Phasen des von ihnen in Gang gesetzten Eskalierungsprozesses zu behalten. Die Terroristen müssen, damit das »Provokations-Repressions-Schema« in ihrem Sinne funktioniert, dafür sorgen,

- dass ihre Gewaltbotschaften verständlich sind und aufgenommen werden;

- dass die anvisierten Adressatengruppen willens und imstande sind, so darauf zu reagieren, wie es sich die Gewaltaktivisten vorstellen.

Wird die terroristische Botschaft gehört, verstanden und aufgenommen?

Ob und inwieweit eine Gewaltbotschaft Gehör findet, hängt vom allgemeinen Gewaltpegel in einer Gesellschaft ab. Es liegt auf der Hand, dass in Ländern wie beispielsweise Kolumbien, wo Guerillagruppen und paramilitärische Verbände Teile des nationalen Territoriums besetzt halten und Geiselnahmen an der Tagesordnung sind, terroristische Anschläge, sofern sich die Zahl der Todesopfer in Grenzen hält, keinen sonderlichen Eindruck hinterlassen. Genau dieser fehlende »Gewöhnungseffekt« macht für Terroristen die relativ gewaltfreien westlichen Demokratien als Operationsfeld so attraktiv, wo eine überraschende brutale Gewalttat auf Anhieb große allgemeine Aufmerksamkeit erregt.

Gehört zu werden bedeutet allerdings nicht automatisch, auch verstanden zu werden. Während die terroristischen Anschläge der marxistischen und nationalistischen Gruppen der 1970er und 1980er Jahre meist von einem Bekennerschreiben begleitet waren, in dem die Täter sich selbst sowie Sinn und Zweck ihrer Tat zu erkennen gaben, wurde bei den jüngeren, religiös oder rechtsextrem motivierten Anschlägen auf derartige Erklärungen häufig verzichtet. So muss man denn aus den Umständen der Tat, aus dem, was über die mutmaßlichen Angreifer in Erfahrung zu bringen ist, sowie aus der Stoßrichtung des Anschlags ableiten, um welche Art von Terrorismus es sich jeweils handelt. Offen bleibt dabei, ob die Terroristen ihrerseits davon überzeugt sind, die Zielobjekte und die Form des Anschlags sprächen eine so deutliche Sprache, dass sich jeder zusätzliche Kommentar erübrige; oder ob sie damit zum Ausdruck bringen wollen, dass sie ihre Feinde einer anderen als der gewaltsamen Form der Kommunikation für nicht würdig halten. Denkbar ist auch, dass sie auf diese Weise ihre Spuren zu verwischen suchen, um sich vor strafrechtlicher Verfolgung zu schützen, oder aber den aus den Anschlägen resultierenden Unsicherheits- und Panikeffekt durch die Anonymität noch zusätzlich verstärken wollen.

Auch durch konkreten Terrorschutz kann die Klarheit der intendierten Botschaft beeinträchtigt werden. Die Absicht der Terroristen, möglichst symbolträchtige Ziele anzugreifen, wird häufig dadurch durchkreuzt, dass der von ihnen angefeindete Staat sämtliche potenziell gefährdeten wichtigen Personen, Gebäude und Einrichtungen durch ein aufwendiges Schutzaufgebot gegen Angriffe abschirmt. Dann kommt es zum sogenannten Gelegenheitsterrorismus, das heißt, die Gewalttäter zünden Autobomben, töten zweitrangige Amtsträger oder vergreifen sich an Zivilisten, um nur irgendwie ihre Schlagfähigkeit zu demonstrieren.

Gleichwohl, der anvisierte Feind, in der Regel ein Staat beziehungsweise dessen führende politische Vertreter, begreift die Kampfansage eines terroristischen Anschlags meistens sehr rasch und reagiert entsprechend empfindlich. Man denke etwa an die Regierung Kohl, unter der es bis weit in die 1980er Jahre hinein hieß, der Linksterrorismus stelle *die* Bedrohung schlechthin für den westdeutschen Staat dar. Dabei war offenkundig, dass eine Gruppe von 20 oder maximal 30 Gewaltaktivisten außerstande gewesen wäre, ein umfangreiches, in bürokratischen Strukturen verankertes Staatsgefüge wie das der Bundesrepublik Deutschland aus den Angeln zu heben. Auch im Anschluss an die Anschläge vom 11. September kam es sehr schnell zu einem engen Schulterschluss sämtlicher wichtiger Staatsführer. Quer über Interessendivergenzen und ideologische Gräben hinweg war man sich einig, dass vom islamistischen Terrorismus eine große Gefahr für die bestehende internationale Ordnung ausgehe, der man unter Aufbietung aller Mittel entgegentreten müsse. Über die Gründe politischer Eliten, sich meist schnell und unzweideutig auf eine terroristische Herausforderung einzulassen, kann man nur Vermutungen anstellen. Es ist anzunehmen, dass man in den staatlichen Spitzenpositionen äußerst sensibel auf die Infragestellung der staatlichen Kernkompetenz, des staatlichen Gewaltmonopols, reagiert. Ein Grund könnte allerdings auch die ausgeprägte Identifizierung der politischen Elite mit dem Staat sein, die dazu führt, dass jede Bedrohung der eigenen Person automatisch mit einer Staatsbedrohung gleichgesetzt wird.

Wird die Provokation eines terroristischen Anschlags von den Spitzen des Staates und der Gesellschaft durchweg rasch verstanden und angenommen, so stößt die flankierende Sympathiewerbung bei den anvisierten Bevölkerungsgruppen überwiegend auf ein sehr geteiltes Echo. In diesem Zusammenhang hat Herfried Münkler anlässlich der RAF-Anschläge, welche die Arbeiter vom »Joch des Kapitalismus« befreien helfen sollten, die boshafte Formel vom »angeblich interessierten Dritten« geprägt, den man gar nicht gefragt habe, ob ihm diese Art der Unterstützung willkommen sei. Tatsächlich reagierten die sozialen Unterschichten sowohl der Industrieländer als auch der Entwicklungsländer auf die Gewaltbotschaften der selbsternannten marxistischen Avantgarde in den 1960er und 1970er Jahren großenteils mit Gleichgültigkeit oder Ablehnung.

Zur Einschätzung der Möglichkeit beziehungsweise Wahrscheinlichkeit einer positiven Resonanz von Anschlägen müssen die jeweiligen unterschiedlichen Traditionen und Motive des Terrorismus veranschlagt werden. Wo es bereits ein eingespieltes Muster gewaltsamer Gegenwehr gegen kolonialstaatliche Bevormundung und Übermacht gibt, wie dies etwa in Irland lange Zeit der Fall war, werden entsprechende Botschaften von breiten Bevölkerungsschichten unmittelbar registriert und verstanden. In ähnlicher Weise kann im islamischen Kulturkreis der Selbstmordattentäter an eine bis ins 19. Jahrhundert und vermutlich noch weiter zurückreichende Tradition der Selbstaufopferung als Zeichen des Protests gegen koloniale Überfremdung anknüpfen. Eine vergleichbare Tradition fehlt jedoch beispielsweise in Deutschland oder Frankreich.

Für die »Akzeptanz« von Anschlägen fällt auch die Motivation ins Gewicht, aus der heraus Gewaltanschläge begangen werden, ob mit ihnen sozialrevolutionäre, ethnisch-nationalistische, religiöse oder rechtsextremistische Absichten und Ziele verfolgt werden. Generell stoßen jene terroristischen Gruppen am ehesten auf eine positive soziale Resonanz, denen es gelingt, ihr reichlich abstraktes Provokationskalkül mit einer konkreten Forderung zu verbinden. Das ist vor allem dann der Fall, wenn sie Anspruch auf ein Stück Land, ein bestimmtes Territorium erheben.

Aus diesem Grund war der Terrorismus, der allein oder in Verbindung mit anderen Gewalttechniken in antikolonialen Befreiungskämpfen eingesetzt wurde, so erfolgreich. Ein Grund für diesen Erfolg war allerdings auch, dass es hier um die Bekämpfung einer illegitimen fremden Herrschaftsmacht ging, deren Vertreter sich in ihr Mutterland zurückziehen konnten, als die Kosten, welche die Aufrechterhaltung des Kolonialregimes verursachte, ins Unermessliche zu steigen drohten.

Schwieriger gestalten sich die Verhältnisse im Falle des sogenannten internen Kolonialismus, wenn also innerhalb ein und desselben Territoriums eine Mehrheitsgruppe die Herrschaft über eine ethnische Minderheit ausübt. Beiden ist es im Konfliktfall nicht möglich, zu weichen oder sich zurückzuziehen, so dass ihnen auf die Dauer nichts anderes übrig bleibt, als sich zu arrangieren. Das Verhältnis von Schwarzen und Weißen in Südafrika bietet sich hierfür ebenso als Beispiel an wie jenes von Protestanten und Katholiken in Nordirland oder von Israelis und Palästinensern in »Palästina«. In all diesen Fällen ist davon auszugehen, dass Gewaltbotschaften von beiden Seiten unmittelbar verstanden und zutreffend interpretiert werden. Ähnliches kann man vom marxistisch motivierten Terrorismus annehmen, sofern er Forderungen nach Landumverteilung zum Gegenstand hat oder dem Schutz kleiner Bauern und Pächter gegen den expandierenden Großgrundbesitz dient. Auch hier begreifen die um ihre Scholle Kämpfenden rasch, dass der Zweck der Gewaltanschläge darin besteht, ihnen beizustehen und sie zu entlasten. Wo das terroristische Mehrstufenkalkül dagegen mit einer nicht minder abstrakt und theoretisch klingenden allgemeinen Lehre des Klassenkampfes verknüpft wurde wie bei der deutschen RAF oder der französischen Action Directe, stießen die Terroristen bei den breiteren Bevölkerungsschichten auf Gleichgültigkeit und Unverständnis.

Auch den religiösen Gewaltbewegungen geht es – bei genauerer Betrachtung – meistens nicht nur um die Durchsetzung ihrer spirituellen Orientierung, sondern um handfeste territoriale Ansprüche. Sowohl das Judentum als auch der Islam weisen eine starke räumlich-territoriale Komponente auf. Konkret zielt der militante Islamismus auf die Verteidigung des von Nordafrika bis nach Ostasien reichenden Ländergürtels gegen die »christlich-jüdischen Kreuzzügler« ab, wie es Bin Laden ausgedrückt hat, vor allem gegen die weitere Expansion des säkularisierten individualistischen westlichen Lebensstils. Im engeren Sinn stehen die heiligen Stätten des Islam in Saudi-Arabien und in Jerusalem auf dem Spiel. Man darf ohne weiteres davon ausgehen, dass diese territorialen Bezüge der Gewaltanschläge, mögen sie gebilligt sein oder nicht, jedem Muslim bewusst sind.

Insgesamt ist die Bedeutung einer positiven Aufnahme der terroristischen Botschaft durch die anvisierte Bevölkerungsgruppe kaum zu überschätzen. Sie sichert den Terroristen eine ihnen prinzipiell wohlgesinnte Basis, ermöglicht die Rekrutierung weiterer Mitglieder für ihre Gruppen und bietet Schutz vor Verrat und plötzlicher Zerschlagung. Ein gewisser sozialer Rückhalt verschafft ihnen, mit anderen Worten, zeitlichen und räumlichen Spielraum für weitere Aktionen. Über deren Erfolg im Sinn der angestrebten Ziele ist damit selbstverständlich noch nichts ausgesagt.

Erfolgschancen der Strategie

Angenommen, sowohl der anvisierte Feind als auch die umworbenen Bevölkerungsgruppen haben die mit dem terroristischen Anschlag transportierte Botschaft verstanden und akzeptiert, so fehlen noch zwei Handlungssequenzen, damit das terroristische Kalkül im klassischen Sinn aufgeht. Erstens muss der angegriffene Staat überreagieren, das heißt die Fassade von Recht und Rechtsstaatlichkeit fallen lassen und sich als der wahre Angreifer entpuppen; und zweitens muss sowohl aufgrund der »Botschaft« als auch durch diese

Überreaktion die Masse der lauen, stillen, abwartenden Sympathisanten aus ihrer Reserve gelockt werden. Aus passivem Widerstand muss eine offene Rebellion werden, die schließlich zum Sieg der Aufständischen führt.

Paradoxerweise verkalkulieren sich Terroristen eher in den Reaktionen ihrer mutmaßlichen Anhängerschaft als in denen ihrer Feinde. Was den ersten Schritt, die angestrebte Überreaktion des angegriffenen Staatsapparates, betrifft, so tappen die politischen Spitzenvertreter häufig in die terroristische Falle und übertreiben die Dimensionen des Konflikts, anstatt ihm nüchtern zu begegnen oder ihn herunterzuspielen. Wie weit sie dabei gehen, hängt von einer ganzen Reihe von Faktoren ab, wie zum Beispiel von der politischen Tradition und Kultur eines Landes, von der Regierungsform und auch davon, ob der terroristischen Bedrohung im eigenen Land oder auf fremdem Territorium begegnet werden muss, sowie nicht zuletzt auch von der Dimension des Anschlages oder der Anschlagsserie. Diktaturen schlagen in der Regel viel härter zurück als an rechtsstaatliche Normen gebundene Demokratien. Wie die jüngste Erfahrung lehrt, sind aber auch Demokratien keineswegs gegen Überreaktionen gefeit, sondern spielen das Spiel der Terroristen mit, indem sie die Grund- und Freiheitsrechte einschränken und immer mehr Sicherheitskontrollen einführen. Im Extremfall kann die Abwehr des Terrorismus dahin führen, dass Blutbäder in Drittländern oder sogar – wovor die letzte argentinische Militärregierung (1976–1983) nicht zurückschreckte – unter der eigenen Bevölkerung angerichtet, Konzentrationslager errichtet und die Wiedereinführung der Folter propagiert werden.

Man könnte annehmen, dass das terroristische Kalkül spätestens dann zunichte wird, wenn ein Staat aufs Härteste zurückschlägt. Es ließe sich argumentieren, dass das hohe Risiko, unter dem die Terroristen fortan agieren müssen, die meisten potenziellen Sympathisanten davon abhalten wird, die Gewaltaktivisten weiter zu unterstützen. Eine allgemeine Schlussfolgerung dieser Art ist jedoch verfehlt. Das terroristische Kalkül kann an diesem Punkt scheitern, kann aber auch dennoch zum Erfolg führen. Dieser hängt unter anderem vom Konsolidierungsgrad der terroristischen Bewegung ab, von der erwähnten Verknüpfung der Anschläge mit einer konkreten Territorialforderung sowie davon, ob sowohl den tatsächlichen wie den angeblichen Sympathisanten der Rebellen ohnedies Diskriminierung und Repression droht. So setzte die baskische ETA unter der aufs Brutalste gegen jegliche Autonomiebestrebungen vorgehenden Franco-Diktatur auf die sogenannte Aktions-Repressions-Spirale, und dies lange mit Erfolg. Erst nach Beginn des spanischen Demokratisierungsprozesses, vor allem ab den 1980er Jahren, begann ihre Mitgliederbasis abzubröckeln. Ähnliche Konsequenzen hatte der entfesselte Terror des französischen Besatzungsregimes, der immer mehr Algerier dem aufständischen FLN in die Arme trieb, bis die Franzosen schließlich unter de Gaulle das Land räumen mussten. Und konnten wir nicht jahrelang beobachten, wie der zunehmend repressive Druck, den die Israelis auf die Palästinenser ausübten, weit davon entfernt, eine Unterwerfungshaltung zu erzeugen, die Zahl palästinensischer Selbstmordattentate kontinuierlich in die Höhe trieb?

Doch nicht in jedem Fall führt eine Unterdrückungskampagne zu vermehrtem Widerstand und erhöhter Opferbereitschaft. Falls Bin Laden damit gerechnet hatte, dass die Anschläge vom 11. September 2001 nicht nur eine Invasion Afghanistans durch die USA und ihre Verbündeten zur Folge haben, sondern daraus die große religiöse Auseinandersetzung zwischen den »Kreuzzüglern« und den Muslimen erwachsen würde, sah er sich getäuscht. Die Invasion fand zwar statt, doch die erhoffte Mobilisierung der Gläubigen als Reaktion darauf blieb zumindest anfangs aus – inzwischen hat sich die Situation allmählich geändert. Dagegen hat der Irak-Feldzug offenbar in stärkerem Maß eine solche, teils aus politischen, teils aus religiösen Motiven gespeiste Widerstandsreaktion zur Folge gehabt – ohne dass dabei der Führungsstab um al-Qaida seine Hand mit im Spiel gehabt hätte.

Insgesamt ist festzustellen, dass die Erfolgsbilanz terroristischer Gruppen vergleichsweise bescheiden ausfällt. Das hängt großenteils mit jener fatalen Schwäche ihres Vorgehens zusammen, die Rainer

Paris ihre »Reaktionsabhängigkeit« genannt hat. Terroristen können – hier unterscheiden sie sich von fast sämtlichen anderen Gewaltstrategien – keinen entscheidenden eigenen Beitrag zur Erreichung des angestrebten Zieles leisten. Sie können darauf achten und warten, dass eine für ihre Absichten günstige gesellschaftlich-politische Situation vorliegt, und Anstöße für den intendierten Umwälzungsprozess in Form von Gewaltbotschaften geben – den Rest müssen die relevanten Kollektivakteure, insbesondere der Staat, bestimmte Bevölkerungsgruppen und die Öffentlichkeit, selbst besorgen. Darin liegt ihr immanent in die eigene Strategie eingebautes Haupthandicap. Durchschaut die Staatsführung ihre Absichten, reagieren die Massen nicht auf ihr Befreiungsangebot, dann gehen ihre Berechnungen ins Leere, hängt ihre Planung in der Luft.

Dabei legt unsere skeptische Gesamteinschätzung der Erfolgschancen terroristischer Gruppen die Messlatte für »Erfolg« ziemlich hoch. Terroristische Organisationen durchlaufen drei Entwicklungsstadien: Sie werden erstens irgendwann gegründet, bringen es zweitens eventuell zuwege, sich über einen längeren Zeitraum als innenpolitischer oder internationaler Störfaktor zu behaupten, und sehen drittens unter Umständen ihre Zielvorstellungen Wirklichkeit werden. Erfolg im letztgenannten Sinne war terroristischen Bewegungen nur in seltenen Ausnahmefällen, wie etwa dem algerischen Freiheitskampf, beschieden. Dagegen gab und gibt es eine große Zahl terroristischer Verbände, die nicht zerschlagen wurden, sich auch nicht auflösten, sondern sich im Untergrund über Jahrzehnte hinweg halten und die jeweilige Regierung periodisch in Verlegenheit oder gar Bedrängnis bringen konnten. Betrachtet man die ihnen eigene Störkapazität als »Leistung«, waren und sind sie nicht erfolglos. Allerdings, und damit bleiben sie ihrer Ausgangsdevise treu, definiert sich dieser Erfolg negativ, nicht positiv. Positive Impulse, konstruktive Ideen etwa, erwartet man von terroristischen Gruppen vergeblich; fixiert auf das Zwangsmittel der Gewalt, sind sie ausschließlich in der Lage, Bestehendes in Frage zu stellen, Spannungen zu vertiefen und gesellschaftlich-politische Konflikte auf die Spitze zu treiben.

3. Geschichtliche Vorläufer und strukturelle Voraussetzungen

Terrorismus ist bei weitem keine Erfindung der Moderne. David Rapoport, der sich mit den geistesgeschichtlichen Wurzeln des Phänomens befasst hat, kommt zu dem Schluss, der moderne Terrorismus habe bereits mehrere Vorläufer sowohl in Europa als auch im Orient gehabt. Als Beispiele nennt er einmal die jüdischen Zeloten und Sicarii, die sich im 1. Jahrhundert n. Chr. gegen die römische Vorherrschaft in Palästina auflehnten; zum anderen die Assassinen, eine islamische Sekte, deren Anhänger über zwei Jahrhunderte hinweg im Mittelalter im Vorderen Orient sowohl Angehörige rivalisierender islamischer Glaubensrichtungen als auch Christen mit dem Dolch umbrachten oder zu Tributzahlungen erpressten. Ob allerdings die dritte von Rapoport angeführte Gruppe der »Thugs«, eine rund 1000 Jahre lang in Indien existierende Glaubensgemeinschaft, deren Mitglieder ein durchaus normales Leben führten, jedoch verpflichtet waren, im Dienste ihrer blutrünstigen Göttin regelmäßig Menschen zu erdrosseln, als Terroristen im hier definierten Sinn anzusprechen sind, ließe sich bezweifeln. Wichtiger in diesem Zusammenhang erscheint, dass alle drei geschichtlichen Vorläufer des Terrorismus religiös ausgerichtet waren. Denn nach Rapoport war es bis zur Französischen Revolution von 1789 undenkbar, dass auch aus anderen als religiösen Motiven das extreme Mittel eines terroristischen Anschlags gewählt wurde.

Es gibt daneben noch einen zweiten Traditionsstrang, an den der moderne Terrorismus als Methode zur Beeinflussung der Politik anknüpfen kann – die Denkfigur und Praxis des Tyrannenmordes. Angefangen bei Aristoteles bis zu den Staatsphilosophen des 18. Jahrhunderts wird ein prinzipielles Recht der Untertanen bejaht, politische Machtträger, die ihren elementaren Verpflichtungen nicht nachkommen, beispielsweise indem sie das Volk ausbeuten und unterdrücken, anstatt es zu beschützen, abzusetzen oder umzubringen. Als klassisches Beispiel galt Cäsars Ermordung durch Brutus und seine Verschwörergenossen, weil Cäsar die republikanische Ordnung beseitigt und damit »verraten« habe. Aber auch im 16. und frühen 17. Jahrhundert, im Zeitalter der Religionskriege, gab es viele Königsmorde, die damit gerechtfertigt wurden, dass der König seine Rechte missbraucht hat, indem er jeweils die »falsche« Konfession angenommen oder beibehalten hat.

Allerdings waren es weniger diese historischen Präzedenzfälle, durch die Terrorismus als eine Gewaltstrategie eigener Art bekannt wurde, als der systematische Einsatz von *la terreur* als Herrschaftsinstrument in der Schlussphase der Französischen Revolution (1792–1794). Es war dies eine Zeit, in der die Revolutionäre in zweifacher Hinsicht in Bedrängnis geraten waren: von innen her durch Widerstände und Erhebungen traditioneller, der Monarchie treu gebliebener Bevölkerungsgruppen und Landesteile, hier ist vor allem die bäuerliche Widerstandsbewegung in der Vendée zu nennen. Und von außen durch die Bedrohung von Frankreichs Grenzen, die von der militärischen Allianz aller anderen Großmächte Europas ausging.

Angesichts dieser doppelten Herausforderung griff die Revolutionsregierung zum Mittel des Terrors, um ihre innenpolitischen Feinde auszuschalten und das von desintegrativen Tendenzen bedrohte Land mit eiserner Klammer zusammenzuhalten. Unter Robespierres Regie wurden durch das »Komitee des öffentlichen Wohles« zunächst Hunderte, dann in wenigen Monaten Tausende aufs Schafott geschickt, wo sie auf dem Höhepunkt der Mordserie in einer Schlange auf die Hinrichtung warten mussten. Der Spuk fand erst ein Ende, als sich herausstellte, dass Robespierre mit seiner Säuberungspolitik im Sinne der Errichtung einer Republik der Tugend auch dann noch fortfahren wollte, als keine akute Gefahr mehr für Frankreich bestand. Nun wehrten sich die verbliebenen

Volksvertreter und stellten ihrerseits Robespierre und seine engsten Anhänger unter Anklage. Nach Robespierres Hinrichtung brach das System staatlichen Terrors binnen kurzem zusammen.

Das 19. Jahrhundert

Die Tatsache, dass es der französische Staat war, der den Terror zu einem wichtigen Machtinstrument ausbaute, war für die weitere Entwicklung des Terrorismus nicht unwichtig. Denn damit hatten die Regierenden selbst den potenziellen Rebellen drastisch vor Augen geführt, wozu die systematische Verbreitung von Furcht und Schrecken zu gebrauchen war, wenn man sie aus ihren traditionellen religiösen und sonstigen Bindungen herauslöste. Die Terroristen des 19. Jahrhunderts haben diese Lektion nur allzu gut gelernt.

Das 19. Jahrhundert war ein Jahrhundert des Übergangs, geprägt vom Verfall traditioneller Prinzipien und Autoritäten, an deren Stelle sich neue Ideen wie der Nationalismus und die Lehre von der Volkssouveränität ausbreiteten. Diese Ablösungs- und Umschichtungsprozesse verliefen jedoch nicht kontinuierlich, sondern vollzogen sich in Sprüngen, wiesen Verwerfungen und restaurative Kehrtwendungen auf. Es sei nur an die größtenteils fehlgeschlagene deutsche Revolution von 1848 erinnert, an Frankreichs Rückkehr zum Kaisertum oder das Sozialistengesetz in Deutschland. Diese politischen Brüche erzeugten zusammen mit den tiefgreifenden wirtschaftlichen und sozialen Umwälzungen im Gefolge der Industrialisierung ein geistiges Klima allgemeiner Verunsicherung, in dem radikale politische Projekte und Strategien einen exzellenten Nährboden fanden.

Dies umso mehr, als der Staat mit dem unaufhaltsamen Niedergang der Erbmonarchie als Herrschaftsform jegliche höhere, religiös begründete Rechtfertigung seiner Existenz einbüßte. Einerseits nahm die staatliche Kapazität, den Bürger zu erfassen, zu formen und zu kontrollieren, aufgrund des Ausbaus der Verkehrswege, der Einführung der allgemeinen Schulpflicht und Wehrpflicht sowie der

Reform des Polizeiwesens kontinuierlich zu. Auf der anderen Seite aber war der Staat im Zeichen der Volkssouveränität »nur« noch Menschenwerk: ein von Menschen für Menschen ersonnenes, prinzipiell veränderbares Konstrukt. Wenn aber im Namen eines solchen irdischen Konstrukts Macht und Zwang über Menschen ausgeübt wurde, was lag dann näher, als dieselben Mittel, nämlich Macht und Zwangsgewalt, auch gegen die Regierenden zu richten, um eine »bessere« politische Ordnung herbeizuführen?

Juan Doñoso Cortés, ein konservativer spanischer Denker der ersten Hälfte des 19. Jahrhunderts, hatte recht: Um die »von unten«, im Namen des Volkes erhobenen Proteste und Forderungen einzudämmen, hätte es eines Staates bedurft, der eine höhere Weihe und Würde, das heißt eine letztlich transzendente Legitimität, beanspruchen konnte. Als rein irdische Instanz konnte der zu Zwangsmitteln greifende Staat rasch als Unrechts- und »Henkerstaat« denunziert werden. Führte er Reformen durch, um diesen Vorwurf zu entkräften, indem er etwa die Todesstrafe abschaffte und den Strafvollzug liberalisierte, so würde dies nach Cortés im Zweifel nicht ein Nachlassen der Protestaktionen, sondern deren Verschärfung zur Folge haben.

Diese teils in einer dunklen, mystifizierenden Sprache abgefassten Prophezeiungen sollten sich ab der zweiten Jahrhunderthälfte größtenteils bewahrheiten. Viele Herrschaftshäuser leiteten politische Reformen ein und gingen, ihrer eigenen Sache nicht mehr ganz sicher, schonender als früher mit politischen Rebellen um. So fällt auf, dass fast alle bekannten Revolutionäre jener Zeit ein hohes Lebensalter erreichten, das heißt, zwar ins Exil gehen, aber nicht um ihr Leben bangen mussten. Doch diese Vorsicht und Zurückhaltung von Seiten der Regierenden wurde nicht honoriert, sondern ihnen als Schwäche ausgelegt und mit immer wilderen Parolen und Umsturzplänen beantwortet. Wenn daraufhin, wie beispielsweise von Seiten des russischen Zaren Alexander II., ein repressiverer Kurs eingeschlagen und die Verfolgung politischer Dissidenten erneut verschärft wurde, so löste dies meist noch wütendere und wagemutigere Reaktionen bei Umstürzlern und Revolutionären aus. Diese Reaktionen stehen ganz im Einklang mit den Erkenntnissen der sogenannten Violenzforschung der 1970er Jahre, die betonte, nichts sei geeigneter, einer Widerstandsbewegung zusätzlich Nahrung zu geben, als eine widersprüchliche, zwischen Härte und Nachgiebigkeit hin und her schwankende Regierungspolitik.

Im Falle der Utopisten und Revolutionäre des 19. Jahrhunderts wurde die Aufstandsbereitschaft zusätzlich durch ein aufwieglerisches geistiges Klima geschürt, einer der Hauptunterschiede zu früheren Jahrhunderten: Es wimmelte förmlich von Denkmodellen und konkreten Handlungsanweisungen, die terroristische Aktivitäten in die Reichweite einer praktizierbaren politischen Strategie rückten. In ganz Europa entstanden Geheimgesellschaften, Zirkel und Gruppen, die unter anarchistischen, sozialistischen, in Russland bis zum Nihilismus reichenden Vorzeichen darüber diskutierten, wie man den Staat durch bewaffnete Angriffe in die Knie zwingen und zerstören könne. Es gibt keine Variante aufständischer Gewalt und terroristischer Anschläge, die zu jener Zeit nicht bereits gedanklich durchgespielt und zum Teil praktisch erprobt worden wäre. Die Hauptträgergruppe dieser Gedanken- und Realexperimente waren die im 19. Jahrhundert deutlich an Einfluss gewinnenden Studenten und Intellektuellen.

Die russischen Anarchisten

An dieser Stelle können natürlich längst nicht alle Anarchisten beziehungsweise Sozialisten, die für die Geschichte des modernen Terrorismus von Bedeutung sind, erwähnt werden. Beispielhaft seien nur einige von ihnen herausgegriffen. Zu ihnen zählt etwa der utopische Sozialist Pierre Proudhon (1809–1865), den auch Karl Marx gut kannte. Proudhon, ein Autodidakt, lehnte den Staat und jeglichen zentralen Herrschaftsanspruch entschieden ab. Mit dem Kampfspruch »Eigentum ist Diebstahl«, der ihn bereits als jungen Menschen schlagartig berühmt machte, wollte er weniger gegen die Institution »Eigentum« als solche denn gegen die für den Kapitalismus bezeichnende Konzentration des Eigentums in den Händen einiger weniger polemisieren. Was ihm als Modell vorschwebte, waren kleine, auf dem Prinzip gegenseitiger Hilfe *(mutualité)* beruhende Gemeinschaften, die freiwillig in Tauschbeziehung miteinander treten sollten.

Unter den Schülern Proudhons fiel diese Idee bei dem Russen Michail Bakunin auf besonders fruchtbaren Boden. Bakunin zählt, nicht zuletzt aufgrund seines bewegten Lebens, zu den schillerndsten Figuren der sozialistischen »Szene« jener Zeit. Aus adliger Familie stammend, hatte er zunächst die Offizierslaufbahn eingeschlagen, schied aber dann plötzlich aus dem militärischen Dienst aus, um sich zunächst in Russland, dann in Berlin dem Philosophiestudium zu widmen. Nach seiner frühen »Bekehrung« zum Anarchismus hatte er anhaltende Schwierigkeiten mit den Behörden. Aufgrund der Teilnahme an einem Aufstand in Dresden 1849 wurde er festgenommen und nach Österreich, von da weiter nach Russland abgeschoben. Dort brachte er mehrere Jahre in Gefängnissen, teils in Petersburg, teils in Sibirien, zu, bis ihm die Flucht gelang und er über Japan und Amerika nach Europa zurückkehrte. Sogleich fuhr er fort, für seine Ideen zu werben, die, ähnlich wie bei Proudhon, auf die Zerstörung des Staatsapparats abzielten, an dessen Stelle kleine Selbstverwaltungsgemeinschaften treten sollten. Auf Verschwörungen und die Gründung von Geheimgesellschaften setzend, war er überall in Europa zur Stelle, wo sich Unruhen anbahnten und Aufstände angezettelt wurden, sei es in Paris oder Prag, Lyon oder Dresden.

Unter den Begegnungen Bakunins mit anderen sozialistischen beziehungsweise anarchistischen Intellektuellen seiner Zeit verdienen zwei besondere Erwähnung: zum einen die Auseinandersetzung mit dem etwa gleichaltrigen Karl Marx, zum anderen die kurze Zeit der Zusammenarbeit mit dem wesentlich jüngeren russischen Nihilisten Sergej Nechajev. Marx war in mehrfacher Hinsicht ein Antipode zu Bakunin. Wortgewaltig und ein leidenschaftlicher Debattierer der eine, ein Mann der Agitation und Organisation der andere; beeindruckte Marx durch seinen brillanten analytischen Verstand, so riss Bakunin mehr durch sein Beispiel und seinen kämpferischen Elan mit. Beide hatten sich die sozialistische Revolution zum Ziel gesetzt. Doch während Marx auf die industrielle Arbeiterklasse als revolutionäre Kraft setzte, hoffte Bakunin, durch punktuelle Erhebungen den Funken zünden zu können, der sich dann zum revolutionären Flächenbrand ausweiten würde. Zwischen beiden Ansätzen gab es keinen Kompromiss. Auf Betreiben von Marx wurde Bakunin 1872 aus der Ersten Sozialistischen Internationale ausgeschlossen, so dass sich die Wege der beiden äußerst einflussreichen Verfechter sozialistischer Ideen trennten.

Sergej Nechajev ist eine der zwielichtigsten Gestalten des russischen Anarchismus. Das wichtigste Produkt seines Zusammentreffens mit Bakunin Ende der 1860er Jahre in der Schweiz war der sogenannte revolutionäre Katechismus, ein Dokument, das in seiner beispiellosen Radikalität und Kälte einen Eindruck von der Gedankenwelt des extremen Anarchismus jener Zeit vermittelt. Hier zwei Passagen daraus:

»Der Revolutionär ist ein Geweihter. Es gibt für ihn weder persönliche Interessen noch Geschäfte, Gefühle, Bindungen. Er besitzt nichts, nicht einmal seinen Namen. Sein Geist wird völlig in Anspruch genommen von einem einzigen, ausschließlichen Interesse, einem einzigen Gedanken, einer einzigen Leidenschaft: der Revolution. Tief in seinem Innern, nicht nur mit Worten, sondern tatsächlich, hat er alle Bande gelöst zwischen sich und der bürgerlichen Ordnung und der ganzen zivilisierten Welt, mit den Gesetzen, … der Moral und den Konventionen, die allgemein in dieser Welt Gültigkeit haben. Er ist ihr unversöhnlicher Feind, und wenn er weiterhin in dieser Welt lebt, dann nur, um sie desto sicherer zu zerstören.«

Und an späterer Stelle:

»Ein Revolutionär verachtet jeden Doktrinarismus und verzichtet auf die Wissenschaft dieser Welt. … Er kennt nur eine Wissenschaft: die Zerstörung. Dafür, und nur dafür, studiert er die Mechanik, Physik, Chemie und vielleicht noch die Medizin. … Er verachtet und hasst die gegenwärtige gesellschaftliche Moral ganz instinktiv und bekundet dieses in allem, was er tut. Moralisch ist für ihn alles, was den Sieg der Revolution unterstützt, unmoralisch, was sich ihm in den Weg stellt.«

Der Katechismus umfasst drei inhaltliche Schwerpunkte. Erstens geht es um den Revolutionär selbst, seine Stellung innerhalb beziehungsweise, wie wir eben gesehen haben, »außerhalb« der Gesellschaft, in der er lebt. Zweitens werden die Pflichten des Revolutionärs gegenüber seinen Genossen behandelt, wobei umrisshaft die Struktur einer terroristischen Geheimorganisation sichtbar wird: »Jeder Genosse soll mehrere Revolutionäre zweiter oder dritter Ordnung zur Hand haben, das heißt diejenigen, welche noch nicht eingeweiht sind.« Drittens schließlich wird eine revolutionäre Strategie entworfen. Es werden Maximen ausgegeben, wie der Terrorist sich verstellen muss, um Zugang zu allen sozialen Schichten und Kreisen zu gewinnen. Die Oberschichten und Machteliten werden nach Maßgabe ihrer Wichtigkeit in verschiedene Opferkategorien eingeteilt: » ... die erste besteht aus denjenigen, welche ohne Verzug zum Tode verurteilt werden.« Und es wird ganz im Sinne millenaristischer Heilslehren postuliert, es gelte zunächst alle Mittel und Kräfte darauf zu verwenden, das Leiden und Unglück der breiten Bevölkerung noch zu vermehren, damit sie endlich zur Besinnung komme, die Geduld verliere und sich erhebe.

Der zuletzt erwähnte Gedanke, es müsse schlimmer werden, damit die entscheidende Wende zum Besseren eintreten könne, ein Kernstück vieler terroristischer Strategien, setzte einen neuen Akzent im revolutionären Diskurs jener Zeit. Bis dahin waren die intellektuellen Vorkämpfer des Sozialismus davon ausgegangen, es bestehe bereits eine latente Aufstandsbereitschaft beim städtischen und ländlichen Proletariat, die, durch spektakuläre Anschläge geweckt, rasch in eine offene und allgemeine Erhebung münden würde. Doch das weitgehende Scheitern der 1848er Revolution, die Wahl Napoleons III. zum französischen Kaiser und andere restaurative Entwicklungen hatten sie eines Besseren belehrt. Außerdem sorgte die Mitte des Jahrhunderts allmählich in Fahrt kommende industrielle Revolution dafür, dass das Massenelend zurückging und auch für die ärmsten Schichten die Lebensverhältnisse erträglicher wurden. Führende europäische Politiker wie Gladstone, Alexander II. und Bismarck hatten die Gefahr, die von einer sich vertiefenden Klassenspaltung ausging, erkannt und versuchten, durch soziale Reformen die Arbeiterschichten mit dem Staat und dem kapitalistischen System zu versöhnen. All dies bedeutete, dass die Möglichkeit einer spontanen revolutionären Erhebung in unbestimmte Ferne rückte. Ein Teil der Sozialisten und Anarchisten zog daraus die Konsequenz, anstatt wie bisher auf Volksaufstand und Barrikadenkämpfe künftig auf Provokation und Selbstenthüllung des Staatsapparates, das heißt auf Terrorismus, zu setzen.

Die entscheidende Initiative für diese Schwenkung ging von einem anderen russischen Intellektuellen aus, Fürst Piotr Alexejewitsch Kropotkin (1842–1921). Auch Kropotkin stammte aus altem russischem Adel, was ihn, ähnlich wie Bakunin, für die Offizierslaufbahn prädestinierte. Aber er hatte durchaus noch andere Neigungen und Talente. Während eines längeren Aufenthaltes in Sibirien machte er wichtige geografische Entdeckungen. Das darauf folgende Angebot zu einer wissenschaftlichen Laufbahn schlug er jedoch aus, da er inzwischen anlässlich eines Besuches in der Schweiz für die anarchistischen Ideen gewonnen worden war. Konsequent verzichtete er auf sein Erbe und widmete sich fortan ganz dem Anliegen sozialer Gerechtigkeit. Wegen seiner anarchistischen Agitation auf der Petersburger Feste eingesperrt, glückte ihm bald eine sensationelle Flucht, die ihn über die Schweiz und Frankreich – wo er nochmals drei Jahre hinter Gittern verbrachte – schließlich nach London führte. Kropotkin hat ein ansehnliches Werk als Moralist und Wissenschaftler hinterlassen, in dem er die kooperative, soziale Natur des Menschen wider Darwin zu belegen suchte. Dies hinderte ihn jedoch nicht daran, in Fragen der Revolution einen äußerst harten Kurs zu verfechten. Von ihm stammt das Plädoyer für spektakuläre Anschläge als wirksamste Methode, die revolutionäre Botschaft unters Volk zu bringen:

> »Eine einzige Tat macht mehr Propaganda in wenigen Tagen als tausend Pamphlete. Die Regierung wütet gnadenlos; aber dadurch bewirkt sie nur, dass weitere Taten begangen werden, und spornt die Aufständischen zum Heldentum an.«

Hier ist bereits deutlich der Gedanke ausgesprochen, dass Attentate primär als eine Form der Kommunikation zu betrachten sind. Die Kurzformel »Propaganda der Tat«, durch welche die anarchistische Bewegung des 19. Jahrhunderts bekannt wurde und die im Grunde in drei Worten das strategische Kalkül sämtlicher terroristischer Gruppen zusammenfasst, stammt von einem anarchistischen Journalisten, Paul Brousse, der sie in den 1870er Jahren in die Debatte einführte.

Terroristische Praxis

Im Hinblick auf die Praxis des Terrorismus zu jener Zeit könnte man – von Feinheiten einmal abgesehen – von einem Evolutionssprung gegenüber der politischen Gewalt traditionellen Stils, vor allem Attentaten, sprechen, der in der zunehmenden Entpersönlichung der Anschläge bestand. Diese betraf die Täter, die Opfer und auch die Form der Anschläge. Auf der Täterseite zeichnet sich der allmähliche Übergang vom Individualtäter zur anonymen Verschwörergruppe und -organisation ab. Was die Formen und Mittel des Anschlags anbelangt, so wurde der Dolch, die klassische Waffe des Tyrannenmordes, zunehmend durch die Bombe verdrängt. Entscheidend hierfür war die Erfindung des Dynamits durch Alfred Nobel Mitte des 19. Jahrhunderts. Das Spektrum der Opfer dehnte sich ebenfalls aus. Hatten sich politische Attentate vor 1800 fast ausschließlich gegen den jeweiligen Monarchen oder sonstige politische Schlüsselfiguren gerichtet, so erstreckten sie sich nun auf immer mehr Vertreter des staatlichen Machtapparates: auf Minister, Polizeipräsidenten, Generäle. In dieser Hinsicht bildete das 19. Jahrhundert eine Vor- beziehungsweise Zwischenstufe zu unserem Jahrhundert, in dem der Kreis terroristischer Opfer nochmals erheblich ausgeweitet wurde, und zwar auf alle Menschen, die einer bestimmten, als feindlich oder gefährlich betrachteten Kategorie angehören, wie zum Beispiel der »Kapitalist«, der »Tourist« oder der »Nordamerikaner«.

Der erste Anschlag, in dem diese neue Qualität des Terrorismus zum Tragen kam und der deshalb allgemeines Aufsehen erregte, war der des Italieners Felice Orsini auf Napoleon III. im Jahre 1858. Orsini, ein Patriot und Abenteurer, der sich an Napoleon wegen dessen früherer militärischer Intervention gegen den Vatikan rächen wollte, hatte für sein Vorhaben ein ausgedehntes Netzwerk von Helfern innerhalb und außerhalb Frankreichs mobilisiert. Die dreifache Bombenexplosion vor der Pariser Oper forderte acht Todesopfer und 156 Verletzte, während Napoleon mit einigen Schürfwunden davonkam.

Allerdings blieb ein sorgfältig durchorganisierter Anschlag wie der Orsinis in Zentraleuropa zu jener Zeit die Ausnahme. Zwar wurden zahlreiche Geheimgesellschaften gegründet, die eigentümliche religiöse und säkularisierte Ideenfragmente vermischende Rituale entwickelten und mehr oder minder radikale politische Umsturzpläne hatten – am bekanntesten waren die über ganz Europa verbreiteten »Carbonari«, die auf die Besetzung Neapels durch Napoleon I. zurückgingen. Doch die Mehrzahl der teils erfolgreichen, teils fehlgeschlagenen Mordanschläge war nach wie vor das Werk von Einzeltätern.

Insbesondere ab der Mitte des Jahrhunderts kam es zu einer in ihrer Intensität sich kontinuierlich steigernden Attentatsserie gegen führende Vertreter europäischer Herrscherhäuser: 1861 ein fehlgeschlagener Anschlag auf den Preußenkönig; 1878 zwei weitere Attentate auf den deutschen Kaiser; im selben Jahr der Mordversuch am spanischen und italienischen König; 1881 die Ermordung Alexanders II. von Russland; 1894 der Mord am französischen Staatspräsidenten Carnot; 1897 fiel der spanische Premierminister einem Anschlag zum Opfer, im Jahr darauf Kaiserin Elisabeth von Österreich, 1900 der König von Italien und 1901 der Präsident der USA.

Dabei bildeten die Angriffe auf wichtige und berühmte Persönlichkeiten nur die Spitze des Eisbergs. Daneben sind noch Anschläge wie jener des Franzosen Auguste Vaillant zu erwähnen, der 1894 eine Bombe in das Pariser Abgeordnetenhaus warf, oder der seines Landsmannes Emile Henry, der im gleichen Jahr eine Bombe in einem Pariser Café zur Explosion brachte. An den Rändern der terroristischen Szene wurden, auch dies eine Erfahrung, die sich in unserer Zeit wiederholt, die Grenzen zur nicht mehr politisch motivierten, gewöhnlichen Gewaltkriminalität undeutlich. Kein Wunder, dass breite Teile der europäischen Öffentlichkeit ein Gefühl der Panik überkam, die Überzeugung um sich griff, man sei mit einer umfassenden Verschwörung konfrontiert, die darauf abziele, die bestehende Ordnung aus den Angeln zu heben. Dabei handelte es sich, jedenfalls in West- und Zentraleuropa, nur um die Aneinanderreihung unverbunden nebeneinanderstehender Einzelattentate, deren zeitliche Häufung möglicherweise auch mit einem gewissen Nachahmungsreiz, begünstigt durch eine allgemeine *fin de siècle*-Stimmung, zusammenhing. Anders stellte sich die Situation hingegen in Spanien und in Russland, das heißt an der europäischen Peripherie dar. Betrachten wir den Terrorismus in Russland etwas genauer, der in mehrfacher Hinsicht Methoden und Formen des Linksterrorismus ab den 1960er Jahren vorwegnahm.

Ab Mitte des 19. Jahrhunderts wurde das Zarenreich von sukzessiven terroristischen Wellen erschüttert. Wenngleich jede Welle mit der Verhaftung einer Reihe von Verschwörern und der Zerschlagung oder Auflösung ihrer Organisation endete, war doch nicht zu übersehen, dass die Terroristen von Mal zu Mal zahlreicher wurden und professioneller zu Werke gingen. Der letzte dieser Schübe, zu Beginn des vorigen Jahrhunderts, war bereits keine isolierte Gewaltkampagne mehr, sondern eingebettet in eine breite politische Umsturzinitiative, die das Vorspiel zur Revolution von 1917 bildete.

Besonders bekannt – und entsprechend gut erforscht – ist die Gruppe »Narodnaja Volja« (»der Volkswille«), die von Anfang 1878 bis März 1881 ihre Anschläge verübte.

Die Gruppe Narodnaja Volja

Die Anschläge begannen mit einem Attentat auf den Polizeipräfekten von St. Petersburg und endeten mit der Ermordung des Zaren Alexander II. Im Unterschied zu den anarchistischen Gewalttaten im restlichen Europa stand hinter der Anschlagsserie in Russland ein Kollektiv, eine soziale Bewegung. Diese Bewegung wiederum konnte sich bilden, weil ihre Mitglieder einen ähnlichen sozialen Hintergrund hatten und ähnliche Sozialisationsstufen durchlaufen hatten. Es handelte sich fast durchweg um junge Leute – 92 Prozent waren unter 30 Jahre alt –, die aus dem Adel, aus Beamten- und Offiziersfamilien oder dem gehobenen Bürgertum stammten. Die meisten von ihnen studierten an den Petersburger Hochschulen, die als Eliteuniversitäten galten, aber sich nunmehr in eine Kaderschmiede des Terrorismus verwandelt hatten. Ein Großteil von ihnen kam aus den südwestlichen Teilen des Zarenreiches, die vom Industrialisierungsprozess erst vor kurzem erfasst worden waren. Juden waren in der Bewegung überproportional vertreten, und auch Frauen spielten in ihr eine für damalige Zeiten ungewöhnlich wichtige Rolle. Außerdem fiel auf, dass viele Studenten, die zu den terroristischen Zirkeln stießen, bereits vorher politisch aktiv gewesen waren. Ihr Engagement in der Gewaltbewegung war meist kurzfristiger Natur; nach zwei bis drei Jahren schieden sie wieder aus.

In der Gruppe Narodnaja Volja wurde intensiv über ethische Fragen diskutiert. Beispielsweise rechtfertigten viele ihr terroristisches Vorgehen damit, dass man ein autokratisches Regime zu Fall bringen müsse, während Gewaltanschläge in einer Demokratie nicht zu legitimieren seien. Außerdem wurde argumentiert, der Terrorismus werde auf beiden Seiten relativ wenige Opfer kosten, wohingegen ein Massenaufstand vermutlich ein Blutbad nach sich ziehe. Die Terroristen demonstrierten im Rahmen von Schauprozessen eindrucksvoll, wie man das Regime mit seinen eigenen Waffen schlagen kann, ein Präzedenzfall, der Schule machen sollte. Des versuchten oder vollendeten Mordes an einer politischen Führungsfigur angeklagt, benutzten sie das öffentliche Gerichtsverfahren, um die herrschenden Missstände anzuprangern und damit ihrerseits das Regime auf die Anklagebank zu versetzen. Noch in einem weiteren Punkt nahmen sie Vorgehensweisen und Prinzipien vorweg, denen man 100 Jahre später wieder begegnen sollte, nämlich in der Aufmerksamkeit, die sie inhaftierten Genossen zuteilwerden ließen. Die entwürdigende und ungerechte Behandlung der Gefangenen wurde nicht nur von diesen selbst mit Protestreaktionen wie Hungerstreik oder Selbstmord beantwortet, sondern führte auch zu Racheakten der noch freien, um das Wohl der Inhaftierten besorgten Genossen.

Die hohe Selbsteinschätzung und Betonung ethischer Prinzipien, welche die jungen Intellektuellen von Narodnaja Volja an den Tag legten, ließen die Öffentlichkeit nicht unbeeindruckt. Es bildete sich der Mythos vom tugendhaften Mörder heraus, der fremdes Leben, aber auch das eigene nicht schont, um der Sache des Volkes zu dienen. Insgesamt reagierte die öffentliche Meinung, an ihrer Spitze die Bildungselite, keineswegs mit eindeutigem Abscheu auf die Anschlagsserien. Wenngleich Gewaltexzesse verurteilt wurden, zeigte man doch ein gewisses Verständnis, ja äußerte sogar Bewunderung für die jugendlichen Idealisten, die um hehrer Ziele willen die bestehende, in vielerlei Hinsicht als ungerecht empfundene Ordnung und deren politische Vertreter angriffen. Dabei sah man bis zur Entlarvung eines als Terrorist agierenden Geheimdienstspitzels zu Beginn des vorigen Jahrhunderts großzügig darüber hinweg, dass in der Praxis oft sehr handfeste Machtmotive für die Mitwirkung in einer Untergrundorganisation bestimmend waren.

Beiden Zügen, der Ambivalenz der öffentlichen Meinung, die einen wichtigen Stimulus für die Fortführung terroristischer Aktivitäten darstellt, und der Degeneration dieser Aktivitäten zu rein machtpolitischen Zwecken, werden wir in späteren Kapiteln, die sich mit dem aktuellen Terrorismus befassen, nochmals begegnen.

Das 20. Jahrhundert

Das 19. Jahrhundert wirkt aus der Rückschau wie ein Laboratorium, in dem viele der in der zweiten Hälfte des 20. Jahrhunderts auftauchenden terroristischen Strategien und Rechtfertigungen bereits vorweggenommen wurden. Die erste Hälfte des 20. Jahrhunderts, die wir weitgehend überspringen, war dagegen die Epoche der Massenmobilisierung: der Massenparteien, der Weltkriege, der gewaltsamen Konfrontation umfassender rivalisierender politischer Strömungen und Ideologien. Nicht, dass es zu dieser Zeit an terroristischen Organisationen und Kampagnen gemangelt hätte. Im Namen des nationalstaatlichen Prinzips, das durch den Versailler Vertrag eine offizielle Bestätigung erfahren hatte, begehrten vor allem jene kleinen europäischen und europanahen Völker gewaltsam auf, denen die Eigenstaatlichkeit vorenthalten blieb: die Iren (ab 1921 nur noch die Katholiken Nordirlands) und Armenier, später auch die Makedonier und Kroaten. Tendenziell wurde der Linksterrorismus des 19. Jahrhunderts in der Zwischenkriegszeit vom entstehenden Rechtsradikalismus abgelöst. Doch blieben terroristische Aktivitäten im Schatten der beiden Weltkriege in Europa ein untergeordnetes Phänomen. Sie gewannen erst ab den 1960er Jahren erneut an Bedeutung.

Versuchen wir abschließend zusammenzufassen, welche Ereignisse und Entwicklungen den modernen Terrorismus »vorbereitet«, das heißt seine Entstehung begünstigt haben, so kann man folgende Faktoren nennen:

- ein säkularisierter Staat, der als Menschenwerk jeglicher höheren Weihe entbehrt, vielmehr jederzeit angreifbar und veränderbar erscheint. Dass dieser Staat, verglichen mit seinem absolutistischen Vorgänger, gegen politische Abweichler weniger autoritär und repressiv vorgeht, vermag seine Feinde nicht zu versöhnen, sondern ist eher ein Grund, ihm noch härter zuzusetzen.
- die modernen Großstädte, Produkte der Industrialisierung und Massenwanderungen, die zum einen hochempfindliche, störanfällige Gebilde sind und zum anderen aufgrund der in ihnen

herrschenden Kommunikationsdichte dem mutwilligen Störer einen ausgezeichneten öffentlichen Resonanzraum bieten.

- Gesellschaften, in denen Probleme sozialer Integration und kollektiver Identität auftreten und deren Machthaber Mühe haben, ihre Herrschaft zu legitimieren. In Europa treffen für das 19. Jahrhundert alle drei Bedingungen zu, da es sich um eine Epoche der Umwälzungen handelte. Die alten Identitäts- und Legitimitätsangebote griffen nicht mehr, ohne dass bereits ein durchgehender Konsens über die neu zu errichtende Ordnung bestand. Die daraus resultierenden Brüche machten sich an der Peripherie – Russland, Spanien, Süditalien – schärfer bemerkbar als in den west- und zentraleuropäischen Kernländern.
- die Herausbildung einer Schicht unzufriedener Intellektueller. Diese für utopische Verheißungen, Fortschrittsglauben und Absolutheitslehren besonders aufgeschlossene Gruppe präsentiert zum einen visionäre Gegenentwürfe zur bestehenden, als marode und defekt betrachteten Ordnung; und sie entwickelt zum anderen Strategiemodelle bewaffneter Provokation und gewaltsamen Umsturzes, auf die tatendurstige Jugendliche und Jungerwachsene bei Bedarf zurückgreifen können.
- schließlich das Fehlen größerer bewaffneter Konflikte, seien es Bürgerkriege oder zwischenstaatliche Kriege. Es dürfte kein Zufall sein, dass sowohl die zweite Hälfte des 19. Jahrhunderts als auch die Jahrzehnte zwischen 1950 und 1990 eine insgesamt relativ friedliche Epoche, zumindest was Europa betrifft, bildeten. Wo größere militärische Konflikte ausgetragen werden, verliert der Rekurs auf Terrorismus seine strategische Relevanz.

Die meisten der aufgeführten Bedingungen, vor allem ein schwacher, mit sozialen Integrationsproblemen und Legitimierungsschwierigkeiten kämpfender Staat, sich uferlos ausdehnende Megastädte und wachsende Gruppen unzufriedener Intellektueller, sind gegenwärtig weniger für das postmoderne Europa als vielmehr für die im Umbruch befindlichen Regionen der östlichen und südlichen Hemisphäre, beispielsweise den gesamten islamisch geprägtten Ländergürtel, kennzeichnend. Hier liegt eine der möglichen Erklärungen, weshalb sich der Schwerpunkt terroristischer Aktivitäten zunehmend hin zum Nahen und Mittleren Osten und nach Südasien verschiebt.

4. Ressourcen: Organisation und Technik

Nachdem einiges zu den geistigen und entwicklungsgeschichtlichen Voraussetzungen des modernen Terrorismus ausgeführt worden ist, soll nun auf die Ressourcenausstattung terroristischer Gruppen sowie auf die Struktur- und Resonanzbedingungen eingegangen werden, auf die sie angewiesen sind. Beides hängt eng miteinander zusammen, versuchen Terroristen doch, mit einem bescheidenen Aufwand an Mitteln einen maximalen öffentlichen Aufmerksamkeitsgrad und Störeffekt zu erzielen. Die Hauptressource, mit deren Hilfe sie dieses Vorhaben verwirklichen, heißt »Motivation«. Sie besteht in der Bereitschaft dieser Gruppen und ihrer Mitglieder, große Opfer und Risiken, einschließlich der Einbuße des Lebens, auf sich zu nehmen, um ihre Ziele zu erreichen. Der Faktor »Motivation« und deren ideologische Rechtfertigung ist so wichtig, dass er das Kriterium für die Unterscheidung verschiedener Typen von Terrorismus abgibt (vgl. dazu Kap. 6 und 7). Ebenfalls eine eigenständige Betrachtung verdient die Rolle der Massenmedien, ohne deren kontinuierlichen Aufschwung, von der Massenpresse des 19. Jahrhunderts bis zum Fernsehen unserer Tage, der Terrorismus schwerlich die Formen angenommen hätte, in denen er uns heute begegnet (vgl. Kap. 5).

In diesem Kapitel geht es zunächst um Organisation und Technik als Funktionsbedingungen des modernen Terrorismus. Es werden Fragen aufgeworfen wie beispielsweise, ob es zweckmäßigere und weniger zweckmäßige Organisationsformen des Kampfes aus dem Untergrund heraus gibt, woher die Gruppen die notwendigen Finanzmittel nehmen und wie das Geld im Einzelnen ausgegeben wird. Bei der Technik wird deren Doppelaspekt herauszustellen sein: Einerseits bildet sie den besonders verletzlichen Schwachpunkt der Infrastruktur moderner Gesellschaften und ist deshalb ein mögliches Angriffsziel für Terroristen; andererseits dient sie diesen als Waffe, einschließlich des künftig nicht auszuschließenden Einsatzes von Massenvernichtungsmitteln wie den sogenannten ABC-Waffen.

Die terroristische Organisation

Wie können sich terroristische Gruppen längerfristig im Untergrund halten? Wovon leben ihre Mitglieder, sofern sie definitiv in die Illegalität abgetaucht sind und keiner regulären Beschäftigung mehr nachgehen können? Auf diese Fragen, denen sich jede politische Untergrundorganisation stellen muss, wurden und werden je nach Situation und politischer Konstellation unterschiedliche Antworten gegeben. Beispielsweise spielt es eine Rolle, ob diese Gruppen in einem relativ wohlhabenden Land operieren, in dem es vielerlei Finanzquellen gibt, oder in einem armen; ob sie mit der Sympathie breiter Bevölkerungsschichten rechnen oder nur auf die Unterstützung eines begrenzten Kreises von Anhängern zählen können; ob ein leicht erreichbares Nachbarland gegebenenfalls als Zufluchtsort zur Verfügung steht oder die dortigen Behörden eine abweisende Haltung einnehmen. Gleichwohl haben sich, als Niederschlag vergleichbarer Erfahrungen von Gewaltkampagnen aus dem Untergrund heraus, einige allgemeine Regeln und Verhaltensweisen herausgebildet, denen die meisten dieser Gruppen folgen.

Zu diesen Grundsätzen zählt beispielsweise, dass die Untergrundorganisationen vom Umfang her begrenzt bleiben müssen und sich nicht zu Massenverbänden auswachsen dürfen. Das ist notwendig, damit sie überschaubar bleiben und nicht von Sicherheitskräften unterwandert werden. Durchschnittsangaben zur Größe terroristischer Organisationen zu machen ergibt wenig Sinn, da ihr Umfang stark schwankt: von einer Handvoll Personen bis zu Hunderten, ja Tausenden von Mitgliedern, wie sie beispielsweise die IRA oder ETA auf dem Höhepunkt ihrer Macht oder in jüngster Zeit al-Qaida aufwiesen. Es ist keineswegs einfach, zu diesem Punkt zuverlässige Auskunft zu erhalten. Zum einen haben die einzelnen Mitglieder oft selbst kein genaues Bild von der Gruppenstärke und neigen im Zweifel zur Übertreibung, um sich in der Öffentlichkeit als gewichtiger Machtfaktor darzustellen. Zum anderen ist die Trennlinie zwischen den aktiven Terroristen und dem sie umgebenden Kreis von Unterstützern und Hilfskadern manchmal unscharf, so dass man, je nachdem, welchen Maßstab man anlegt, zu sehr unterschiedlichen Größeneinschätzungen kommen kann. Mitgliederzahlen, die in die Tausende gehen, sind im Allgemeinen ein Indiz dafür, dass es sich nicht mehr um eine terroristische Untergrundorganisation im engeren Sinn handelt, sondern um eine breitere Gewaltbewegung, die sich auch territorial etabliert hat, über eigene Schulungs- und Rückzugsräume verfügt und die terroristische Anschläge nur noch als ein Kampfmittel unter anderen einsetzt. Das Gros der terroristischen Verbände dürfte zwischen 50 und einigen Hundert Mitgliedern zählen, teils auch weniger. Die Begrenzung des Umfangs ist wie gesagt weniger Ausdruck einer Verlegenheit als bewusste Entscheidung. Denn das Hauptproblem vieler Gruppen liegt weniger in der Anwerbung einer hinreichenden Zahl motivierter Mitglieder als vielmehr in deren richtiger Auswahl und Schulung, so dass sie effektiv einsetzbar sind.

Um die Bandbreite terroristischer Gruppen abzudecken, bietet sich nach Maßgabe ihrer Mitgliederzahl sowie des Organisationsgrades eine Dreiertypologie an, wobei das primär nordamerikanische Phänomen des Einzeltäters, des *lonely wolf*, ausgeklammert bleibt:

1. kleine Gruppen, die entweder hochintegriert oder nur lose verbunden sein können;
2. horizontal und vertikal ausdifferenzierte terroristische Organisationen mittleren Umfangs;
3. netzwerkartig angelegte Bewegungen, die eine beträchtliche Größenordnung aufweisen und aus mehreren Organisationen, neben zahlreichen Zellen, bestehen können.

Der erste Typus entspricht im Allgemeinen dem Entstehungsstadium eines terroristischen Verbandes, das zugleich seine definitive Form bleiben kann, sofern die Gruppe nicht expandiert. Die Diskussion hat sich in jüngerer Zeit vor allem an den Typen zwei und drei entzündet. Ihr herrschender Tenor lässt sich dahin gehend zusammenfassen, dass terroristische Organisationen vom zweiten Typus, für die ein hierarchischer Aufbau samt klar konturierter Kommandozentrale, säkulare Zielsetzungen, ein überschaubarer Mitgliederstamm, scharfe Abgrenzungskriterien gegenüber dem sozialen Umfeld und insgesamt eine gewisse Berechenbarkeit der Vorgehensweise kennzeichnend seien, der Vergangenheit angehörten. Gegenwart und Zukunft seien geprägt durch einen stark von der neueren Informationstechnologie beeinflussten »neuen« Terrorismus, der eher dem dritten Typus entspreche: mit flachen, dezentralen Strukturen, ohne erkennbare Führungsspitze, so dass Aktionen nicht durch Weisung »von oben«, sondern aufgrund spontaner Koppelung ansonsten voneinander isolierter Einheiten zustande kommen, mit einer vagen, meist religiösen Orientierung anstatt konkreter politischer Zielsetzungen und fließenden Grenzen zwischen den Aktivisten im engeren Sinn und deren Unterstützern.

Wir verzichten an dieser Stelle auf eine detaillierte Aufzählung der Argumente, die für und gegen diese Einteilung in »alte« und »neue« Organisationsformen des Terrorismus sprechen. Ungeachtet der Entwicklungen, die es bei dieser Gewaltform in den letzten 15 Jahren gegeben hat, erscheint die Gegenüberstellung wenig hilfreich. Häufig liegt der Unterscheidung ein Zerrbild der Organisationen des »alten Terrorismus« zugrunde, das nicht deren realer Funktionsweise entspricht; und zugleich werden damit die operativen Vorteile netzwerkförmiger Bewegungen der jüngeren Zeit überbewertet, ohne deren Existenzfähigkeit über einen längeren Zeitraum hinweg kritisch zu hinterfragen. Um dies an zwei Beispielen zu demonstrieren: Die baskische ETA wird allgemein dem »klassischen« Terrorismus zugeordnet, in dem die Weisungen streng »von oben nach unten« erfolgen und es eine klare Scheidelinie zwischen den »professionellen« Terroristen und ihrem sozialen

Umfeld gibt. Doch wer die ETA kennt, weiß, dass es neben den in den Untergrund abgetauchten »illegalen« stets die »legalen« Terroristen gegeben hat: zu lokalen Gruppen zusammengeschlossene Mitglieder der Organisation, die gelegentlich einen Anschlag verübten, im Übrigen jedoch ihrem Beruf und »normalen« Leben nachgingen. Diese Anschläge wurden im Regelfall nicht von der Zentrale angeordnet, sondern entsprangen der Initiative der Gruppe vor Ort. Als Gegenbeispiel für die fragwürdige Persistenz netzwerkartig verfasster terroristischer Verbände bietet sich die nordamerikanische Milicia-Bewegung an. In den 1990er Jahren galt sie als machtvolle, vielköpfige Hydra, die zu vielen besorgten Publikationen Anlass gab. Wie ist es dann zu erklären, dass es in jüngster Zeit so auffällig still um sie geworden ist?

Der angebliche Mutationssprung des Terrorismus vom zweiten zum dritten Typus ist also äußerst skeptisch zu beurteilen. Tatsache ist, dass dieser Form politischer Gewalt, nicht zuletzt durch ihre Klandestinität, also durch den Zwang, aus dem Untergrund operieren zu müssen, Rahmenbedingungen gesetzt sind, die nicht leichtfertig missachtet werden dürfen. Verzichtet ein solcher Verband auf eine Führungs- und Kontrollinstanz, so läuft er Gefahr, sich aufzulösen, da die Teileinheiten den Kontakt zueinander verlieren. Überschreitet die Mitgliederzahl eine bestimmte Höchstgrenze, hält sich die Organisation für numerisch stark genug, um »auftauchen«, eine andere Form des Kampfes wählen zu können, sei es einen Guerillakrieg oder gar eine offene militärische Konfrontation, so handelt sie sich damit zugleich eine neue Verletzlichkeit ein. Etliche Beispiele, wie al-Qaida in jüngster Zeit, die argentinischen Montoneros und die IRA in den 1970er Jahren, belegen dies. Nur in Ausnahmesituationen, etwa unter Besatzungsregimen, können Widerstandsbewegungen im Untergrund auf mehrere Tausend Mitglieder anwachsen, wie dies etwa bei der französischen Résistance oder beim polnischen Widerstand gegen die deutsche Besatzung während des Zweiten Weltkrieges der Fall war.

Diese Auffassung erfährt eine Bestätigung durch einen vor kurzem erschienenen Aufsatz der Organisationssoziologin Renate

Mayntz, die den hybriden Charakter terroristischer Verbände unterstreicht. Nach einer gründlichen Analyse der einschlägigen Literatur gelangt sie zu dem Schluss, sämtliche darin behandelten terroristischen Gruppen wiesen zum einen gewisse Merkmale hierarchischer Organisationen wie einen klar definierten Führungsstab, eine horizontale und hierarchische Ausdifferenzierung der Strukturen sowie ein Überwiegen der vertikalen gegenüber der horizontalen Kommunikation auf. Doch zum anderen enthielten sie auch Züge einer dezentralen, mehr netzwerkartigen Struktur. Die Aktionseinheiten an der Basis genössen eine beträchtliche Autonomie, die Verbände seien so konstruiert, dass rasche und flexible Reaktionen auf Herausforderungen von außen möglich seien, und wiesen eine relativ offene Grenze zu ihrer sozialen Umwelt auf; ständig würden neue Zellen gegründet, konsolidierten sich oder lösten sich wieder auf.

Mayntz erklärt diese Doppelstruktur mit dem nicht nur für terroristische, sondern für alle illegal operierenden Gruppen geltenden Zwang zur Tarnung als Schutz vor Unterwanderung und Entdeckung. Sie könnten einerseits auf ein Mindestmaß an Koordination und strategischer Abstimmung nicht verzichten, doch setze andererseits die Untergrundexistenz den Möglichkeiten der Führungsspitze Grenzen, die verschiedenen Abteilungen und vor allem die Einsatzkommandos zu dirigieren. Der eigentlich originelle Zug dieser Verbände liegt nach Mayntz jedoch nicht in der Kombination von hierarchischen und dezentralen Strukturen, sondern in einem dritten Element, nämlich ihrem Gemeinschaftscharakter. Da sämtliche Mitglieder von denselben Überzeugungen beseelt seien und denselben Zielen nacheiferten, bedürfe es keiner peniblen Abstimmung und Kontrolle »von oben«. Die gemeinsame Orientierung und das gegenseitige Vertrauen sämtlicher Mitglieder zueinander verbürgten die reibungslose Funktionsweise dieser Gruppen, auch jenseits formaler Kompetenzzuweisungen.

Die Organigramme, die teilweise in der Literatur zu finden sind, geben im Allgemeinen nur die Formalstruktur dieser Verbände wieder, wobei der Hauptakzent auf den Aspekten hierarchischer und funktionaler Arbeitsteilung liegt. So ist von der palästinensischen Hamas bekannt, dass sie unter dem starken Verfolgungsdruck der Israelis ihre Organisationsform wiederholt veränderte und einen Teil der Führung ins Ausland, nach London, dann nach Amman, »auslagerte«. Um das Jahr 2000 herum verfügte sie über eine Abteilung für interne Sicherheit – eine Art innerer Geheimdienst –, eine für religiöse Schulung und Indoktrinierung, eine für politische und eine für militärische Aktivitäten. Bei der die Schiiten im Libanon vertretenden Hisbollah ist der militärische Apparat auch nur einer von mehreren. Nach Christoph Reuter gleicht die Organisation einem Mischkonzern, der die unterschiedlichsten Einrichtungen und Aktivitäten unter seinem Dach vereinigt: Sozialbüros, Krankenhäuser, Schulen, Genossenschaften, Wohnungsbaugesellschaften, Fortbildungskurse, sogar einen Fernsehsender. Der gesamte Komplex wird geleitet von einem vor allem aus Geistlichen und Milizführern bestehenden Kollegialorgan, das in mehrere Spezialkomitees gegliedert ist und alle zwei Jahre einen Generalsekretär wählt.

Das Schaubild der Organisationsstruktur der ETA täuscht insofern, als es suggeriert, es gebe einen obersten Führer mit umfassen-

Abb. 10: Organisationsstruktur der baskischen ETA 1981

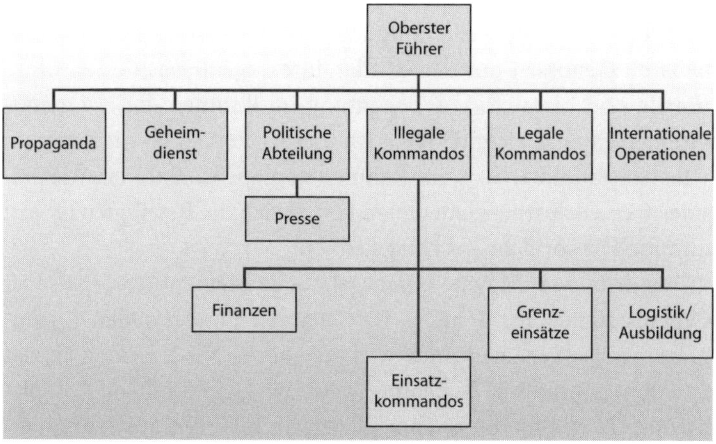

Quelle: Robert P. Clarke: The Basque Insurgents. ETA 1952–1980, *Wisconsin 1984, S. 213*

der Befehlsgewalt. Tatsächlich wurden und werden die wichtigen Entscheidungen durchweg von einem regelmäßig tagenden, aus etwa sieben Mitgliedern bestehenden Obersten Rat getroffen – eine Praxis, der wir auch in vielen anderen Organisationen begegnen. Sofern, was eher die Ausnahme darstellt, an der Spitze der Organisation ein einzelner, meist ein charismatischer Führer steht, resultiert daraus eine spezifische Anfälligkeit des Verbandes, dessen Fortbestehen weitgehend von der Aktionsfähigkeit dieser Einzelpersönlichkeit abhängt. Bezeichnend für viele dieser Verbände ist weiterhin, dass sie vertikal in drei Rangebenen differenziert sind. Auf diese Weise wird verhindert, dass durch die Aufdeckung einer Basiseinheit (»Einsatzkommando«) unmittelbar der Führungsstab in Gefahr gerät. Aus Sicherheitsgründen sind die verschiedenen Organisationssegmente horizontal und vertikal sorgfältig voneinander abgeschottet. Für den Vollzugsapparat im engeren Sinn, also die Einsatzkommandos, hat sich als Organisationsprinzip allgemein das Zellen- und Wabensystem durchgesetzt, von dem Ägypter Muhammad Heikal treffend als »Weintrauben« bezeichnet: Jede der meist aus nicht mehr als fünf Mitgliedern bestehenden Zellen bildet eine eigenständige, von den anderen abgetrennte Handlungseinheit, deren Anbindung an höhere Rangebenen nur durch einen Verbindungsmann, der ihr Führer sein kann, aber nicht muss, gewährleistet ist. Die Zellenmitglieder kennen außer ihren unmittelbaren Genossen nur den Mittler, ihren *agent*, was dessen funktionale und hierarchische Bedeutung im Rahmen dieser Organisationen unterstreicht. Doch auch dieser Kontakt ist nicht immer selbstverständlich, denn im Rahmen von Spezialaktionen wie beispielsweise Selbstmordattentaten lernen sich die Beteiligten oft erst unmittelbar vor dem Anschlag kennen.

Das dritte von Mayntz herausgehobene Element terroristischer Organisationen, ihr Gemeinschaftscharakter, findet in den Organigrammen naturgemäß noch weniger seinen Niederschlag als das Spannungsverhältnis beziehungsweise die eigentümliche Komplementarität von hierarchischen Zügen und Dezentralisierungstendenzen. Allenfalls an der »Effizienz« dieser Verbände, ihrer Stör-

und Zerstörungskapazität, lässt es sich erkennen, an der Tatsache, dass sie ohne besondere Disziplin und Kontrolle oder äußere Anreize, etwa materieller Art, funktionieren. Im Grunde stößt man hier wieder auf die eingangs erwähnte Schlüsselressource »Motivation« als Antriebskraft terroristischen Handelns. Es handelt sich dabei jedoch nicht um eine abstrakte Größe, das Engagement aus einer starken Motivation heraus enthält vielmehr regelmäßig eine ausgesprochen soziale Komponente. Unabhängig davon, ob es sich um ethnisch-nationalistischen, sozialrevolutionären oder religiös motivierten Terrorismus handelt, ist die zentrale Bedeutung primärgruppenhafter Beziehungen nicht zu übersehen: Es geht um Freundschaft, Verwandtschaft, Lehrer-Schüler-Beziehungen oder gemeinsame Nationalität. Dieser starke Bezug bildet gleichsam das soziale Unterfutter der entscheidenden Initiativen, angefangen bei der Gründung von Gruppen über strategisch wichtige Neuorientierungen und die Anwerbung neuer Mitglieder bis hin zur Planung konkreter Projekte. Nach Marc Sageman steht hinter Selbstmordattentaten oft auch die Bindung des Einzelnen an eine Gruppe, die auf eine gemeinsame Aktion eingeschworen ist, oder ein Versprechen gegenüber einer engen Bezugsperson, das man nicht brechen will oder kann.

Einnahmen und Ausgaben

Gewaltapparate des beschriebenen Umfangs, mit bis in die Hunderte gehenden Mitgliederzahlen, sind auf erhebliche Einkünfte angewiesen. Ihre Mitglieder sind überwiegend noch zu jung, um auf Ersparnisse zurückgreifen zu können. Soweit möglich, wird die Führungsspitze darauf bestehen, dass sie weiter ihrem normalen Beruf nachgehen, um der Organisation finanziell nicht zur Last zu fallen. Das setzt allerdings voraus, dass sie von der Polizei und den Informationsdiensten noch nicht als Terroristen identifiziert wurden. Sobald dies geschehen ist, bleibt ihnen als Alternative nur die Flucht oder das »Abtauchen« in die Illegalität, um sich dem Zugriff der Strafverfolgungsbehörden zu entziehen. Damit scheidet natürlich eine reguläre Berufstätigkeit für sie fortan aus. Andererseits fallen im Untergrund erhebliche Kosten an, nicht zuletzt deshalb, weil trotz der eingeschränkten Lage rege Aktivitäten entwickelt, vor allem Anschläge geplant und durchgeführt werden sollen. So entstehen beträchtliche Ausgaben für technische Geräte und Waffen, für Reisen, für die Anmietung von Wohnungen, für den ganz gewöhnlichen Unterhalt der Terroristen, eventuell auch für Versorgungsleistungen für Angehörige »gefallener Kämpfer«. Da sich alle terroristischen Organisationen mit denselben materiellen Problemen konfrontiert sehen, haben sie ähnliche Methoden entwickelt, um diese zu lösen.

Eine der naheliegendsten Möglichkeiten besteht darin, sich durch Überfälle auf Banken oder Geldtransporte, die Geiselnahme der Angehörigen reicher Familien oder ähnliche Gangstermethoden die erforderlichen Mittel zu beschaffen. »Naheliegend« deshalb, weil terroristische Organisationen aufgrund ihrer Spezialisierung auf Gewalt bereits bestens für diese Art krimineller Tätigkeit geschult sind. Eine wahre Meisterschaft haben darin die südamerikanischen Stadtguerillas während der 1960er und 1970er Jahre entwickelt. So soll es den argentinischen Montoneros gelungen sein, bei der sehr sorgfältig und aufwendig inszenierten Entführungsaktion der Brüder Bunge y Born im Jahre 1974 ein Lösegeld von rund 60 Millionen Dollar zu erbeuten. Auch die baskische ETA machte in den 1970er Jahren durch manchen spektakulären Banküberfall von sich reden. Allerdings setzen umfangreiche Aktionen der beschriebenen Art eine personelle und logistische Infrastruktur voraus, über die nicht jede Organisation verfügt. Außerdem geraten Terroristen durch solche Geldbeschaffungsmethoden in Gesellschaften, in denen nicht jedes größere Vermögen eo ipso als zu Unrecht erworben gilt, in ein gewisses Zwielicht. Die von ihnen ansonsten stets betonte Abgrenzung zu gewöhnlichen Kriminellen verwischt sich, ihre Glaubwürdigkeit kann Schaden leiden.

Eine zweite Methode besteht darin, dass diese Gruppen selbst unternehmerische Initiativen entwickeln. Bezeichnenderweise geschieht dies häufig in anrüchigen Grenzbereichen wie dem Waffen- und Drogenhandel, dem Glücksspiel oder dem Alkoholgeschäft. So heißt es von den protestantischen terroristischen Organisationen in Nordirland, der UVF und der UDA, sie hätten zeitweise ihr Geld durch Waffenschmuggel und die Kontrolle des illegalen Glücksspiels verdient. In Lateinamerika hat sich in einigen Ländern wie Kolumbien und Peru eine feste Allianz zwischen linksextremen Guerilla- und Terroristengruppen einerseits, den mächtigen Drogenkartellen andererseits herausgebildet. Die Gewaltorganisationen stellen, für entsprechende finanzielle Entschädigung, den Bauern und Kokainfabrikanten den nötigen Schutz für ihre Produktion vor Militär und Polizei zur Verfügung.

Es ist jedoch auch nicht ausgeschlossen, dass terroristische Organisationen ihr Geld auf durchaus legale Weise verdienen oder zumindest durch geschickte Anlage der geraubten beziehungsweise erpressten Summen oder eine unternehmerische Tätigkeit legal vermehren. Schon der baskischen ETA wurde nachgesagt, sie bestreite einen Großteil ihrer Ausgaben aus den Zinsen beziehungsweise Dividenden jener Riesenbeträge, die sie auf dem Höhepunkt ihrer Macht angesammelt und in den legalen Wirtschaftsverkehr eingeschleust habe. Dass Bin Laden, der Gründer und Führer von al-Qaida und ein erfahrener Geschäftsmann, einen Großteil seines teils ererbten, teils durch eigene unternehmerische Tätigkeit erworbenen Vermögens zur Förderung terroristischer Initiativen rund um den Globus verwendete, ist bekannt. Bei den islamistischen Gruppen fällt es besonders schwer, eine klare Grenze zwischen legaler und illegaler Finanzierung zu ziehen. Treten sie doch regelmäßig in enger Verbindung mit sozialen Stiftungen auf, die auch unternehmerisch tätig werden und bei denen nicht ausgeschlossen werden kann, dass ein Teil der legal erwirtschafteten Summen für den Gewaltapparat abgezweigt wird. Allerdings wagen sich nur etablierte, ausdifferenzierte terroristische Organisationen, die über entsprechenden professionellen Sachverstand verfügen, auf das Terrain legaler Wirtschaftstätigkeit vor, kleineren Gruppen fehlt es an Atem und der dafür erforderlichen personellen Kapazität.

Ein dritter Weg, die Organisationskassen zu füllen, besteht darin, an die Solidarität jener zu appellieren, die auf der Seite der Terroristen stehen oder stehen »sollten«. Er bietet sich besonders für die Gruppen an, die sich die Befreiung ethnischer oder religiöser Minderheiten von Fremdherrschaft zum Ziel gesetzt haben. Im Vorgriff auf den geplanten selbständigen Staat ist es nicht unüblich, dass die Terroristen von den wohlhabenden Angehörigen ihrer Volksgruppe die Entrichtung einer »Revolutionssteuer« zur Deckung ihrer Unkosten verlangen. Auf diese Weise hat die baskische ETA die Unternehmer und Freiberufler der Region jahrelang zur Kasse gebeten. Von der IRA und den libanesischen Milizen zur Zeit des Bürgerkrieges wird Ähnliches berichtet. Wer sich nicht beugt, muss mit Knieschüssen rechnen. Nicht zu unterschätzen in diesem Zusammenhang sind auch die Hilfsgelder, die für den »Befreiungskampf« einer ethnischen Minderheit bei deren Diaspora in den Industrieländern eingesammelt werden. Teils werden regelrechte Kontrollnetze entwickelt, die den häufig in kolonieartigen Enklaven zusammenlebenden emigrierten Landsleuten gar keine andere Wahl lassen, als die Widerstandsbewegung im Heimatland zu unterstützen. Teils wird an Gefühle der Verpflichtung und Schuld appelliert, eine »Moralökonomie« eigener Art aufgebaut (Katrin Radtke), welche die Ausgewanderten in die Pflicht nimmt und zwingt, sich regelmäßig mit Schenkungen und Spenden am Freiheitskampf der zurückgelassenen »Brüder und Genossen« zu beteiligen. Der LTTE auf Sri Lanka scheint es zu einer besonderen Perfektion in der Kunst gebracht zu haben, Angehörige der eigenen Ethnie im Ausland zur Kasse zu bitten. Doch in mehr oder weniger intensiver Form haben auch zahlreiche andere Gruppen, zum Beispiel die armenischen, irischen, baskischen, korsischen, albanischen und libanesischen Terroristen, von den finanziellen Zuwendungen profitiert, die ihnen in komfortablen Verhältnissen lebende emigrierte Landsleute haben zukommen lassen.

Bleibt als vierte und letzte Möglichkeit, sich an einen externen Machtfaktor, sei es eine befreundete Gewaltorganisation oder einen Drittstaat, mit der Bitte um finanzielle Hilfe zu wenden. Jahrzehntelang war Libyens Staatschef Ghaddafi eine sichere Adresse für all jene, die darauf begierig waren, dem kapitalistischen Westen, vor allem den USA, einen terroristischen Denkzettel zu verpassen. Die Hisbollah im Libanon wurde über geraume Zeit hinweg von den schiitischen Machthabern im Iran am Leben erhalten. Inzwischen ist die Zahl der sogenannten Schurkenstaaten, die terroristischen Gruppen, in welcher Form auch immer, Unterstützung gewähren, wegen der damit verbundenen Gefahr internationaler Stigmatisierung deutlich zurückgegangen. Für die Terroristen, die eine solche Unterstützung anfordern oder akzeptieren, handelt es sich dabei um eine zweischneidige Angelegenheit, kommen auf diese Weise doch zusätzliche Machtinteressen ins Spiel, die ihre eigenen Pläne möglicherweise behindern oder durchkreuzen.

Die Abbildungen 11, 12 und 13 sind einer nicht veröffentlichten Untersuchung von Christian Knoll über das Finanzgebaren terroristischer Organisationen entnommen. Er vergleicht drei Verbände unterschiedlicher Größenordnung, die man zugleich als Entwicklungsstadien von der terroristischen Gruppe, mit einer sehr begrenzten Mitgliederzahl, bis hin zum netzförmigen terroristischen Großverband vom Typ al-Qaida mit sehr breiter Mitglieder- und Gefolgschaftsbasis verstehen kann. Die am Rande der Säulen vermerkten Prozentzahlen sind Schätzwerte zur Verdeutlichung des Umfangs der jeweiligen Einnahme- beziehungsweise Ausgabeposten, beruhen also nicht auf präzisen Berechnungen.

Auf der Einnahmenseite zeigt sich, dass mit wachsender Größe und dem Grad funktionaler Ausdifferenzierung brachiale Methoden der Geldbeschaffung wie Raub, Einbruch etc. tendenziell durch professionalisierte Kriminalität und legale Wirtschaftstätigkeiten ersetzt werden. Der terroristische Verband macht sich auf diese Weise zunehmend von sporadischen Raubzügen unabhängig, sichert die Dauerhaftigkeit seiner Einkünfte und passt sich an sein legales Umfeld an. Auf zunehmende Professionalisierung hinsichtlich der Mittelbeschaffung deutet auch der Umstand hin, dass der Anteil am Unterhalt, der von Unterstützern und Diasporagemeinschaften getragen wird, zwar nicht relativ, wohl aber in absoluten Zahlen kon-

Abb. 11: Typische Einnahmenprofile terroristischer Organisationen

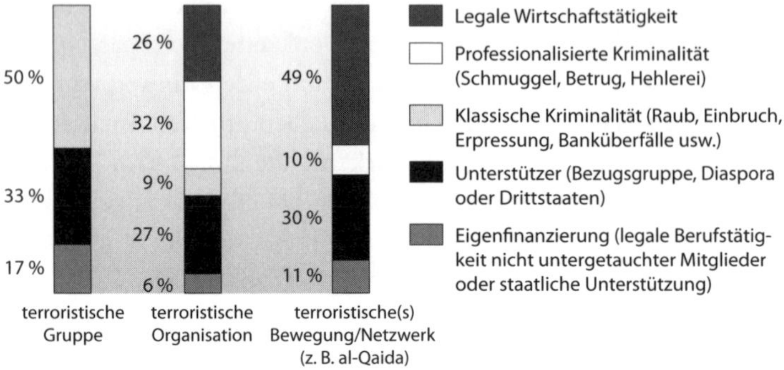

Abb. 12: Typische Ausgabenprofile terroristischer Organisationen

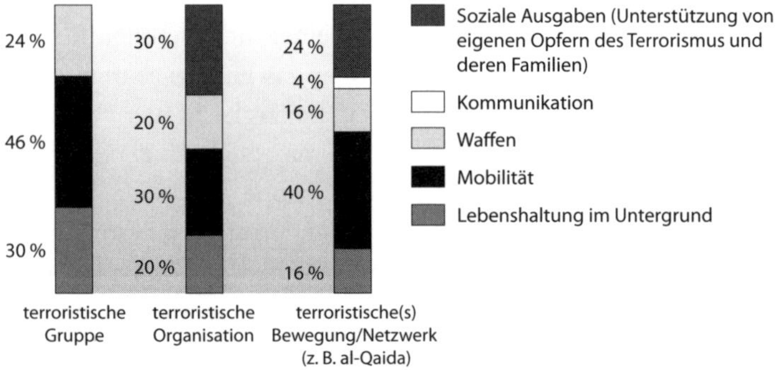

Abb. 13: Typische Formen der Kapitalverwaltung

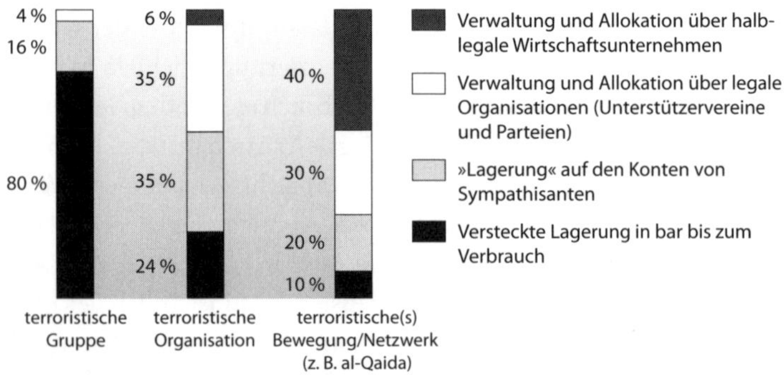

Quelle (Abbildungen 11–13): Untersuchung von Christian Knoll zum Finanzgebaren terroristischer Organisationen

tinuierlich ansteigt. Freilich wachsen auch die Ausgaben. Dabei fällt auf, dass die Summen, die für den Lebensunterhalt der Mitglieder ausgegeben werden, ebenso wie jene, die für die Beschaffung von Waffen erforderlich sind, relativ konstant bleiben. Beides deutet auf einen gewissen Konservativismus in der Einstellung terroristischer Verbände hin, die ihre Mitglieder finanziell an der kurzen Leine führen und in ihrem Vorgehen mehr auf Fantasie als auf teure, zudem schwer beschaffbare Rüstungsgüter setzen. Ein durchgehend hoher Ausgabeposten entfällt auf die Reisetätigkeit der Mitglieder. Was mit wachsender Größe der Organisation deutlich zunimmt, sind die Sozialausgaben für die Opfer in den eigenen Reihen und deren Angehörige, ein Ausdruck zum einen des Risikos, das der Untergrundkampf mit sich bringt, zum anderen der Tatsache, dass diese Verbände für ihre Mitglieder, ähnlich wie der Staat gegenüber seinen Bürgern, existenzielle Garantiefunktionen und Fürsorgeverpflichtungen, einschließlich der Versorgung der Hinterbliebenen, zu übernehmen bereit und imstande sind.

Die beobachtete Professionalisierung des Finanzgebarens terroristischer Verbände bei wachsender Größenordnung schlägt sich schließlich auch in den Formen der Kapitalverwaltung nieder. Hier ist ein Übergang von einem spontanen, improvisierten Umgang mit Geld zu einer mittel- bis langfristigen finanzpolitischen Strategie zu beobachten, die einen kontinuierlichen Mittelzufluss sicherzustellen trachtet und das Horten von Geld »im Sparstrumpf«, ohne dass es Erträge abwirft, überwunden hat.

Technik

Während es zwischen der Komplexität eines Anschlags oder einer Anschlagsserie und dem Organisationspotenzial eines terroristischen Verbandes eine eindeutige Beziehung gibt – je komplexer der Anschlag, desto umfassender muss er vorbereitet sein –, sorgt die Technik für mancherlei Überraschungen. Auch kleine Gruppen, ja sogar Einzelpersonen können, falls sie technisch versiert sind, raffinierte Anschlagspläne entwickeln und durch technische »Innovationen« hervortreten.

Prinzipiell ist die moderne Technik für den Terrorismus in doppelter Hinsicht relevant: einerseits auf der Objektseite und andererseits als Hilfsmittel zur Durchführung von Anschlägen und zur Steigerung ihrer Effektivität. Für die Objektseite gilt, dass der Technik generell an den Schaltstellen der modernen Gesellschaft eine Schlüsselrolle zukommt. Dort, wo Verkehrsstränge, Produktions- und Verteilerströme zusammenfließen, die Entscheidungsfäden sich bündeln und Informationsprozesse sich konzentrieren, wie an Flughäfen und Eisenbahnstationen, in Telefonzentralen, Rundfunk- und Fernsehanstalten, Banken, Regierungssitzen, Versicherungsgesellschaften, bei großen Sportereignissen, diplomatischen Konferenzen etc., garantieren Störaktionen, die eines dieser Nervenzentren von Industriegesellschaften treffen, auf Anhieb eine breite Publizität. Dabei ist es gleichgültig, ob sie letztlich erfolgreich verlaufen oder nicht. Ähnliches gilt für Angriffe auf Einrichtungen für die Produktion, Speicherung oder Verteilung von Energie wie Gaswerke, Wasserspeicher und Stauseen, Elektrizitätsmasten oder Atomkraftwerke. Eine der erfolgreichsten Aktionen des »Leuchtenden Pfades«, der lange Zeit stärksten Rebellenorganisation Perus, bestand darin, die Stromleitungen in Lima zu unterbrechen, so dass die Sechsmillionenstadt stundenlang im Dunkeln lag. Inzwischen spricht man auch von Cyber-Terrorismus, der Blockierung und Zerstörung der Kommunikationsströme, die über das Internet laufen.

Auf der Seite der »Täter« stellt die Technik in Form moderner Transportsysteme und Kommunikationsmedien oder der Möglichkeit, Geldscheine, Papiere, Namensschilder und Kennzeichen jeder Art zu fälschen, eine wichtige Ressource terroristischer Gruppen dar. Besondere Bedeutung kommt der Frage zu, welcher Waffensysteme Terroristen sich bedienen können und wollen, um ihre Absicht, Aufsehen zu erregen und Panik zu verbreiten, in die Tat umzusetzen. Mit einigem Entsetzen ist darüber spekuliert worden, was auf die Menschheit zukommt, wenn terroristische Gruppen nicht davor zurückschrecken, in Zukunft zur Durchsetzung ihrer Forderungen auch Massenvernichtungswaffen, also atomare Sprengsätze, biologische und chemische Waffen – sogenannte ABC-Waffen –, einzusetzen. Einen gewissen Vorgeschmack auf solche Drohszenarien haben Fundamentalisten, die 1984 das Wasser zweier nordamerikanischer Städte vergiften wollten, sowie 1996 die Mitglieder der japanischen Sekte Aum Shinrikyo gegeben, die tödliches Nervengas in der U-Bahn von Tokio versprühten. Gehen wir einem Zeitalter terroristischer Erpressung mit Massenvernichtungsmitteln entgegen?

Das ist eine nicht leicht zu beantwortende Frage. Jahrelang zögerten Experten, Terroristen diesen Rekurs auf Methoden, die ein Massensterben zur Folge haben könnten, zuzutrauen. Noch im Jahre 2000 trat einer der namhaftesten unter ihnen, Bruce Hoffman, diesbezüglichen Spekulationen entgegen und unterstrich den eigentümlichen Traditionalismus der meisten terroristischen Gruppen, was die Waffentechnik betreffe. Er hob als bemerkenswerten Umstand hervor, dass der Gebrauch giftiger Gase durch die japanische Aum-Sekte bei den sonst jede technische Neuerung schnell aufgreifenden Terroristen keine Nachahmer gefunden habe. Die meisten von ihnen seien vielmehr ihren traditionellen Waffen, *the bomb and the gun,* treu geblieben. Andere Experten räumten ein, dass es begrenzte technische Veränderungen gegeben habe. Die Dynamitbombe früherer Zeiten sei durch die Plastikbombe ersetzt worden, an die Stelle schwerer Maschinengewehre seien leichter handhabbare Maschinenpistolen getreten. Generell seien Bomben wie auch die Schusswaffen handlicher und leichter geworden, damit zugleich besser zu verstecken und zu transportieren. Auch hätten die Gewaltaktivisten unter Zuhilfenahme von Elektronik und Fotomechanik ein zunehmendes Geschick darin entwickelt, Bomben präzise zu platzieren und zu zünden. Immer häufiger kämen zudem tragbare handgesteuerte Raketenwaffen zum Einsatz. Doch stelle all dies keinen echten Traditionsbruch dar, sondern lediglich die Fortentwicklung und Perfektionierung konventioneller Waffentechnik, wie sie schon seit vielen Jahrzehnten verbreitet sei. Die in politischer Hinsicht auf radikale Veränderungen hinarbeitenden Terroristen, so das überwiegende

Fazit, seien im Blick auf ihr waffentechnisches Instrumentarium eher konservativ.

Das war vor dem 11. September 2001. Haben die tragischen Anschläge, die fast 3000 Menschen das Leben kosteten, etwas an dieser Einstellung geändert? Offenbar schon, denn von vielen nordamerikanischen Spezialisten werden sie als eine Wendemarke betrachtet, die eine neue Ära des Terrorismus eingeleitet habe. Das bisher gängige Diktum *terrorists want more people watching than dead* habe für religiös motivierte Gewalttäter seine Gültigkeit verloren, denen es lediglich noch darum gehe, möglichst viele ihrer »Feinde« ins Jenseits zu befördern. Folglich müssten auch die Argumente neu durchdacht werden, die bisher dafür angeführt worden seien, dass Terroristen in absehbarer Zeit wahrscheinlich keine ABC-Waffen einsetzen würden. Eine entsprechende Motivation auf Seiten vieler Terroristen müsse inzwischen unterstellt werden. Wenn diese Motivation bislang noch nicht oder allenfalls ansatzweise in die Praxis umgesetzt worden sei, so liege dies vor allem daran, dass die meisten dieser Gruppen den technischen Schwierigkeiten, die der Einsatz von ABC-Waffen aufwerfe, nicht gewachsen seien, was sich jedoch mit zunehmender Verbreitung entsprechender Kenntnisse rasch ändern könnte. Was ist von diesem Meinungsumschwung zu halten, ist die Wahrscheinlichkeit der Anwendung von Massenvernichtungsmitteln in letzter Zeit tatsächlich angestiegen?

Etwas holzschnittartig wird man bei der Beantwortung dieser Frage zwei Aspekte unterscheiden müssen, nämlich zum einen, ob Terroristen solche Mittel anwenden wollen, zum anderen, ob sie dazu technisch in der Lage sind. Was den ersten Aspekt des Wollens und der Bereitschaft betrifft, so erscheint es etwas voreilig, den 11. September 2001 mit dem Beginn einer neuen Ära des Megaterrorismus gleichzusetzen, in der Terroristen generell danach trachten, möglichst großen Schaden anzurichten. Sicher kann man nicht bestreiten, dass in und aufgrund der Anschläge des 11. September mehr Menschen den Tod fanden als in sämtlichen bis dahin verübten, dem internationalen Terrorismus zuzuordnenden Anschlägen zusammen. Es ist auch verständlich, dass diese Katastrophe bei Beobachtern vor Ort den Eindruck erwecken musste, hier sei nur noch blindwütiger Tötungswahn am Werk. Gleichwohl ist aus einer distanzierteren Warte einzuwenden, dass sowohl die Wahl der Angriffsziele als auch die Ausführung der Anschläge vom 11. September durchaus Züge kommunikativer Gewalt im Sinne des klassischen Terrorismus aufwiesen. Ging es den Attentätern nicht primär darum, mit den Twin Towers ein Hauptsymbol der Macht der USA und generell des Kapitalismus zu treffen? Und war der Zeitpunkt des Angriffs auf den zweiten Turm nicht so gelegt, dass sie sicher sein konnten, die halbe Welt würde auf dem Bildschirm verfolgen, wie der Supermacht ein großer Schlag versetzt, deren Verletzlichkeit vor Augen geführt wurde? Dass dabei Tausende von Menschen zu Tode kamen, wurde akzeptiert, war aber nicht der Hauptzweck der Anschläge. Hätte man die Absicht gehabt, möglichst viele Nordamerikaner zu töten, so hätte es »lohnendere« Ziele gegeben, beispielsweise Atomkraftwerke.

Wenn man jedoch davon ausgeht, dass auch der zeitgenössische religiöse Terrorismus seiner Essenz nach »symbolische« Gewalt bleibt, auf die Vermittlung grausiger Botschaften und nicht auf die Ausrottung großer Teile der Menschheit abstellt, dann haben die Einwände, die gegen die Wahrscheinlichkeit vorgebracht wurden, Terroristen würden Massenvernichtungsmittel einsetzen, nichts von ihrer früheren Triftigkeit eingebüßt. Sie lauten:

- ABC-Waffen haben katastrophale Auswirkungen. Wer sie anwendet, nimmt keine Abgrenzung zwischen symbolisch bedeutsamen Zielobjekten und beliebigen Opfern mehr vor, will nicht mehr primär Furcht und Schrecken verbreiten, sondern möglichst viele Menschen umbringen.
- Massenvernichtungsmittel wirken sich politisch kontraproduktiv aus; sie kosten die Terroristen Sympathien bei jenen sozialen Bezugsgruppen, die sie eigentlich für ihr Anliegen gewinnen wollen.
- Der durch den Einsatz von ABC-Waffen angerichtete Schaden ist schwer zu begrenzen. Es lässt sich nicht ausschließen, dass auch die Terroristen selbst dadurch in Mitleidenschaft gezogen werden, also zu Opfern ihrer Vernichtungsstrategie werden.

Alle diese Argumente beziehen sich auf die massive Verwendung von Massenvernichtungsmitteln. Die Möglichkeit ihres dosierten Einsatzes bleibt davon unberührt. Wenngleich ein solcher dosierter Einsatz keine Schockwirkung hat und sich schlecht für die Verkündung spezifischer »Botschaften« eignet, kommt er doch dem Bestreben vieler terroristischer Gruppen oder auch Individuen sehr entgegen, mit einem bescheidenen Aufwand an Mitteln bei möglichst großen Teilen der Bevölkerung Gefühle der Angst und Panik zu wecken.

Doch selbst wenn jene recht hätten, die den zeitgenössischen, meist religiös motivierten Terroristen unterstellen, sie hätten keinerlei Hemmungen, auch größere Bevölkerungsgruppen umzubringen, selbst dann ist noch nicht gesagt, dass es tatsächlich zum Einsatz von ABC-Waffen kommen wird. Denn dieser hängt von mehreren Voraussetzungen ab, die zu schaffen keineswegs einfach ist. Es bedarf dazu bestimmter Grundstoffe, der erforderlichen Expertise, um einen gefährlichen Kampfstoff, eine »Waffe«, zu entwickeln, und schließlich eines Verfahrens, um diese effektiv zum Einsatz zu bringen. Die mit diesen Voraussetzungen verbundenen Schwierigkeiten variieren, je nachdem, ob es sich um chemische, biologische oder Atomwaffen handelt.

Am unproblematischsten, richtet man sich nach der Literatur, ist die Herstellung und Verbreitung chemischer Waffen. Sie gelten als die »Atombombe des armen Mannes«. Giftige Gase oder Flüssigkeiten lassen sich vergleichsweise leicht und kostengünstig produzieren und transportieren. Das Hauptproblem scheint ihre Verbreitung darzustellen, vor allem wenn darauf abgezielt wird, ein Massendesaster herbeizuführen. Beispielsweise wird das Versprühen von Giftgas durch die Aum-Sekte in der Untergrundbahn von Tokio in Fachkreisen als ein ziemlich dilettantisches Unternehmen bezeichnet – und dies, obwohl die Sekte einen ganzen Stab von Chemikern unterhielt, der den Anschlag vorbereitete.

Biologische Waffen gelten im Vergleich zu chemischen als gefährlicher – ihre Schadenswirkung kann sogar die von Atombomben übertreffen –, aber auch als schwerer herstellbar. Es bedarf großer professioneller Expertise, um die entsprechenden Kulturen von Viren beziehungsweise Bakterien in größerem Umfang heranzuzüchten. Das Unheimliche und Diabolische an biologischen Kampfstoffen ist, dass sie sich unter Umständen unmerklich ausbreiten und, wenn die entsprechende Epidemie schließlich ausbricht, es schon zu spät sein kann, um sie einzudämmen. Andererseits fällt es gerade bei biologischen Seuchen schwer, eine präzise Grenze zwischen Tätern und Opfern zu ziehen, also zu verhindern, dass diese Waffe gegen die Terroristen selbst zurückschlägt.

Als veritable Katastrophe, das Worst-Case-Szenario, wird allgemein der Einsatz von Atomwaffen durch Terroristen betrachtet. Nach überwiegender Meinung ist es jedoch unwahrscheinlich, dass dieser schlimmste Fall eintritt. Denn zum Ersten ist es fast unmöglich für terroristische Gruppen, die dafür erforderlichen Grundstoffe, Uranium oder Plutonium, selbst herzustellen oder sie sich von Dritten zu beschaffen; zweitens ermangeln sie nach allgemeiner Ansicht der notwendigen Anlagen, um aus den Grundstoffen Atomwaffen zu bauen und diese zu testen.

Nach Maßgabe der Wahrscheinlichkeit ihres Einsatzes wird von Fachleuten folgende Staffelung vorgenommen: Am wahrscheinlichsten sei die Verwendung von chemischen Kampfstoffen, insbesondere in begrenzter Dosis – was ausreichen kann, um eine Panik zu erzeugen –, gefolgt von biologischen und, als letzte und unwahrscheinlichste Stufe, der Einsatz von Atomwaffen.

Allerdings sind dieser vorsichtig optimistischen Prognose zwei Caveats (Einschränkungen) hinzuzufügen. Zum einen ist sie unter der Voraussetzung des gegenwärtigen Kenntnisstandes gemacht; die Zukunft mag Terroristen hervorbringen, die mit ungleich größerem chemischem, biologischem etc. Wissen ausgestattet und entsprechend gefährlicher sind. Zum anderen stellt sie auf terroristische Gruppen ohne staatliche Anlehnungsmacht ab. Auch schwache Staaten sind heute in der Lage, zumindest B- und C-Waffen herzustellen. Es mag eine Situation eintreten, in der sie terroristische Gruppen zu deren Einsatz benutzen, um nicht selbst dem damit verbundenen Risiko internationaler Stigmatisierung anheimzufallen.

5. Die Medien: Verbündete der Terroristen?

Wenn es stimmt, dass Terrorismus eine Form symbolischer Gewalt ist, die man als Zeichen, als Botschaft verstehen muss, dann sind die Medien mehr als nur ein Mittel zum terroristischen Zweck. Sie sind vielmehr integraler Bestandteil des terroristischen Kalküls, der nicht ausgewechselt und herausgelöst werden kann, ohne dass dieses Kalkül und die dahinterstehende Strategie zusammenbrechen. Erst die Massenmedien der Moderne sorgen dafür, dass bereits ein einzelner Gewaltanschlag eine allgemeine Stimmung der Verunsicherung und Einschüchterung, eventuell auch verhaltener Zustimmung erzeugen kann. Sie bilden den »Übersetzungsmechanismus« (Franz Wördemann) oder, bildlich gesprochen, den Transmissionsriemen zwischen der isolierten Tat und deren sozialpsychologischen Folgewirkungen.

Tatsächlich erfüllen terroristische Ereignisse alle Voraussetzungen einer »interessanten« Nachricht: Sie sind dramatisch, jeder kann sich vorstellen, von ihnen betroffen zu sein; sie kommen überraschend, sozusagen aus heiterem Himmel; und sie sind wesentlich negativer Natur, stellen das Alltagsgeschehen, die gängigen sozialen Verkehrsregeln und die gültige Werteordnung in Frage. So ist es auch kein Zufall, dass der moderne Terrorismus und die moderne Massenpresse sowie die Erfindung des Dynamits fast gleichzeitig um die Mitte des 19. Jahrhunderts entstanden sind. Zu den Ersten, welche die potenzielle Wirkkraft dieser Trias erkannten und systematisch für ihre Zwecke nutzten, zählten die russischen Anarchisten.

In jüngerer Zeit wird als Paradebeispiel für die Instrumentalisierung der Medien durch Terroristen der Überfall mit anschließender Geiselnahme durch die Palästinenserorganisation »Schwarzer September« auf die israelischen Sportler anlässlich der Olympischen Spiele in München im Jahre 1972 genannt. Dank diesem Coup sei es Arafat und seinen PLO-Gefährten gelungen, mit einem Schlag rund 800 Millionen Fernsehzuschauer auf das Palästinenserproblem aufmerksam zu machen. Dass die Aktion als solche fehlschlug – sämtliche Geiseln und die Mehrzahl der Geiselnehmer fanden den Tod –, war dabei zweitrangig. Es zählte, dass die »Botschaft« zündete, »dass man uns zur Kenntnis nimmt«, wie es ein Palästinenser anlässlich einer ähnlich spektakulären Flugzeugentführung formulierte. Und in dieser Hinsicht war der Anschlag in der Tat ein Erfolg. Als PLO-Führer Yassir Arafat rund zwei Jahre später vor der Generalversammlung der Vereinten Nationen eine vielfach übertragene Rede hielt, konnte er davon ausgehen, dass das Palästinenserproblem mittlerweile einen festen Platz in der internationalen öffentlichen Meinung erobert hatte.

Die enge Verbindung zwischen Terrorismus und Massenmedien war häufig Anlass kritischer Kommentare. Walter Laqueur, eine Art Nestor der Terrorismusforschung, bezeichnete die Medien als die besten Freunde der Terroristen. Bekannt geworden ist auch die Bemerkung Margaret Thatchers, die Medien lieferten den Terroristen den Sauerstoff, ohne den sie nicht leben könnten. Es wurde auch – weniger polemisch – von einer natürlichen Allianz oder symbiotischen Beziehung zwischen den Terroristen und den Massenmedien, vor allem der Boulevardpresse und dem Fernsehen, gesprochen.

Im Folgenden wird es um die genauere Analyse dieser »unheiligen Allianz« zwischen Medien und Terrorismus gehen. Zunächst werden einige der gängigen Vorwürfe, denen die Medien in diesem Zusammenhang ausgesetzt sind, im Lichte der empirischen Studien zu diesem Thema zu prüfen sein. Anschließend wird ein Fall indirekter Medienzensur – der Nordirlandkonflikt in den britischen Medien – kurz dargestellt und erläutert. Im letzten Abschnitt werden einige neuere Entwicklungen, vor allem der Nutzen und die Funktionen des Internets für die Terroristen, zur Sprache gebracht.

Medienberichterstattung über den Terrorismus – einige empirische Befunde

Die Kritik an der Medienberichterstattung über einzelne terroristische Ereignisse und den Terrorismus insgesamt lässt sich in fünf Punkten zusammenfassen:

1. Die Berichterstattung sei einseitig, verzerre das Gesamtbild, da sie nur äußerst selektiv über terroristische Ereignisse informiere.
2. Die Medien würden vom bloßen Beobachter leicht zur Partei, die direkt oder indirekt in das Geschehen eingreife, etwa Druck auf die Regierung ausübe.
3. Die Medien würden den Terroristen Prestige und Ansehen verleihen und damit mittelbar zu ihrer Legitimierung beitragen, indem sie ihnen einen zentralen Platz in den öffentlichen Nachrichten einräumten.
4. Sie würden auf diese Weise gleichzeitig die Verbreitung des Terrorismus begünstigen (sogenannte Ansteckungsthese).
5. Und sie würden sich schließlich zum Werkzeug der terroristischen Gruppen machen, weil sie durch Wort und Bild dafür sorgten, dass Furcht und Schrecken in der Bevölkerung um sich griffen.

Bevor wir auf die einzelnen Vorwürfe eingehen, ist anzumerken, dass die meisten Untersuchungen über die Wirkung der Medien, auch was den Terrorismus betrifft, in den USA durchgeführt wurden; man wird ihre Ergebnisse nicht eins zu eins auf Europa übertragen können, dennoch dürften sie in der Grundtendenz auch auf die hiesigen Verhältnisse zutreffen. Teilweise laufen sie auf eine weitgehende Bestätigung der Kritikpunkte hinaus, teils legen sie eine differenziertere Betrachtungsweise nahe oder widerlegen die Vorwürfe.

Was zunächst den Vorwurf der Einseitigkeit und Verzerrung der objektiven Lage durch die Berichterstattung betrifft, so wird er durch das empirische Datenmaterial nur allzu reichlich belegt. Die Medien picken sich einzelne Fälle heraus, die dann relativ breit abgehandelt werden. So wird beziehungsweise wurde in den USA zum Zeitpunkt der einschlägigen Untersuchung nur über 3 Prozent sämtlicher rund um den Erdball stattfindender Anschläge in den Medien berichtet. Naturgemäß richtet sich die Aufmerksamkeit der Medien auf solche Anschläge, die sich zeitlich in die Länge ziehen oder mit einer größeren Zahl von Opfern verbunden sind. Europa und der Nahe Osten sind dabei deutlich überrepräsentiert, Afrika, Lateinamerika und Asien werden vernachlässigt.

Auffälligerweise spielt Staatsterror in der Medienberichterstattung eine absolut untergeordnete Rolle. Dies ist eine Konstante, die sich seit den 1960er und 1970er Jahren, als Militärregime in Lateinamerika erbarmungslos gegen die eigene Bevölkerung wüteten, bis heute beobachten lässt. Wann schon werden selbst in der seriösen Tagespresse die Terrormethoden zur Sprache gebracht, mit denen das russische Heer gegen die Tschetschenen vorgeht, oder ist von der repressiven Politik die Rede, die Chinas Regierung gegenüber den konfessionellen und ethnischen Minderheiten dieses Mammutstaates verfolgt? Das Versäumnis ist umso gravierender, als man davon ausgehen kann, dass in den letzten 100 Jahren dem staatlichen Terror vermutlich ein Vielfaches der Anzahl von Menschen zum Opfer gefallen ist, die aufständische Terroristen zu verantworten haben – das Verhältnis von zehn zu eins dürfte nicht ausreichen!

Der zweite Kritikpunkt, die Medien und ihre Vertreter schlüpften aus ihrer Rolle eines neutralen Beobachters bisweilen in die eines Akteurs, der den Verlauf der Ereignisse beeinflusst, bezieht sich vor allem auf länger andauernde Geiselaffären. Dabei kann es vorkommen, dass aufgrund unvorsichtiger Berichterstattung die Geiselnehmer in den Besitz von Informationen gelangen, die nicht für sie bestimmt sind, oder die Medien auch unmittelbar auf das Geschehen Einfluss nehmen. Ein bekanntes Beispiel ist das der Maschine TWA 847, die mit zahlreichen Passagieren an Bord, darunter auch Amerikaner, bei einem Flug von Rom nach Kairo im Juni 1985 nach Beirut entführt wurde. Das Ziel der von libanesischen Schiiten durchgeführten Aktion bestand darin, 776 Gesinnungsgenossen freizupressen, die in israelischen Gefängnissen eingesperrt waren.

Dies gelang ihnen schließlich auch, wobei die Medien eine entscheidende Rolle spielten. Die eigens aus den USA eingeflogenen Teams von drei Fernsehanstalten berichteten unentwegt über das Schicksal der über ganz Beirut verteilten 39 nordamerikanischen Geiseln, bis der US-Regierung nichts anderes übrig blieb, als den wachsenden politischen Druck an die israelische Regierung weiterzugeben und auf die Freilassung der 776 Gefangenen zu dringen.

Dies mag ein extremer Fall sein, er weist jedoch auf die schmale Grenze hin, die in einer hochemotionalisierten Lage nüchterne Berichterstattung von Parteinahme trennt, ganz unabhängig davon, ob und dass diese sich mit den besten Absichten verbindet. Lassen sich für die ersten beiden Kritikpunkte relativ leicht empirische Belege finden, so ist die Überprüfung des dritten Vorwurfs weit schwieriger, der besagt, die Medien verliehen den Terroristen und ihren Anschlägen durch den zentralen Platz, den sie ihnen in der Berichterstattung einräumten, Status und Prestige. Einerseits trifft zwar zu, dass die Gewalttat ihren Urhebern einen privilegierten Zugang zu den Medien sichert, und zwar paradoxerweise umso schneller und sicherer, je brutaler sie ausfällt. Medienpräsenz begründet in unserer Zeit Prominenz, signalisiert Wichtigkeit und Bedeutsamkeit. Auf der anderen Seite handelt es sich jedoch dabei um eine Prominenz eigener Art, von der eher ein Abschreckungs- als ein Vorbild- und Bewunderungseffekt ausgeht. Die Untersuchungen stimmen darin überein, dass Terroristen mit ihrer Botschaft, es gelte die bestehende Werteordnung zu zerstören und die Welt gewissermaßen auf den Kopf zu stellen, im Allgemeinen beim Publikum wenig Resonanz finden. Der Durchschnittshörer, -leser und -zuschauer fühlt sich durch die Botschaft, und vor allem die gewaltsame Art, ihr Gehör zu verschaffen, eher abgestoßen.

Immerhin, auch »schwarze« Prominenz bleibt Prominenz. Als Frau Thatcher es in den 1980er Jahren »entsetzlich« (*apalling*) fand, dass die staatliche BBC ein Mitglied der INLA, einer radikalen Absplitterung von der IRA, interviewt hatte, ging es ihr vermutlich weniger um die reale Gefahr, die von dieser kleinen Gruppe und ihrem Auftreten in Rundfunk und Fernsehen zu erwarten war. Vielmehr wollte sie zum Ausdruck bringen, dass sie es als Zumutung und Loyalitätsbruch empfand, Rebellen öffentlich zu Wort kommen und ihre Ansichten darlegen zu lassen, die den Souveränitätsanspruch des britischen Staates und sein Gewaltmonopol frontal angriffen.

Das ist eine für eine Politikerin verständliche Einstellung, die zudem die restriktive Auslegung der Pressefreiheit erklärt, welche von der britischen Regierung im Hinblick auf den Nordirlandkonflikt vorgenommen wurde. Auf der anderen Seite wurde wiederholt darauf aufmerksam gemacht, dass es gefährlich sei, wenn sich die Medien allzu sehr von der Kriegsrhetorik der politischen Akteure infizieren ließen. Nicht nur würden sie auf diese Weise ihrer Funktion einer möglichst objektiven Berichterstattung nicht mehr gerecht, sondern versäumten es zudem, dämpfend auf den Konflikt einzuwirken. Terrorismus als Ersatzkommunikation, so das Argument, sei häufig darauf zurückzuführen, dass den Rebellen, etwa den Vertretern einer diskriminierten Minderheit, die Möglichkeit verwehrt sei, für ihr Anliegen mit den üblichen Mitteln in der Öffentlichkeit zu werben. Wäre es, so die Frage, nicht in jedem Fall vernünftiger, ihnen eine Medienplattform zur Verfügung zu stellen, auf der sie ihre Ziele friedlich-diskursiv erläutern können, als sie in den Untergrund zu verweisen und damit weitere Gewaltanschläge in Kauf zu nehmen?

Wie immer man dieses Dilemma lösen will, wichtig ist, dass man Terroristen nicht unmittelbar nach einer von ihnen verübten Schreckenstat zu Wort kommen lässt, sondern allenfalls abgekoppelt von konkreten Anschlägen, in Phasen relativer Ruhe. Andernfalls läuft man Gefahr, dass Interviews, irrtümlich als Belohnung für die Gewalttat verstanden, andere zu ähnlichen Aktionen stimulieren.

Damit sind wir beim vierten Kritikpunkt, der These vom möglichen »Ansteckungseffekt« (*contagion*) angelangt, der von der Medienberichterstattung über terroristische Ereignisse ausgehen soll. Für den nicht politischen Bereich ist erwiesen, dass medialen Gewaltinformationen und -darstellungen, vor allem wenn sie auf realen, nicht bloß fiktiven Vorgängen und Ereignissen beruhen, unter Umständen ein gewisses Ansteckungspotenzial zukommen kann. Ob sich nun diese Erkenntnis auch auf den Terrorismus übertragen lässt, ist eine komplexe und brisante Frage, auf die es keine eindeutige Antwort gibt. Vorab gilt es herauszustellen, dass es den Terroristen bei ihren Anschlägen nicht primär darum geht, Nachahmer zu finden und zu raschen Wiederholungstaten anzuregen. Vielmehr steht das Ziel im Vordergrund, die Verletzlichkeit der bestehenden Ordnung zu demonstrieren, den Staat als deren wichtigsten Vertreter bloßzustellen und zu einer repressiven Überreaktion zu verleiten. Vom Publikum, den beobachtenden Zuschauern, wird keine überschießende Unterstützungsbereitschaft, sondern gesteigerte Aufmerksamkeit für das Anliegen der Terroristen, allenfalls von einer Minderheit auch Sympathie erwartet. Wie die empirischen Ergebnisse beweisen, ist diese skeptische Einschätzung der medialen Wirkung ihrer Gewaltanschläge durch die Terroristen zutreffend. Die überwiegende Reaktion besteht in Ablehnung und Missbilligung, gelegentlich gepaart mit einer gewissen Nachdenklichkeit. Die Zurückweisung der Terroristen und ihres Anliegens erstreckt sich von den Medienvertretern, die sich, von Ausnahmen abgesehen, keineswegs als Propagandawerkzeug der Terroristen missbrauchen lassen, sondern eher den Standpunkt der Regierung einnehmen, über das breite Publikum bis hin zu den gesellschaftlichen Eliten.

Allerdings gibt es Abweichungen von diesem generellen Bild: Terroristen sind Nachahmer und lernen voneinander. Es kommt immer wieder vor, dass eine terroristische Gruppe, beeindruckt durch eine bestimmte Anschlagstechnik eines Gewaltverbandes, über die im Fernsehen oder in Zeitungen berichtet wurde, Ähnliches versucht. Wo die gesellschaftliche Situation durch hochgradige Polarisierung geprägt ist, etwa im Kosovo, da sind auch die Medien gespalten, und es fällt ihnen zwar keine entscheidende, jedoch gleichwohl eine bestärkende Funktion für die Fortführung des Gewaltkurses zu. Ähnlich verhängnisvoll kann ihre Rolle bei der rechtsextremistischen Gewalt sein, wenn lokale Fremdenfeindlichkeit und übergreifende Gebote des Minderheitenschutzes sowie der

Rechtsstaatlichkeit miteinander in Konflikt geraten. In einigen Fällen sollen sich Jugendliche an ausländerfeindlichen Gewalttaten fast ausschließlich mit dem Motiv beteiligt haben, damit am nächsten Tag in der lokalen Presse für Schlagzeilen zu sorgen.

Dies sind jedoch Ausnahmen. Insgesamt darf das Gewicht, das den Massenmedien und ihrer Berichterstattung für die Zunahme terroristischer Gewalttaten zukommt, nicht überbewertet werden. Ihre Funktion ist im Allgemeinen katalytischer Natur. Sie reflektieren und beschleunigen bereits vorhandene Trends, steigern sie allenfalls temporär, vermögen sie aber nicht in Gang zu setzen.

Inwieweit schließlich, dies war der letzte Vorwurf, tragen die Medien durch die Wiedergabe und eventuelle Aufbauschung terroristischer Ereignisse zur Verbreitung von Furcht und Schrecken in der Bevölkerung bei? Fest steht, dass durch die bevorzugte Behandlung aller mit Terrorismus zusammenhängenden Fragen in den Medien die von ihm ausgehende Gefahr nicht nur für das Gemeinwesen insgesamt, sondern auch für den einzelnen Bürger generell überschätzt wird. Man wird jedoch nach Großregionen und sozialen Gruppen differenzieren müssen. Aus der Literatur gewinnt man den Eindruck, diese verzerrte Wahrnehmung sei in den USA, wo Terroristen mit einer eigentümlichen Mischung von Schrecken und Faszination wahrgenommen werden, merklich ausgeprägter als in Europa. Eliten nehmen die mit terroristischen Angriffen verbundene Herausforderung für die gesellschaftlich-politische Ordnung meistens ernster als der Durchschnittsbürger. Dieser wird im Zweifel eine Reise stornieren, die ihn in ein Gebiet geführt hätte, das neuerdings durch terroristische Anschläge als gefährdet gilt. Dagegen werden die Staatsführer sämtlicher politischer Schattierungen nicht müde, seit dem 11. September 2001 zu betonen, es gäbe keine größere Bedrohung für den Völkerfrieden und das heutige Staatensystem als den internationalen Terrorismus.

Nachdem versucht wurde, die Vorwürfe, die den Medien üblicherweise aufgrund ihrer Berichterstattung über den Terrorismus gemacht werden, einer kritischen Überprüfung zu unterziehen, sollen noch einige Argumente angeführt werden, die ihre positive

Rolle in diesem Kontext unterstreichen. So wurden durch Berichte über die skandalöse Tötung Unschuldiger und Unbeteiligter bei Anschlägen wiederholt Protestbewegungen gewaltigen Ausmaßes wie zum Beispiel in Nordirland und im Baskenland ausgelöst, welche die Terroristen politisch in die Defensive drängten. Medienvertreter können durch eigene Recherchen zur Aufdeckung konspirativer Netzwerke beitragen, Straftäter aufzuspüren und Anschläge zu vereiteln helfen. Und sie können schließlich durch eine möglichst objektive Berichterstattung dafür sorgen, dass das Publikum und alle Beteiligten ein besseres Verständnis des Konflikts und seiner Hintergründe gewinnen, was ihn einer Lösung näher bringen kann.

Ein Experiment indirekter Medienkontrolle: Großbritannien und der Nordirlandkonflikt

Die Gefahren, die angeblich von einer unzensierten Berichterstattung über den Terrorismus ausgehen, haben zu wiederholten Versuchen geführt, den Medien eine gewisse Kontrolle aufzuerlegen. Da terroristische Anschläge, auch im eigenen Land, nicht ohne weiteres mit einer Kriegs- und nationalen Notstandssituation gleichgesetzt werden können, welche im Rahmen einer Ausnahmegesetzgebung auch die Einschränkung des öffentlichen Grundrechts auf Meinungsfreiheit rechtfertigen würde, kommen in Demokratien nur »sanfte« Kontrollmethoden, insbesondere Formen der Selbstbindung der Medien in Betracht. So wurde in den USA ausführlich das Für und Wider des Erlasses von Richtlinien für die freiwillige Selbstbeschränkung der Medien, was die Berichterstattung über den Terrorismus betrifft, diskutiert. Im Folgenden wird ein Fall skizziert, der uns etwas näher steht, nämlich die Handhabung des Nordirlandkonfliktes durch die britischen Medien.

Großbritannien eignet sich besonders gut für die Diskussion der hier anstehenden Problematik, da es sich um ein Land mit einer tief verwurzelten rechtsstaatlichen Tradition und Kultur handelt, die jedoch durch den sich endlos hinziehenden Konflikt auf der Nachbarinsel mehr als einmal auf die Probe gestellt wurden. Dies geschah erstmals bereits in den frühen 1970er Jahren, kurz nachdem die Briten die Direktherrschaft über Nordirland (Ulster) übernommen hatten, als die IRA durch mehrere äußerst verlustreiche Anschläge in England selbst klarmachte, dass sie auch die britische Bevölkerung nicht zu schonen gedachte. Die Antwort von Seiten der britischen Regierung erfolgte prompt. Es wurde ein Gesetz erlassen, das die IRA verbot, drakonische Strafen für jede Werbung für die Organisation oder deren Rechtfertigung vorsah und die Polizei mit großzügigen Vollmachten ausstattete, der IRA-Mitgliedschaft Verdächtige auszuweisen oder ihre Einreise zu verhindern. Zugleich wurden Überlegungen angestellt, wie man die Medien daran hindern könnte, sich von den irischen Rebellen instrumentalisieren zu lassen. Resultat dieser Überlegungen war ein teils auf Fremdkontrolle, teils auf Selbstzensur beruhendes Mischsystem.

Dieses System bestand aus drei Hauptkomponenten. Da gab es zum Ersten ein Gentlemen's Agreement zwischen der Polizei und den Medien, dass bei Entführungen und Geiselnahmen jede Berichterstattung, die das Leben des Entführten gefährden könnte, unterbleiben sollte. Als Gegendienst verpflichtete sich die Polizei, einen durch einen speziellen Ausweis legitimierten Kreis von Journalisten täglich über den Fortgang der Affäre zu unterrichten. Außerdem sollte die öffentliche Nachrichtensperre nur für einen begrenzten Zeitraum, bis zur Lösung des Problems, gelten. Ursprünglich auf den rein kriminellen Bereich beschränkt, dehnte die Polizei das Arrangement zunehmend auch auf terroristische Anschläge aus. Ein weiteres Element, das dieser ersten Vereinbarung angefügt wurde, war die Abstimmung zwischen Polizei und Medien über besonders »delikate« und »sensible« Themen. Darunter wurde alles, was mit dem Ulster-Konflikt zusammenhing, verstanden. Als drittes Element kam später noch das förmliche Verbot hinzu, IRA- oder Sinn-Fein-Mitglieder zu interviewen oder in sonst einer Weise über die Medien zu Wort kommen zu lassen. Das Abkommen erstreckte sich auf sämtliche Nachrichtenmedien und schloss insbesondere die staatliche BBC mit ein.

Vor allem das zweite Element ist interessant, weil es einen informellen Abstimmungsmodus zwischen den Medien und der Polizei hinsichtlich der sicherheitsrelevanten Artikel und Reportagen vorsah. In der Praxis wurde es so gehandhabt, dass die Entscheidung darüber, ob etwas über Nordirland berichtet oder gesendet werden konnte, nicht mehr vom einzelnen Journalisten, sondern auf einer höheren hierarchischen Ebene, von seinem Vorgesetzten, in besonders schwierigen Fällen sogar vom Direktor selbst, getroffen wurde. Rein äußerlich funktionierte das System nicht schlecht. Einige Sendungen wurden abgesetzt oder kamen nach einem Veto durch die Sicherheitsbehörden nicht zustande. Es gab aber auch Fälle, in denen sich die BBC ungeachtet solcher Einwände geschlossen hinter eine Sendung stellte und darauf bestand, dass sie ausgestrahlt wurde.

Laut den nachträglichen kritischen Kommentaren einiger Journalisten sind es die psychischen Auswirkungen dieses Systems freiwilliger Selbstzensur, die bedenklich waren. Es habe bewirkt, dass sich das Gros der Journalisten von vornherein nicht mehr an schwierige, umstrittene Themen im Zusammenhang mit dem Nordirlandkonflikt herangewagt hätte, aus Angst, damit bei ihren Vorgesetzten »durchzufallen«. Die Folge sei eine einseitig »loyale«, das heißt die britischen Truppen und ihre Intervention rechtfertigende, die IRA als einen Haufen irrationaler, fanatischer Typen charakterisierende Berichterstattung gewesen, die dem britischen Publikum die Erklärung des Konflikts und seiner historischen Hintergründe schuldig geblieben sei.

Dem ist wenig hinzuzufügen. Was das dritte Element betrifft, das Verbot, IRA- und Sinn-Fein-Mitglieder zu interviewen, so kann man darüber streiten, ob es sinnvoll war oder nicht. Jedenfalls erwies es sich spätestens zu dem Zeitpunkt als hinderlich und überholt, als die Friedensgespräche zwischen allen betroffenen Parteien begannen. Denn der schließlich ausgehandelte Frieden, daran gilt es zu erinnern, kam nur deshalb zustande, weil sämtliche in den Konflikt involvierten Parteien, auch die zuvor geächtete Partei Sinn Fein, zu den Gesprächen zugelassen wurden.

Wie das britische Beispiel zeigt, besteht die Gefahr, dass die Negativfolgen selbst einer nur indirekten Medienzensur deren »positive« Effekte übertreffen. Es lässt sich bezweifeln, ob der Nordirlandkonflikt ohne den Einfluss, den die britische Regierung auf die Medien ausübte, noch länger gedauert, anders verlaufen oder mehr Opfer gekostet hätte. Insgesamt ist vor einer Diabolisierung der Rolle der Medien in Bezug auf den Terrorismus zu warnen. So ist es als Fortschritt, nicht als Rückschritt zu werten, wenn mittlerweile im Nahen Osten mehrere Fernsehsender existieren, welche die Gewaltereignisse aus arabischer Sicht darstellen und kommentieren. Zweifellos sind die Massenmedien fester Bestandteil des terroristischen Kalküls in unserer Zeit, das heißt aber weder, dass sie die Hauptursache terroristischer Angriffe sind, noch, dass diese, könnte man die Medien zum Schweigen bringen, jäh aufhören würden. Eigentliche Antriebskräfte bleiben vielmehr politisch-religiöse, ethnische und soziale Motive.

Jüngste Entwicklungen, insbesondere die Rolle des Internets

Der militante Islamismus, so sagt man, verbindet eine Fixierung auf traditionelle Glaubensinhalte mit einer großen Aufgeschlossenheit für die Errungenschaften der modernen Technik. Das Verhältnis der islamischen Terroristen (Dschihadisten) zu den Medien und modernen Kommunikationsmitteln ist ein gutes Beispiel für diese These. Wir greifen nur zwei neuere Entwicklungen in diesem Bereich heraus: die gezielte Produktion von Hinrichtungsbildern, die eine weitere Steigerung und zugleich Pervertierung terroristischer Kommunikationsstrategie darstellt, und die Nutzung des Internets durch Terroristen.

Dass nicht nur mündlich über Schreckenstaten berichtet wird oder deren Konsequenzen gezeigt werden, sondern Enthauptungen gefilmt, also förmlich inszeniert werden, stellt einen Exzess dar, der im Zusammenhang mit Besatzungsregimen, etwa in Tschetschenien oder im Irak, zu beobachten war. Schon vor dem 11. September 2001 zirkulierte im Internet ein Bild, auf dem tschetschenische Rebellen einem sowjetischen Soldaten mit einem großen Messer den Kopf abschlagen. Im blutigen Nachspiel zum Irak-Krieg sind derartige Hinrichtungen vor laufender Kamera geradezu zur Routine geworden. Sie bilden einerseits durchaus eine Fortentwicklung und Konsequenz des terroristischen Grundgedankens der »Propaganda der Tat«, führen diesen aber andererseits gleichzeitig ad absurdum.

Eine Fortführung und keineswegs eine Abweichung vom terroristischen Grundkonzept stellen die Abschlachtungsszenen, so widerlich sie sein mögen, insofern dar, als es zu diesem Konzept ja durchaus gehört, Zeichen durch reale Gewalttaten zu setzen, die Gewalt also weder eine symbolische noch eine nur scheinbare Größe ist, sondern reales Geschehnis. Nur auf diese Weise glaubten die Erfinder der terroristischen Strategie den beabsichtigten Panik- und Aufmerksamkeitseffekt erzielen, das passive Publikum wachrütteln und auf ihr Anliegen aufmerksam machen zu können. Insofern war Terrorismus von jeher »Körperpolitik« (Horst Bredekamp), Gewalt im Dienst von Furcht und Schrecken verbreitenden Nachrichten. Die islamistischen Terroristen, die in Tschetschenien und im Irak am Werke waren, trieben die Akzentuierung der Gewalttat noch weiter voran: indem sie durch die filmische Wiedergabe der Exekution die dabei herrschende Atmosphäre des Grauens und der Verzweiflung unmittelbar in die Stube des Zuschauers trugen; indem sie den Kreis derjenigen, die als Opfer für dieses Hinrichtungsritual ausgewählt werden, beliebig ausdehnten; und indem sie vor allem nicht mehr abwarteten, ob ihre Gewaltaktion von einem Medium aufgegriffen wird, sondern durch die Produktion und Versendung der entsprechenden Bilder deren Verbreitung selbst in die Hand nahmen.

Dies ist zweifellos eine Perfektionierung der traditionellen Methoden, das Publikum zu erreichen. Die Frage, die sich indes stellt, ist: Wozu? Was wird mit diesen Bildern bezweckt, jenseits der Absicht zu schockieren? Sollte den Amerikanern auf diese Weise mitgeteilt werden, dass sie als Besatzungsmacht nicht willkommen sind, sondern vielmehr Hass und Verbitterung wecken? Als wüssten sie das nicht längst. Sollte damit Ägyptern, Nepalesen, Koreanern oder Mitgliedern sonstiger Nationen, über die das grausige Ritual verhängt wurde, signalisiert werden, es sei gefährlich, sich als Ausländer im Irak zu bewegen? Auch das hat sich mittlerweile herumgesprochen. Die klassische Strategie der »Propaganda der Tat« beinhaltete ein prekäres Gleichgewicht zwischen den beiden in der Devise angesprochenen Polen. Mittels einer »Tat« sollte eine generelle Botschaft, eine Anklage, politische Zielsetzung oder ideologische Überzeugung einem breiten Publikum zu Gehör gebracht werden, die Tat war »Propaganda« für etwas. Dieser Hinweischarakter entfällt bei den ins Bild gesetzten Schlächtereien, wie sie etwa im Irak eine Zeitlang an der Tagesordnung waren, weitgehend. Was hier bleibt, ist die Tat als solche, ein archaisches Opferritual, das den Zuschauer entweder in die Rolle des Voyeurs versetzt oder ihn sogar zum Teilhaber jener Rache-, Reinigungs- und Omnipotenzgefühle macht, die mit der Exekution verbunden sind.

Während anfangs noch der eine oder andere Fernsehsender die ihm per Videoclip gelieferten makabren Hinrichtungen sendete, weigerten sich nach kurzem die meisten Anstalten, sich solcherart zum Propagandawerkzeug der selbsternannten Scharfrichter machen zu lassen. Daraufhin gingen etliche terroristische Gruppen dazu über, die entsprechenden Bilder und Szenen, soweit möglich, ins Internet zu stellen. Dies gibt uns Gelegenheit, einige Bemerkungen zur Bedeutung des »weltweiten Netzes« als mediales Instrument und Kommunikationsmittel für den modernen, insbesondere den internationalen Terrorismus zu machen.

Manche Kommentatoren behaupten, das Internet sei wie geschaffen für die Öffentlichkeitsarbeit des Terrorismus und passe sich generell nahtlos seiner Funktionsweise an, da es schnell, für jedermann verfügbar und nicht kontrollierbar sei. Dies erkläre unter anderem, warum es so ausgiebig von al-Qaida genutzt werde. Ob man diese Behauptung uneingeschränkt unterschreiben kann, wird abschließend zu prüfen sein. Zunächst seien die wichtigsten Funktionen aufgezählt, die das Internet laut einer Studie des United States Institute of Peace (USIP) für Terroristen erfüllen kann. Der häufig beschworene Cyber-Terrorismus, die Sabotage und Verwirrung von Netzbahnen durch Einschleusung von »Viren« (*cyber war*), rangiert dabei bezeichnenderweise an untergeordneter Stelle. Die wichtigsten Funktionen ergeben sich vielmehr aus der normalen, routinemäßigen Nutzung des Internets. Es sind dies:

- Psychologische Kriegsführung: Insbesondere al-Qaida machte nach dem 11. September geltend, den USA schweren psychologischen und wirtschaftlichen Schaden zugefügt zu haben. Dies sei nur ein erster Schlag, weitere, nicht minder schwere Angriffe stünden bevor. Das Internet, das Bilder, Geschichten und Drohungen transportiert, erweist sich als überaus geeignet, um über Andeutungen und ominöse Hinweise ein soziales Klima der Angst und Einschüchterung zu erzeugen.
- Publizität und Propaganda: Im Unterschied zur erstgenannten Funktion liegt hier der Akzent mehr auf der positiven Selbstdarstellung der terroristischen Organisationen. Da das Internet in den meisten Ländern keinerlei Zensur unterliegt, steht es diesen Gruppen insoweit frei, die schmeichelhaftesten und heroischsten Mythen über sich zu verbreiten. Zu den üblichen Legitimierungen ihrer Existenz zählt, der autoritäre und repressive Staat, in dem sie agierten, lasse ihnen gar keine andere Wahl, als sich gewaltsam zur Wehr zu setzen.
- Aufspüren brisanter Daten: Das Internet, eine Art gigantische Bibliothek, enthält Informationen über mögliche Ziele terroristischer Angriffe, wie Verkehrssysteme, Atomkraftwerke, öffentliche Gebäude, Flughäfen, die über Suchmaschinen ausfindig gemacht und abgerufen werden können. Es kann dazu benutzt werden, strukturelle Schwachstellen moderner Infrastruktursysteme auszukundschaften, und im Extremfall sogar dazu, antiterroristische Maßnahmen aufzudecken und zu konterkarieren.
- Einwerbung von Unterstützungsmitteln: Diese Funktion ist insbesondere für religiöse islamistische Organisationen relevant, teils auch für radikale ethnische Gruppen. Neben dem militärischen Arm im engeren Sinn existiert häufig eine legale soziale

Stiftung oder vergleichbare Institution, die Spenden und Schenkungen für humanitäre Zwecke einwirbt, welche jedoch über schwer kontrollierbare Kanäle auch den Terroristen zugutekommen können. Vor allem Diasporagemeinschaften sind für derartige Aufrufe über das Internet empfänglich, die in Bedrängnis befindliche Herkunftsgesellschaft und ihre »Verteidiger« finanziell zu unterstützen.

- Rekrutierung und Mobilisierung: Das Internet eignet sich weiterhin dazu, junge Menschen, die prinzipiell an einer radikalen Organisation interessiert sind, an diese heranzuführen und möglicherweise als Mitglieder zu gewinnen. Dieser Anwerbeprozess kann systematisiert werden, indem Terroristen Informationen darüber auswerten, wer regelmäßig ihre Internetseiten besucht, und die betreffenden Personen gezielt mit Propagandamaterial überhäuft.
- Vermittlung von Wissen: Das Internet enthält eine ganze Serie von Handbüchern und Informationsbroschüren, die den Interessierten mit einschlägigen Hinweisen zur Herstellung von Bomben oder chemischen Waffen bis hin zur Planung und Vorbereitung einer Entführungsaktion oder eines Mordanschlags versehen.
- Planung und Koordination von Aktionen: Die Vorbereitung umfangreicher Aktionen, einschließlich des Megaanschlags vom 11. September 2001, lief weitgehend über Kommunikation im Internet. Verschlüsselte, für Dritte unverdächtige Botschaften, die innerhalb von durch Codewörter abgeschirmten Bereichen des Netzes ausgetauscht wurden, erwiesen sich als ideales Mittel, um räumlich fernab voneinander lebende Personen im Hinblick auf ein gemeinsames Projekt zu koordinieren.

Das ist eine eindrucksvolle Liste möglicher Funktionen. Die Frage ist jedoch, inwieweit das Internet sie tatsächlich einlöst. Bei ihrer Beantwortung erscheint es sinnvoll, mit Sageman zwischen dem World Wide Web als Informationsquelle, das neben andere, bisher verfügbare Informationsmedien tritt, und dem Internet als Kommunikationsforum zu differenzieren. In seiner Funktion als Informationsressource, der man etwa Instruktionen zum Bau einer Bombe oder Angaben über besonders neuralgische und verletzliche Stellen in der Infrastruktur eines Landes entnehmen kann, sollte das Internet nicht überschätzt werden. Beispielsweise setzt der Abruf des gesamten dort versammelten Propagandamaterials zum radikalen Islamismus eine latent vorhandene Bereitschaft, sich einer extremistischen Gruppierung anzuschließen, bereits voraus. Niemand wird sich allein aufgrund von zum Dschihad einladenden Websites und Videofilmen an einem Anschlagsprojekt beteiligen.

Anders ist es dagegen um die Funktion des Internets als Kommunikationsmedium bestellt. Durch den Austausch von Ansichten und Empfindungen in Chatrooms und Internetforen kann ein eigentümlicher Radikalisierungssog entstehen, dem sich der Einzelne nur schwer entziehen kann. Die Anonymität des Internets fördert eine große Offenheit im Ausdruck negativer Gefühle und eine Rücksichtslosigkeit in der Artikulierung der eigenen Meinung. Vergleichbar der Situation in anderen, ideologisch aufgeladenen Diskussionszirkeln halten oder ziehen sich die Gemäßigten eher zurück, um keine Angriffe wegen ihrer Lauheit auf sich zu lenken, so dass die »Hardliner« das Feld behaupten. Der eigentümlich egalitäre Charakter des Internets, das Führungsrivalitäten und innere Konflikte, wie sie ansonsten innerhalb radikaler Verbände üblich sind, nicht kennt, trägt ebenfalls dazu bei, zwischen den Teilnehmern einer Gesprächsrunde ein Zusammengehörigkeitsgefühl eigener Art entstehen zu lassen. Unter Umständen können sich in ihm Zellen bilden, die binnen relativ kurzer Zeit von allgemeinen Plänen zur Vorbereitung eines konkreten Anschlags übergehen.

Gleichwohl sprechen zwei Gründe dafür, das Internet als neue Brutstätte des Terrorismus nicht zu überschätzen. Der erste Grund ist primär technischer Natur. Die Erfahrung lehrt, dass sämtliche technischen Raffinessen und Neuerungen, die sich terroristische Gruppen einfallen ließen, um ihren Anschlägen zu mehr Wirksamkeit zu verhelfen, durch die Polizei und die Geheimdienste über kurz oder lang durch Gegentechniken neutralisiert wurden. Wenn es denn von Seiten radikaler Gruppen ein Ausweichmanöver darstellt, angesichts der zunehmenden Überwachung des physischen Raums das Internet als politisch-militärisches Mobilisierungsinstrument zu benutzen, so wird es nicht lange dauern, bis die solcherart geschaffenen Nischen und Freiheitsräume von den Sicherheitsdiensten aufgespürt und kontrolliert werden.

Zweitens ist zu bezweifeln, dass von virtuellen radikalen Gruppen, wie sie über das Internet zustande kommen, eine ähnliche Bedrohung ausgeht wie von realen extremistischen Zirkeln und Gruppen. Die Zweifel nähren sich aus sozialpsychologischen und handwerklichen Gründen. Bezeichnend für Internetgruppen sind der weitgehend unverbindliche Zugang zu ihnen und der jederzeit mögliche Ausstieg. Es ist schwer vorstellbar, dass auf diese Weise eine vergleichbare Sphäre gegenseitiger Zuneigung, vorbehaltlosen Vertrauens sowie einer subtilen Kontrolle durch das Kollektiv entstehen kann, wie sie bei den bisher bekannten Gruppen, etwa jener um Atta, welche den Megaanschlag vom 11. September 2001 in den USA durchführte, oder auch jener, die für den Anschlag im März 2004 in Madrid verantwortlich war, beobachtet wurde. Die spezielle Sphäre gegenseitiger Verbundenheit ist aber eine wichtige, wenn nicht unabdingbare Voraussetzung für die Durchführung komplexerer, an eine längerfristige Vorbereitung geknüpfter Anschlagsprojekte. Rein handwerklich ist zu bezweifeln, ob per E-Mail ausgetauschte Informationen und Instruktionen das handfeste, im *face to face*-Kontakt vermittelte Wissen darüber ersetzen können, wie etwa ein Explosivkörper zu bauen und zu zünden ist. Etliche – glücklicherweise – fehlgeschlagene Bombenanschläge in jüngster Zeit sprechen dagegen.

6. Sozialrevolutionärer, ethnisch-nationalistischer und rechtsradikaler Terrorismus

Bisher war allgemein vom »Terrorismus« und »den Terroristen« die Rede, als handle es sich um ein weitgehend einheitliches Phänomen. In der Tat teilen sämtliche terroristischen Verbände gewisse Grundzüge, zum Beispiel eine relativ schwache Position gegenüber dem angegriffenen Machtapparat und das Setzen auf eine Strategie primär symbolischer, nicht instrumenteller Gewalt. Daneben gibt es jedoch auch Unterschiede, wie wir gesehen haben, beispielsweise was ihre Größe, ihr Wirtschaftsgebaren oder ihr Verhältnis zur Technik betrifft. Auch die politische Kultur, in die sie eingebettet sind, bleibt nicht ohne Einfluss auf ihre Vorgehensweise. Keiner dieser Faktoren kommt indes an Bedeutung den Zielen der Terroristen und dem damit verbundenen motivationalen Hintergrund ihres radikalen Engagements gleich. Denn letztlich sind es vor allem bestimmte, mit großer Inbrunst und Energie vertretene und mit anderen geteilte Überzeugungen, welche die Entstehung dieser Gruppen und ihre teils äußerst zähe Überlebenskraft erklären. Von daher führt, will man zu einer sinnvollen Typologie kommen, kein Weg an der Frage nach den Leitideen vorbei, die das terroristische Handeln tragen und bestimmen.

Im Wesentlichen sind es vier Motivlagen, zwischen denen es allerdings teilweise fließende Übergänge und Überlappungen gibt: das Streben nach einer revolutionären Veränderung der gesellschaftlichen und politischen Strukturen im Sinne der Ideen von Marx; der Wille ethnischer Minderheiten oder unterdrückter Völker nach staatlicher Eigenständigkeit, zumindest aber nach vermehrter politischer

Autonomie; ein dritter Teiltypus sind Bewegungen, die am Staat vorbei, unter Verletzung der Gesetze, die bestehende soziale Ordnung zu schützen vorgeben – man kann sie als rechtsradikalen oder vigilantistischen Terrorismus bezeichnen. Die vierte Teilkategorie bildet der religiös motivierte Terrorismus. Die ersten drei Typen sind Gegenstand dieses Kapitels; das nächste Kapitel wendet sich dem in den vergangenen Jahren mächtig aufkommenden religiösen Terrorismus zu.

Die vorgenommene Einteilung geht von der Annahme aus, dass eine terroristische Gruppe samt ihren ideologischen Rechtfertigungen und Zielen nicht von ungefähr entsteht, sondern einen bestimmten gesellschaftlich-historischen Hintergrund widerspiegelt, der seinerseits wieder durch ihr Vorgehen eine spezifische Aktivierung erfährt. Dieses Wechselverhältnis soll im Folgenden anhand von zwei konkreten Fällen des sozialrevolutionären und des ethnisch-nationalistischen Terrorismus herauspräpariert werden. Was den sozialrevolutionären Terrorismus betrifft, wählen wir als Beispiel die deutsche RAF, für den ethnisch-nationalistischen Terrorismus die baskische ETA.

Der Fall der Roten Armee Fraktion

Bis weit in die 1960er Jahre blieb die Bundesrepublik Deutschland von terroristischen Gewalttaten verschont. Die Jahre des Wiederaufbaus hatten einen Großteil der Kräfte für die Sicherung der privaten Existenz gebunden. Der kraftvolle wirtschaftliche Aufschwung, die Integration des Millionenheers der Flüchtlinge und Vertriebenen sowie der Wiedergewinn nationalen Ansehens schufen der parlamentarischen Demokratie eine breite Konsensgrundlage. Nach dem Ende der Ära Adenauer veränderten sich die politischen Rahmenbedingungen. Mitte der 1960er Jahre zeichnete sich ein erster wirtschaftlicher Einbruch ab. Die regierenden Unionsparteien verloren an ihrem Rand an Integrationskraft, und eine deutsch-nationalistische Sammlungsbewegung, die NPD, zog seit 1966 in die meisten

Landesparlamente ein. Die Sozialdemokraten hatten sich mit dem Godesberger Programm von marxistischem Ballast getrennt und schwenkten in wesentlichen Punkten – Westintegration, Bundeswehr, soziale Marktwirtschaft – auf die Regierungslinie um. Dadurch kappten sie aber unweigerlich die traditionelle Verbindung zur institutionell nicht eingebundenen Linken. Die Bildung der großen Koalition von SPD und CDU/CSU ließ nur eine schwache parlamentarische Opposition, die FDP, zurück und trug zur Stärkung außerparlamentarischer Kräfte bei.

Eine studentische Protestbewegung bildete sich heraus. Sie begann mit hochschulpolitischen Forderungen, weitete sich jedoch thematisch mehr und mehr aus und mündete in den Ruf nach einer radikalen Umgestaltung der bestehenden Verhältnisse. Vertreter der in den Nachkriegsjahren groß gewordenen jungen Generation übten aus einer neomarxistischen Sicht Fundamentalkritik an der »bürgerlichen Demokratie« und ihrer »kapitalistischen Warenwelt«. Diskussionen über die Legitimität des »Widerstandes« und der »Gewalt« schlossen sich an. Damit wurde der Idee des gewaltsamen Aufbegehrens gegen die bestehende Ordnung ihr Tabucharakter genommen, zumal ähnliche Diskussionen auch in anderen westlichen Industriegesellschaften geführt wurden. Sie gewann an allgemeiner Akzeptanz, und einige fühlten sich geradezu zum bewaffneten Widerstand gegen den »Unrechtsstaat« verpflichtet.

In den 1970er Jahren wurde die Bundesrepublik Deutschland zum Schauplatz einer Serie terroristischer Anschläge: Angriffe auf öffentliche Gebäude und Einrichtungen, Überfälle auf Sparkassen und Banken und Mordanschläge, meist mit tödlichem Ausgang. Ihre Urheber waren drei Gruppierungen, die Rote Armee Fraktion (RAF), die Bewegung 2. Juni und die Revolutionären Zellen (RZ). Aus der inzwischen abgeklungenen Studenten- und Protestbewegung der 1960er Jahre entstanden, teilten alle drei die strikte Ablehnung der Bundesrepublik als ein angeblich faschistisches, imperialistisches Staatsgebilde, das es im Namen sozialrevolutionärer Zukunftsvorstellungen zu zerstören galt. Ihre terroristischen Aktionen zielten vor allem auf die Befreiung der bundesdeutschen Arbeiterklasse vom kapitalistischen Joch, eine Befreiung, die dem Kapitalismus auf Weltebene einen entscheidenden Schlag versetzen und in einer Kettenreaktion zur Abschüttelung der imperialistischen Herrschaft durch die notleidenden und ausgebeuteten Massen in der Dritten Welt führen sollte. Unmittelbar ging es darum, den Staat durch provokative Gewaltakte zu zwingen, seine heuchlerische rechtsstaatlich-demokratische Fassade abzustreifen und sein wahres faschistisch-repressives Gesicht zu zeigen. Der zunehmende Widerstand der Arbeiterschaft gegen diesen Unterdrückerstaat würde, so die Annahme, mit einer allgemeinen Volkserhebung enden, welche das Ende der kapitalistisch-faschistischen Machtordnung besiegeln und die Schaffung eines sozialistischen Gesellschaftssystems ermöglichen sollte.

Als einflussreichste der drei Gewaltgruppen erwies sich die RAF. Sowohl hinsichtlich der Intensität und Öffentlichkeitswirksamkeit der Anschläge als auch der Produktion von ideologischen Texten und Rechtfertigungsschreiben übertraf sie die anderen deutlich. Es handelte sich dabei um eine Organisation mit einer zentralistischen Struktur und einer strengen Disziplin, deren Mitglieder der revolutionären Sache fanatisch ergeben und zudem durch starke affektive Bindungen aneinandergeschweißt waren. Die von ihrer Unbeugsamkeit geprägte Ausstrahlung und Suggestivkraft konnten auch durch die baldige Inhaftierung der ersten Generation von Organisationskadern nicht gebrochen werden. Vielmehr gelang es den RAF-Aktivisten, aus dem Gefängnis heraus eine Nachfolgeorganisation aufzubauen, dafür neue Mitglieder zu gewinnen und diese zur Fortsetzung der Gewaltanschläge zu stimulieren. Insgesamt bewies die Gruppierung über ein gutes Jahrzehnt hinweg eine bemerkenswerte Kohäsion und Schlagkraft; erst in den 1980er Jahren zeigten sich Schwächesymptome.

Dabei war der Kreis der Anhänger und Sympathisanten, aus dem sie ihren Nachwuchs rekrutierte, keineswegs groß; er dürfte zu keinem Zeitpunkt mehr als einige Hundert Personen betragen haben. Diese gehörten, wie die Mitglieder der RAF selbst, vorwiegend der mittleren oder sogar gehobenen Mittelschicht an, waren

Studenten, Akademiker oder sonstige Vertreter intellektueller Berufe. Bei den Linksparteien, Gewerkschaften und anderen linksorientierten Gruppen in der Bundesrepublik stießen die Gewaltaktivisten auf einhellige Ablehnung; dasselbe gilt für die Arbeiterschaft, ihre Hauptzielgruppe. Dies lag nicht nur daran, dass ihre These vom repressiv-faschistischen Charakter der Bundesrepublik Deutschland schwer nachvollziehbar und jedenfalls mit den Alltagserfahrungen des Durchschnittsbürgers unvereinbar war. Vor allem auch die Überheblichkeit und der Absolutheitsanspruch, mit dem die RAF-Intellektuellen ihre »Wahrheiten« verkündeten, trugen dazu bei. Diese Arroganz verprellte auch jene, die für ihr Anliegen prinzipiell aufgeschlossen waren.

Der Fall der baskischen ETA

Lange Zeit stand der baskische Nationalismus im Schatten des viel kraftvoller agierenden und für die spanische Zentralregierung relevanteren katalanischen Nationalismus. Erst in jüngerer Zeit hat die immer wieder für Schlagzeilen sorgende baskische Autonomiebestrebung die katalanische Parallelbewegung an Bedeutung und Brisanz überflügelt. Die Entwicklung der beiden nationalistischen Strömungen vollzog sich in zwei zeitlichen Schüben.

Der erste dieser Schübe setzte in der zweiten Hälfte des 19. Jahrhunderts ein. Er stand in engem Zusammenhang mit einem beschleunigten Wachstum des industriellen Sektors, durch das beide Regionen zu dynamischen Zentren wirtschaftlicher Modernisierung wurden und zahlreiche Zuwanderer aus ärmeren Gebieten der Iberischen Halbinsel anzogen. Die zweite nationalistische Welle fiel in die 1960er Jahre. Sie bildete unter anderem eine Reaktion auf das autoritäre Franco-Regime, das, aus einem blutigen Bürgerkrieg (1936–1939) siegreich hervorgegangen, alles daransetzte, Spanien zu einem zentralistischen Einheitsstaat umzuformen.

Dies schien zunächst auch zu gelingen. Ab den späten 1950er, frühen 1960er Jahren zeigte sich jedoch, dass das nationalistische

Bewusstsein in den beiden nordspanischen Regionen keineswegs ausgelöscht war, sondern unter der Oberfläche einer rein äußerlichen Anpassung an die Symbole und Normen des Zentralstaates weiterlebte. Wie im 19. Jahrhundert ging der Renaissance des Nationalismus ein wirtschaftlicher Aufschwung voraus, der den industriellen Vorsprung der beiden Regionen vertiefte und erneut Einwanderungsströme, vor allem aus dem spanischen Süden, auslöste. War jedoch der Katalanismus, einem traditionellen Muster folgend, vom Besitz- und Bildungsbürgertum geprägt, das einen gemäßigten Kurs vertrat, so wurde die weitere Entwicklung im Baskenland entscheidend von einem neuen politischen Akteur beeinflusst, der separatistischen Gewaltorganisation ETA.

Die ETA war ursprünglich aus der Initiative einer Gruppe von Studenten entstanden, die sich das gemeinsame Studium der baskischen Sprache und Literatur zum Ziel gesetzt hatten. Wenn diese anfänglich friedfertigen Studenten mehr und mehr radikalisiert wurden, so lag dies vor allem erstens an der Verfolgung und unnachsichtigen Unterdrückung sämtlicher kulturellen Äußerungen der Basken durch die spanischen Sicherheitsorgane, die sogar das Singen baskischer Lieder unter Verbot stellten. Der seiner ethnischen Besonderheit bewusste junge Baske stand vor der Alternative, seine Herkunft entweder zu verleugnen oder zu kämpfen. Der zweite Grund war das Fehlen einer mäßigenden politischen Kraft, welche die Belange der Region glaubwürdig gegenüber der Zentralregierung vertreten und dadurch dämpfend auf den jugendlichen Aktivismus eingewirkt hätte. Die wichtigste regionale Partei, die bürgerliche Baskische Nationalpartei (PNV), war nach der Niederlage der Nationalisten im Bürgerkrieg nach Paris ins Exil ausgewichen und in der Region kaum mehr präsent.

Nachdem die ETA in den 1960er Jahren einmal auf den Gewaltkurs eingeschwenkt war, hielt sie an ihm fest. Zwar gab es in den Führungsgremien wiederholt Diskussionen darüber, ob im Interesse einer politischen Öffnung nicht ein Verzicht auf Gewaltaktionen geboten sei. Diese Auseinandersetzungen führten auch mehrmals zu organisatorischen Absplitterungen und Teilungen. Doch verstanden es die Vertreter des »harten« Flügels stets, sich die Hegemonie innerhalb der Bewegung zu sichern. Nicht selten schufen sie durch Entführungen, Morde etc. vollendete Tatsachen, welche die Regierung und den Sicherheitsapparat zu harten Reaktionen zwangen, die für gegenseitige Annäherung keinen Spielraum ließen. Gruppen und Kräfte, die nicht diese harte Linie billigten, wurden entweder aus dem Gewaltverband ausgestoßen oder verließen ihn freiwillig.

Was die baskische Öffentlichkeit besonders beeindruckte, waren der Mut und die Entschlossenheit, mit denen die »Etarras« sich einem scheinbar aussichtslosen Kampf stellten. Als bezeichnend in diesem Sinn kann ihr Verhalten im Burgos-Prozess von 1970 gelten, der internationale Aufmerksamkeit erregte. Vom Franco-Regime als Schautribunal gegen aufsässige Landesverräter inszeniert, wurde das Verfahren von den beschuldigten ETA-Mitgliedern zu einem Anklageforum gegen die Diktatur umfunktioniert. Rückblickend ist die Hauptbedeutung der ETA während der Franco-Zeit darin zu sehen, dass sie dem kulturellen Überlebenswillen des kleinen Volkes öffentlich Ausdruck verlieh. Ihre Anschläge demonstrierten die Verwundbarkeit des diktatorischen Regimes und retteten gleichzeitig die Ehre und das Selbstwertgefühl der diskriminierten Minderheit. Deren kollektiver Unmut kam ab 1970 in zahlreichen Demonstrationen und Streiks zum Ausdruck.

Insbesondere die Generalstreiks zeugten von einer politischen Sensibilisierung und Mobilisierung der baskischen Bevölkerung, die auch nach Francos Tod nicht abflauten. Die Empörung der Ethnie über das ihr zugefügte Unrecht war so groß, die daraus entspringende Ablehnung des Madrider Zentralismus so intensiv, dass sie sich auch auf die parlamentarische Monarchie erstreckten, welche die Nachfolge der Franco-Diktatur antrat. Nur ein klarer Bruch der neuen demokratischen Führungseliten mit dem franquistischen Herrschaftssystem hätte dies verhindern können. Ein solcher Bruch wurde nicht vollzogen – generell nicht und ebenso wenig hinsichtlich der eingespielten Verhaltensmuster der Zentralbehörden gegenüber der kleinen Region: Die unter Franco eingesperrten Basken wurden nur zögernd freigelassen; die spanischen Sicherheitskräfte griffen bei Demonstrationen in der kantabrischen Region weiterhin sehr hart durch; eine verfassungsrechtliche Anerkennung der Autonomierechte des kleinen Volkes ließ bis 1979 auf sich warten. Dieses Zögern Madrids einerseits, das ungeduldige Drängen der radikalnationalistischen Kräfte im Baskenland nach mehr Eigenständigkeit andererseits erklärt, warum in der zweiten Hälfte der 1970er Jahre die Zahl der ETA-Attentate nicht zurückging, sondern sich noch erheblich steigerte.

Erst im Laufe der 1980er Jahre setzte die zunehmende Distanzierung breiter baskischer Bevölkerungsgruppen von der Gewaltorganisation ein. Die Gründe hierfür lagen zum einen in der offensichtlichen Brutalität und Unmenschlichkeit der ETA-Aktionen, die im Unterschied zu den Anschlägen während der Franco-Zeit ohne jegliches persönliche Risiko für die Terroristen – oft sogar in geradezu feiger Weise – ausgeführt wurden. Zum anderen mussten selbst die fanatischsten Nationalisten einsehen, dass angesichts der von der Verfassung zugestandenen politischen Freiheits- und Partizipationsrechte ein Festhalten am Gewaltkurs nicht mehr zu rechtfertigen war. Aus dieser Einsicht heraus erscheint die ETA heute als ein anachronistisches Überbleibsel aus einer anderen Ära, das der nationalen Sache mehr schadet als nützt.

Die beiden »Fallgeschichten« klingen recht unterschiedlich, und in der Tat spiegeln sie unterschiedliche historische Ausgangslagen und strukturelle Rahmenbedingungen wider. Diese sollen nach drei thematischen Komplexen aufgeschlüsselt werden:

1. nach dem geschichtlichen Hintergrund, den »Ursachen« und Auslösern der terroristischen Bewegung sowie nach der jeweiligen politischen Kultur;
2. nach den Zielen der terroristischen Gruppen, ideologischen Rechtfertigungen, besonderen Zügen der Organisation und der Anschläge;
3. nach der sozialen Herkunft der Terroristen und deren Beziehung zum engeren und weiteren gesellschaftlichen Umfeld.

Der geschichtliche Hintergrund

Der Terrorismus der deutschen RAF hatte, ähnlich wie jener der französischen »Action Directe«, einen modernen Industriestaat auf dem Höhepunkt seiner Entwicklung zum Schauplatz. Er fand zu einem Zeitpunkt statt, in dem größere soziale und politische Probleme, etwa in Form einer Zuspitzung sozialer Verteilungskämpfe, nicht erkennbar waren. Zwar fällt bei näherem Hinsehen auf, dass Deutschland und Italien, in denen sich sozialrevolutionäre terroristische Bewegungen am stärksten und nachhaltigsten entfalteten, aufgrund ihrer faschistischen Vergangenheit ein verschlepptes nationales Identitätsproblem hatten. Doch kann dieses allein nicht ausschlaggebend gewesen sein, da auch andere westliche Staaten, wie etwa die USA, zur gleichen Zeit von ähnlichen Bewegungen heimgesucht wurden.

Stark verkürzt könnte man sagen, dass nicht »objektive« Bedingungen, etwa politische Unterdrückung und täglich erfahrenes Unrecht, zur Entstehung zunächst einer militanten studentischen Protestbewegung und später terroristischer Gruppen führten, sondern ein politischer Bewusstseinswandel: Im Licht neomarxistischer und anarchistischer Lehren, die in den 1960er Jahren an den Universitäten eine starke Verbreitung erfuhren, bekamen Errungenschaften wie der demokratische Rechtsstaat und die soziale Marktwirtschaft einen schalen Beigeschmack. Sie wurden als künstliche Fassade abgetan, hinter der massive Manipulation waltete und sich strukturelle Gewalt anhäufte. Zu den Merkmalen politischer Kultur zählte, dass der Staat ein unangefochtenes Gewaltmonopol errungen hatte. Da Zwang und Gewalt im Alltagsleben nicht mehr präsent waren, verlagerte sich die Kritik der Linken auf die »unsichtbaren Zwänge«, die von der modernen Konsumgesellschaft und ihren Machteliten ausgingen. Die paradoxe Argumentation lautete, die Freiheit des Einzelnen werde desto bedrohlicher und effektiver eingeschränkt, je weniger greifbar die Kontrollmechanismen seien, die auf ihn einwirkten. Das Bewusstsein, mit diesen Behauptungen nicht alleine zu stehen, sondern eingebunden zu sein in eine transnationale Widerstandsfront gegen den Spätkapitalismus, verstärkte die kollektive Protestbereitschaft zusätzlich.

Wenden wir nunmehr den Blick auf das Baskenland, das als weitgehend repräsentativ für weitere Minderheitenregionen wie Korsika, Nordirland oder Südtirol gelten kann, so fallen auf Anhieb gewichtige strukturelle Unterschiede hinsichtlich der Ausgangslage für den Protest ins Auge:

- Zwar profitierten auch diese Randregionen vom europaweiten wirtschaftlichen Aufschwung, doch teilweise in geringerem Maße als die jeweiligen nationalen Kernregionen. Außerdem vertiefte sich im Zuge der wirtschaftlichen Modernisierung die Abhängigkeit der »Peripherien« von den Entscheidungsträgern und -instanzen des jeweiligen Zentrums.
- Modernisierungstheoretiker hatten vorhergesagt, die wirtschaftliche und gesellschaftliche Entwicklung werde zu einer Angleichung der verschiedenen Regionen eines Landes und der Herausbildung eines einheitlichen staatsbürgerlichen Bewusstseins beitragen. Genau das Gegenteil war der Fall: Aufgrund des zunehmenden Nivellierungsdrucks entdeckten die ethnischen und regionalen Minderheiten ihr Anderssein neu und wehrten sich gegen die Einschmelzung in eine Einheitskultur.
- Einschmelzung drohte nicht nur aufgrund übergreifender gesellschaftlicher Modernisierungsprozesse, sondern auch von Seiten der Zentralregierungen. Diese übergingen zunehmend die Belange der Minderheiten und setzten in der Sprach-, Kultur-, aber auch der Wirtschafts- und Verwaltungspolitik einseitig die Interessen des »Zentrums« durch. Dies geschah in besonders handgreiflicher Weise von Seiten des Franco-Regimes in Spanien. Doch auch demokratisch legitimierte Zentralbehörden wie jene Frankreichs und Italiens scheuten sich nicht, die eigenen Machtbefugnisse gezielt auf Kosten der jeweiligen regionalen Minderheiten auszudehnen. Hier gab es keine Konflikte »zu erfinden«, sondern sie waren im politischen Alltag dauernd präsent und sorgten für Gesprächsstoff.
- Dies war keine prinzipiell neue Erfahrung. An der europäischen

Peripherie, sei es in Nordirland, auf Korsika, in Sizilien oder im Baskenland, hatte der Zentralstaat das von ihm beanspruchte Gewaltmonopol stets nur bedingt realisieren können. Das bewaffnete Selbsthilferecht war daneben nie gänzlich in Vergessenheit geraten. An diese Selbsthilfetradition konnten die in terroristischen Anschlägen gipfelnden Protestaktionen anknüpfen.

- Schließlich waren die ethnischen Protestbewegungen international nicht durch ein ähnliches ideologisches Solidaritätsband miteinander verbunden wie die sozialrevolutionären Protestgruppen. Streng genommen kämpfte jede für sich um ihre eigenen Autonomierechte; allerdings gab es sporadische Kontakte zwischen ihnen.

Ziele der terroristischen Gruppen

Die unterschiedlichen strukturellen Ausgangsbedingungen von sozialrevolutionärem und ethnisch-nationalistischem Terrorismus finden ihren Niederschlag in differierenden Zielprogrammen, teils auch Strategien. Die marxistisch orientierten Terroristen zielten auf eine umfassende revolutionäre Umgestaltung von Staat und Gesellschaft ab. Wirtschaft, Verwaltung, Politik und Kultur, alles sollte radikal verändert, die sozialen Machtchancen sollten so neu verteilt werden, dass jeder im Prinzip gleich sein würde und ein Leben gemäß seinen Bedürfnissen führen könnte. Besonders interessant ist die Frage nach dem revolutionären Subjekt, jener sozialen Gruppe oder Schicht, die der Hauptträger des revolutionären Prozesses sein sollte. Bezeichnenderweise suchten die Mittelschichtintellektuellen der RAF das revolutionäre Subjekt überall, nur nicht in der eigenen sozialen Klasse. Einmal wurde, ganz im klassisch marxistischen Sinn, die deutsche Arbeiterklasse für diese Rolle ausersehen, dann die »elenden und unterdrückten Massen« in den ehemaligen Kolonien der Dritten Welt, schließlich Asoziale, Marginalgruppen oder die Terroristen selbst.

Es gab bei den protestierenden Studenten und RAF-Terroristen eine ungebrochene Kontinuität der konsequenten Distanzierung von der eigenen Großgruppe, sei es die eigene Gesellschaftsklasse, die eigene Nation oder der eigene Staat, und stattdessen eine Hinwendung, ja Identifikation mit einer »als interessiert unterstellten« Drittgruppe (Herfried Münkler).

Weitere charakteristische Züge des bundesdeutschen Terrorismus lagen in der komplizierten theoretischen und strategischen Begründung der Gewaltanschläge und in der sorgfältigen Auswahl der Opfer. Nicht nur für den deutschen Durchschnittsbürger, auch für Sympathisanten in der damaligen Linksszene war es schwierig, den Deduktionen der Terroristen zu folgen. Das galt sowohl für ihre Analysen vom repressiv-faschistischen Charakter des deutschen Nachkriegsstaates als auch für ihr Mehrstufenkalkül, wie dieser zu Fall zu bringen sei. Nie ist es ihnen durch ihre Schriften und Anschläge gelungen, den Eindruck einer gewissen Plausibilität ihres Vorgehens zu vermitteln und die allgemeine Vorstellung auszuräumen, hier seien ein paar fanatische, übersensible Intellektuelle am Werk, die den Bezug zur Realität verloren hätten. Allerdings kann man der RAF im Rückblick bescheinigen, dass sie von der Gewalt, deren symbolischer Funktion entsprechend, einen äußerst selektiven Gebrauch machte – insbesondere im Vergleich mit anderen terroristischen Organisationen.

In fast allen genannten Punkten lassen sich klare Unterschiede zur baskischen ETA beziehungsweise anderen ethnisch motivierten Gewaltorganisationen erkennen. Wir begnügen uns auch hier mit einigen Stichworten:

- Wenngleich auch die ethnisch beziehungsweise nationalistisch inspirierten Gewaltorganisationen der damaligen Zeit von dem vorherrschenden ideologischen Linkstrend nicht unberührt blieben, stand doch ein anderes Anliegen im Mittelpunkt ihres Aufbegehrens: die Einforderung vermehrter Autonomierechte oder gar die Gründung eines separaten Nationalstaates. Dieser Plan wurde mit der angeblichen Existenz einer heilen Volksgemeinschaft in ferner Vergangenheit gerechtfertigt, die anschließend durch das Einwirken des Zentralstaates zerstört worden und nun nach Möglichkeit erneut herzustellen sei. In ihn gingen demzufolge sowohl reaktive als auch »proaktive«, also zukunftsorientierte Elemente ein, die sich in spezifischer Weise miteinander verbanden.

- Ethnische Terroristen identifizierten sich nicht mit Drittgruppen, sondern mit ihrer eigenen Volksgruppe. Durch den Zentralstaat oder eine rücksichtslose Mehrheit in Bedrängnis gebracht, musste diese sich wehren und im Extremfall um ihr Überleben als Kulturgemeinschaft kämpfen. Ethnische Gewalt ist, im Unterschied zu den auf radikale Verbesserungen abzielenden sozialrevolutionären Terroristen, ihrem Ursprung nach primär Verteidigungsgewalt.
- Teilweise sind die theoretischen Ausführungen separatistischer Wortführer der 1960er und 1970er Jahre ebenfalls nicht ohne weiteres verständlich. Doch ließen sich ihre Zielvorstellungen und Gewaltaktivitäten insgesamt viel leichter einem breiten Publikum vermitteln, als dies beim sozialrevolutionären Terrorismus der Fall war und ist. Basierten sie doch auf eindeutigen, jedermann vertrauten Kategorien und Interessenlagen: Zentralstaat versus Peripherieregion, ethnische Mehrheit versus Minderheit(en). Die klare Definition und Ausgrenzung des Feindes schloss ein im Vergleich zum sozialrevolutionären Terrorismus massiveres Vorgehen gegen ihn ein. Die Opferzahlen, die auf das Konto ethnisch oder nationalistisch motivierter terroristischer Anschläge gehen, übersteigen die marxistischer terroristischer Gruppen zumindest in Europa und in den USA deutlich.

Soziale Herkunft der Terroristen

Die bislang aufgezählten strukturellen Differenzen setzen sich bis zur sozialen Schichtherkunft der Terroristen und deren Einbettung in ein breiteres soziales Umfeld fort. Die RAF bildete insoweit einen Extremfall. Die weitaus überwiegende Mehrheit ihrer Mitglieder stammte aus der gehobenen Mittelschicht. In anderen sozialrevolutionären Terroristenverbänden ist die Schichtherkunft der Kombattanten stärker gestreut. Beispielsweise begegnen wir bei den italienischen »Roten Brigaden« oder den argentinischen Montoneros auch jungen Leuten aus niedrigeren Sozialschichten. Doch insgesamt sind diese Bewegungen schwerpunktmäßig dem akademischen Mittelschichtmilieu zuzuordnen. In ihren Organisationskadern spielen Frauen, auch in führenden Positionen, eine wichtige Rolle, wie wir bereits am Präzedenzfall der russischen Anarchisten des 19. Jahrhunderts gesehen haben. Nicht selten haben die Mitglieder bereits einen über mehrere Stufen gehenden politischen Sozialisations- und Radikalisierungsprozess durchlaufen, bevor sie schließlich zu der Gewaltorganisation stoßen. Denn eine künftige politische Gewaltkarriere wurde ihnen nicht »in die Wiege« gelegt. Mehrheitlich wurden sie in einem Elternhaus großgezogen, das zwar tendenziell nach links hin orientiert war, jedoch Gewalt als Mittel für politische Veränderungen ablehnte. Entsprechend reißen nach dem Anschluss an die gewalttätige Untergrundorganisation die Kontakte zu Verwandten sowie früheren Freunden und Bekannten, die einem gemäßigteren politischen Milieu angehören, in der Regel ab. Was für den einzelnen Terroristen zutrifft, gilt gleicherweise auch für die Organisation als ganze. Mit dem Übergang zu Gewaltanschlägen entfremdet sie sich und isoliert sich von anderen Linksbewegungen, auch außerinstitutionellen, systemkritischen. Dieser Schritt vollzog sich besonders krass in Deutschland, wo das allgemeine Gewaltverbot sehr ernst genommen wird, während beispielsweise in Italien noch über längere Zeit Kontakte zwischen den Terroristen und linksrevolutionären Arbeitergruppen aufrechterhalten wurden. In Deutschland verblieb den Terroristen nur eine begrenzte Zahl von Sympathisanten – vermutlich einige Hundert – als logistische Hilfstruppe, die sie aus den unterschiedlichsten Gründen unterstützte.

Auch insoweit bietet der ethnische Terrorismus ein grundverschiedenes Bild:

- Ethnisch beziehungsweise nationalistisch motivierte Terroristen stammen mehrheitlich nicht aus der akademischen Mittelschicht, sondern gehören eher einem »populistischen«, von der Unterschicht bis zur unteren Mittelschicht reichenden Sozialmilieu an. Für ihre Entscheidung, sich den Gewaltaktivisten anzuschließen, ist weniger eine intellektuell vermittelte Einsicht ausschlaggebend. Stattdessen wird sie getragen von dem allmählich heranreifenden Gefühl beziehungsweise der Überzeugung, das der eigenen Bevölkerungsgruppe zugefügte Unrecht nicht länger passiv hinnehmen zu dürfen, sondern sich dagegen wehren zu müssen.

- Mit diesem Schritt isoliert sich der ethnische beziehungsweise nationalistische Terrorist nicht von seiner Herkunftsgruppe. Vielmehr darf er davon ausgehen, dass seine Entscheidung von einem beträchtlichen Teil seines engeren sozialen Umfeldes gebilligt wird, er deshalb sogar Respekt und Bewunderung ernten wird. Zählt beim sozialrevolutionären Terrorismus ein mehr oder weniger deutlicher Generationenkonflikt zu dessen Hauptursachen, so ist für den ethnischen Radikalismus demgegenüber eher eine Generationenkontinuität kennzeichnend. Der junge Terrorist tritt mit seinem Entschluss, für die nationalistische Sache zu streiten, in die Fußstapfen seines Vaters/Großvaters oder anderer naher Verwandter, eine »Tradition«, die besonders in Nordirland sehr ausgeprägt ist.
- Sowenig der Einzelne mit seinem Eintritt in die terroristische Organisation die inneren und äußeren Bande zum sozialen und familialen Umfeld kappt, so wenig tut dies der Verband insgesamt. Selbst wenn nur etwa 15 Prozent der jeweiligen Minderheit uneingeschränkt hinter ihm stehen, wie dies über Jahrzehnte hinweg in Nordirland und im Baskenland der Fall war, so ist diese Prozentzahl für das Überleben der Gewaltorganisation ausreichend. Denn diese 15 Prozent machen bei einer Minderheitsbevölkerung von zwei bis drei Millionen mehrere Hunderttausend aktive Anhänger aus.

In Abbildung 14 sind die wesentlichen Unterschiede zwischen sozialrevolutionärem und ethnisch-nationalistischem Terrorismus stich-

Abb. 14: Sozialrevolutionärer und ethnisch-nationalistischer Terrorismus im Vergleich

Kriterium	sozialrevolutionärer Terrorismus	ethnisch-nationalistischer Terrorismus
gesellschaftliche Rahmenbedingungen	hochentwickelte Industriegesellschaften	Peripherieregionen, von Metropolen abhängig, teils relativ entwickelt, teils zurückgeblieben
sozioökonomische, institutionelle und mentale Ursachen	Bewusstseinswandel unter Einfluss des Neomarxismus	effektive Gefährdung der Regional- bzw. Minderheitenkultur durch Modernisierung, Zu- oder Abwanderung und Machtausdehnung des Zentralstaates
politische Kultur	Gewaltmonopol des Staates, das jedoch durch studentische Protestbewegungen in Frage gestellt wird	eingeschränktes staatliches Gewaltmonopol; Tradition der Konfliktivität und der gewaltsamen Selbsthilfe
Ziele, ideologische Begründung	radikale Veränderung von Staat und Gesellschaft im Sinne marxistischer Ideologie	vermehrte Autonomie oder Gründung eines eigenen Staates unter Berufung auf historisch gewachsene Besonderheit
Identifikation mit Eigen- oder Fremdgruppe	Identifikation mit als interessiert unterstellter Drittgruppe, Distanzierung von Eigengruppe	Identifikation mit bedrohter Eigengruppe
Vermittelbarkeit der Ziele und Aktionen	ideologische Botschaft schwer vermittelbar, desgleichen Sinn terroristischer Anschläge	Ziele und gewaltsames Engagement sind für breitere Minderheitsschichten einsichtig

Kriterium	sozialrevolutionärer Terrorismus	ethnisch-nationalistischer Terrorismus
sozialstatistische Merkmale der Terroristen	überwiegend aus akademischer Mittelschicht, Frauen stark vertreten	aus populistischem Sozialmillieu, d. h. unterer Mittelschicht oder Unterschicht; schwache Repräsentanz von Frauen
soziale Einbindung der Terroristen	gesellschaftlich isoliert; Generationenkonflikt; numerisch begrenzte Sympathisantenszene	abgestützt durch breites Bevölkerungssegment innerhalb der Minderheit; soziale Einbettung in Primärgruppen bleibt erhalten; Generationenkontinuität

Quelle: Peter Waldmann: »Ethnic and Sociorevolutionary Terrorism: A Comparison of Structures«, in: Donatella della Porta (Hrsg.): Social Movements and Violence: Participation in Underground Organization, *Greenwich/London 1992, S. 237–258*

wortartig zusammengefasst. Diese schematische Gegenüberstellung gibt Anlass zu vier ergänzenden Bemerkungen. Erstens wird aus ihr plausibel, warum der ethnisch-nationalistische Terrorismus, aufs Ganze gesehen, wesentlich zählebiger und »erfolgreicher« ist als sein sozialrevolutionärer Counterpart. Er ruht auf einem breiteren und solideren Fundament, ist weniger gekünstelt und leichter nachvollziehbar, wohl auch, was seine Ziele betrifft, leichter in Etappen realisierbar als der sozialrevolutionäre Terrorismus. Zweitens muss betont werden, dass es sich bei dem Schema um reine Typen, das heißt Idealtypen im Sinne Max Webers, handelt. Nicht von ungefähr sind die beiden Beispiele dem europäischen Kontext entnommen, wo solch idealtypische Ausprägungen relativ häufig anzutreffen sind. In den weniger entwickelten Ländern, zum Beispiel in Lateinamerika, begegnet man überwiegend Mischtypen, das heißt einer Kombination und Überschneidung linksrevolutionärer und nationalistischer, in diesem Fall antiimperialistischer, Zielsetzungen und

Ideologien. Entsprechend vermischen sich dort auch die Strukturmerkmale der beiden Grundtypen. Drittens kann es durchaus passieren, dass ein terroristischer Verband im Verlaufe seiner 15- oder 20-jährigen »Karriere« allmählich seine ideologische Orientierung ändert. So wanderten die argentinischen Montoneros, die zunächst als rechtskatholische Vereinigung auf den Plan getreten waren, im Laufe der Zeit immer weiter nach »links«, während die ursprünglich einen links-nationalistischen politischen Kurs vertretende baskische ETA mittlerweile den sozialistischen Teil ihres politischen Programms zunehmend unter den Tisch fallen lässt. Solche ideologischen Schwenkungen sind weniger Ausdruck eines ernsthaften und wohlüberlegten Richtungswechsels als einer Anpassung an den gewandelten Zeitgeist, das heißt eines gewissen Opportunismus. Dieser tritt umso deutlicher hervor, je länger die Organisationen existieren. So ist denn unsere vierte und letzte Anmerkung in diesem Zusammenhang, dass die aufgezeigten Strukturunterschiede vor allem in der Entstehungsphase dieser Gruppen und in der Anfangsphase ihres Wirkens von Bedeutung sind. Je länger sie existieren, desto mehr gewinnen reine Selbsterhaltungstendenzen die Oberhand, die zu ihrer allmählichen strukturellen Annäherung führen, unabhängig von dem ideologischen Vorzeichen, unter dem sie ihre terroristischen Aktivitäten begonnen haben.

Rechtsradikaler (vigilantistischer) Terrorismus

Eine dritte Variante terroristischer Bewegungen, der militante Rechtsradikalismus, soll hier etwas kürzer abgehandelt werden, da er keine genuine Form des Terrorismus, sondern eine Kombination aus Elementen des »Terrors« von oben und des »Terrorismus« von unten darstellt. »Terrorismus von rechts« ist eine äußerst schillernde Kategorie, unter die recht unterschiedliche Gruppen und Organisationen fallen, angefangen von den Ku-Klux-Klan-Bewegungen in den USA bis hin zu den neofaschistischen Gruppen und der Skinhead-Bewegung in Europa. Teils sind auch Überlappungen zum ethnisch-nationalistischen oder zum religiös motivierten Terrorismus gegeben wie beispielsweise bei den Siedlergruppen in Israel oder den Milicias in den USA.

Was trotz aller Unterschiede die rechtsmilitanten Gruppierungen eint und es gestattet, sie unter ein Sammeletikett zu subsumieren, sind im Wesentlichen zwei Züge. Zum Ersten handelt es sich um Bewegungen, die keine grundlegende strukturelle Veränderung anstreben, sondern die Verteidigung des Status quo auf ihre Fahnen geschrieben haben. Dies gilt mit Einschränkungen sogar für Neonazis und Neofaschisten, die ja keine Umwälzung »nach vorne«, sondern die Rückkehr zu vermeintlich solideren Verhältnissen und besseren Strukturen wie dem Führerprinzip, der Abschaffung der Parteien und vor allem die Ausweisung der Migranten einfordern. Was den militanten Rechtsradikalismus zweitens auszeichnet und deutlich von den bislang erörterten Teiltypen des sozialrevolutionären und ethnisch-nationalistischen Terrorismus abhebt, ist die Tatsache, dass er sich nicht primär gegen die Regierung und das politische System, sondern gegen bestimmte gesellschaftliche Gruppen richtet. Nur ausnahmsweise und in einer zweiten Sequenz, wenn die Regierung gemeinsame Sache mit den »Feinden« des Volkes macht oder gar in deren Hände gefallen zu sein scheint, nur dann glauben sich Rechtsradikale legitimiert, mit Gewalt gegen sie vorzugehen. Im Übrigen richtet sich ihr Hass und ihre Abneigung hauptsächlich gegen Untergruppen der Bevölkerung, in denen sie eine akute Gefahr für das Gemeinwesen sehen und die sie für dessen angeblichen Niedergang verantwortlich machen: gegen Juden, Kommunisten, Schwarze, Araber, »Zigeuner«, ausländische Arbeiter, Homosexuelle, Prostituierte etc. Sie gewaltsam einzuschüchtern, physisch anzugreifen oder gar umzubringen bedarf aus der Sicht Rechtsradikaler keiner besonderen Rechtfertigung, da sie nicht zur eigenen Volks- beziehungsweise Glaubensgemeinschaft zählen und die Menschheit natürlicherweise in Bevölkerungsgruppen überlegenen und minderen Rechts geteilt ist.

Rechtsradikale Bewegungen sind so vielfältig und streuen so breit, wie es angebliche oder wirkliche Gefahren gibt, die das überlegene

Wohlstandsniveau, das insbesondere die westlichen Industriegesellschaften in den vergangenen eineinhalb Jahrhunderten erlangt haben, in Frage stellen. Hier einige der namhaftesten: die neonazistischen und neofaschistischen Gruppen in Europa, von Italien bis Norwegen und von Frankreich bis Ungarn, sowie ihre nordamerikanischen Ableger; sich überlegen dünkende Siedlergruppen, aus kolonialen Besetzungen hervorgegangen, die sich gegen die Einbuße ihres privilegierten Status wehrten oder noch wehren wie die französischen »Colons« in Algerien bis 1959, die burischen und englischen Siedler in Südafrika bis zur Beendigung des Apartheid-Regimes, die Protestanten in Nordirland und die israelischen Siedler, welche die territorialen Rechte der Palästinenser missachten; für Nordamerika sind die Ku-Klux-Klan-Bewegungen, vigilantistische Gruppen aller Art und in jüngster Zeit vor allem die einer rechtslastigen Theologie verhafteten Milicias zu nennen, für Südamerika teils aus dem staatlichen Sicherheitsapparat stammende, teils aus der Bevölkerung hervorgegangene parastaatliche Verbände wie in Kolumbien, Todesschwadronen und Säuberungskommandos wie in Argentinien und Brasilien.

Über die Entstehung und Verbreitung dieser Gruppen lässt sich nur schwer eine allgemeine Aussage treffen. Seit dem späten 19. Jahrhundert treten sie sowohl in Amerika als auch in Europa in wellenförmigen Bewegungen in Erscheinung, die nach einiger Zeit abebben oder sich auflösen, um sich später plötzlich aufs Neue zu bilden. Die Jahrzehnte vor dem Zweiten Weltkrieg waren in Europa generell durch den politischen Vormarsch des Rechtsextremismus geprägt, danach wurden rechtsradikale Verbände zu einem Randphänomen innerhalb der sich überall durchsetzenden rechtsstaatlich-liberalen Demokratie. Rechtsradikale terroristische Kampagnen beginnen nicht mit einem plötzlichen Anschlag, ihnen geht auch nicht, wie oft beim sozialrevolutionären oder ethnisch-nationalistischen Terrorismus, eine breite Protestbewegung voraus, sondern sie zeigen sich in gezielten Droh- und Einschüchterungsaktionen gegenüber den anvisierten Bevölkerungsgruppen, die schließlich in Gewalt münden. Ausgelöst werden diese aggressiven Akte meist durch diffuse Gefühle der Verunsicherung und Bedrohung bestimmter Schichten und Gruppen, die ein Ventil suchen und es im Zweifel in einer unterlegenen, vom Rest der Bevölkerung sich deutlich abhebenden Minderheit finden. Rechtsradikalismus artikuliert sich oft als Reaktion auf übergreifende, von universalistischen Prinzipien und Ansprüchen getragene Strömungen wie früher der Kommunismus, heute die Globalisierung und der Multikulturalismus. Er beruft sich auf partikularistische Gegenwerte wie Rasse, Nation oder Volksgemeinschaft. Diese verdichten sich meist nicht zu einer expliziten Ideologie, sondern manifestieren sich in Form von Vorurteilen und starken Ressentiments.

Auch in ihrer Erscheinungsform und Vorgehensweise unterscheiden sich rechtsradikale Gruppierungen deutlich von den beiden anderen beschriebenen Varianten des Terrorismus:

- Die Mehrzahl von ihnen verbirgt sich nicht, operiert nicht aus dem Untergrund heraus, sondern führt ihre Aktionen offen aus. Dies erklärt sich daraus, dass die Gewaltanschläge nicht gegen Organe des Staates, sondern gegen gesellschaftliche Gruppen gerichtet sind. Die staatlichen Sicherheitskräfte verhalten sich häufig passiv und schreiten nicht ein, teilweise geben sie aber auch zu erkennen, dass sie das Vorgehen der selbsternannten Ordnungshüter billigen.
- Der typische Gewalttäter ist kein »Ganztags-«, sondern ein »Teilzeitterrorist«. Normalerweise geht er seiner legalen Alltagsbeschäftigung nach, in der Freizeit, nach Arbeitsende oder an Wochenenden rottet er sich mit seinesgleichen zusammen, um ein gewaltsames Exempel an Angehörigen einer als gefährlich und zugleich minderwertig erachteten Bevölkerungsgruppe zu statuieren.
- Meist sind diese Aktionen eine Mischung aus spontanem Entschluss und gezielter Planung. Es werden relativ rasch und oft unter Alkoholeinfluss Entscheidungen getroffen, deren operationale Konsequenzen genau besprochen werden. Ein Zwang zu längerfristiger Planung und Vorbereitung erübrigt sich schon deshalb, weil diese Gewaltanschläge sich nicht gegen gut geschützte

öffentliche Einrichtungen und Staatsvertreter richten, sondern gegen marginalisierte soziale Gruppen, die wehrlos sind und vor die sich niemand stellt. Der Entschluss wird im Regelfall durch die ganze Gruppe, unter Umständen unter dem Einfluss eines gewichtigen Meinungsführers, gefasst. Rechtsradikale Gewalt ist ein typisches Gruppendelikt.
- Das Ziel der Anschläge ist, in der betreffenden Bevölkerungsgruppe Angst und Schrecken auszulösen, ihre Unterlegenheit gegenüber der jeweiligen Mehrheitsgruppe zu unterstreichen und ihre Angehörigen nach Möglichkeit dazu zu bewegen, das Land beziehungsweise den betreffenden Ort zu verlassen.

Diese Züge wurden herausgearbeitet in einem Untersuchungsbericht von Helmut Willems und anderen über rechtsradikale Angriffe auf Asylbewerberheime, die Anfang der 1990er Jahre, kurz nach der deutschen Wiedervereinigung, verübt wurden, beträchtliches Aufsehen erregten und allgemeine Empörung auslösten. Bezeichnenderweise fanden die Anschläge in ostdeutschen Bundesländern statt, die zwar einen nur sehr geringen Ausländeranteil aufweisen, in denen ausländerfeindliche Einstellungen dennoch viel verbreiteter sind als in Westdeutschland. Demselben Bericht sind auch Daten über das typische Täterprofil des deutschen Rechtsextremisten zu entnehmen, die mit einigen Einschränkungen auf sämtliche rechtsradikale Bewegungen übertragbar sein dürften. Danach fallen folgende Züge auf:
- Das Gros der rechtsradikalen Gewalttäter stammt aus der Unterschicht, nicht aus den sozialen Mittelschichten. Es handelt sich dabei fast durchweg um junge Männer, nicht wenige unter 20 Jahren, mit niedrigem Bildungsabschluss, die jedoch weder arbeitslos noch marginalisiert sind, sondern überwiegend eine feste Beschäftigung haben.
- Der Erziehungsstil im Elternhaus war eher autoritär als liberal. Zum Teil kommen sie aus problematischen Familienverhältnissen, weil die Eltern geschieden waren, das Kind bei der Großmutter aufwuchs etc.

- Mehr als ein direktes Scheitern sind für diese Jugendlichen periodische Erlebnisse des Versagens und der Überforderung in der Schule und im Beruf kennzeichnend. Sie sind dem beschleunigten sozialen und technischen Wandel nicht gewachsene »Modernisierungsverlierer«, sehen ihre Zukunft bedroht und projizieren ihre Ängste auf Gruppen angeblicher Eindringlinge und Profiteure, die ihnen als eine Art Sündenbock dienen.

Im Übrigen muss man sich davor hüten, vorschnell ein einheitliches Charaktermuster des rechtsradikalen Terroristen zu konstruieren. Die Gruppen, die die Anschläge in Hoyerswerda, Rostock und anderen deutschen Städten zu verantworten hatten, setzten sich aus vier verschiedenen Tätertypen zusammen: erstens der »Mitläufer«, der ohne eigenen Antrieb, sondern primär aus Opportunismus und um den anderen zu imponieren, mitmacht; zweitens der kriminelle Jugendliche (Schlägertyp), häufig mit einem problematischen familialen Hintergrund und bereits mehrmals vorbestraft, der die willkommene Gelegenheit ergreift, um seinen Aggressionen freien Lauf zu lassen; drittens der eingeschworene Ethnozentrist und Ausländerfeind, der meistens schon einige Zeit fremdenfeindlichen Zirkeln und Subkulturen angehört, die ihm ein rechtsextremistisches Weltbild vermittelt haben; viertens schließlich der politisch motivierte Rechtsradikale, der einer entsprechenden politischen Organisation oder Partei angehört. Der Einfluss des letztgenannten Typus auf das Gruppenhandeln darf nicht überschätzt werden. Die Versuche neofaschistischer Verbände, rechtsradikale Gewaltgruppen politisch zu vereinnahmen und zu steuern, schlagen meistens fehl, da diese Gruppen ungebunden bleiben und sich keiner Disziplin unterwerfen wollen.

Angeklagt und vor Gericht gestellt, legt der rechtsradikale Gewalttäter ein Verhalten an den Tag, das ihn ebenfalls deutlich vom linksrevolutionären oder ethnisch-nationalistischen Terroristen abhebt. Nutzen letztere die Gerichtsverhandlung nicht selten, um ihren Standpunkt öffentlich darzulegen und Vorwürfe gegen den attackierten repressiven Staat zu erheben, so erkennen Beschuldigte aus dem rechtsradikalen Lager die Autorität der Richter meist vorbehaltlos an, leisten keinen Widerstand, sondern geben klein bei. Ihre bevorzugte Verteidigungsstrategie besteht darin, den eigenen Anteil am Anschlag zu bagatellisieren, sich als Werkzeug des Gruppenwillens oder eines einflussreichen Führers darzustellen. Offenbar ziehen rechtsradikale Zirkel nicht besonders risikofreudige oder wagemutige junge Männer an, sondern eher solche, die zuschlagen, wenn sie sich auf der Seite der Stärkeren und der Mehrheit wissen beziehungsweise glauben. Tatsächlich machen angeklagte Rechtsradikale zu ihrer Entlastung häufig geltend, sie hätten geglaubt, im Auftrag, zumindest unter stillschweigender Billigung der Mehrheit vor Ort, einschließlich der Sicherheitskräfte, zu handeln.

An dieser Schutzbehauptung ist richtig, dass die Übergriffe militanter Rechtsextremisten gegen Angehörige oder Einrichtungen von Minderheiten oft eingebettet sind in eine teils offene, teils latent bleibende umfassendere Meinungsströmung, die deren Vorurteile und Ressentiments teilt. Im Einzelfall mögen sie auch durchaus aktive Ermunterung durch lokale Gruppen für ihre Gewalttaten erfahren. Hinzu kommt eine generelle Tendenz der staatlichen Behörden, vor allem der Sicherheitskräfte und der Justiz, gegen Gewalttäter von rechts zögerlicher einzuschreiten und ihnen insgesamt nachsichtiger zu begegnen als linksradikalen oder ethnisch-nationalistischen Terroristen. Diese Tendenz hängt damit zusammen, dass sie im Unterschied zu letzteren den Staat und seine Ordnung nicht frontal angreifen, sondern eher an deren Stärkung und Erhaltung interessiert sind, wenngleich mit fragwürdigen Mitteln. Meist dauert es einige Zeit, bis der Staat mit aller Entschiedenheit gegen jene vorgeht, die ihm sein Gewaltmonopol »von rechts« streitig machen.

Insgesamt sollte man die Gefahr, die von diesen Bewegungen für die Stabilität rechtsstaatlich-liberaler Demokratien im Westen gegenwärtig ausgeht, nicht überschätzen, und zwar aus drei Gründen. Erstens handelt es sich bei diesen Bewegungen um netzwerkartige Verbindungen zahlreicher Gruppen und Grüppchen, die eines Führungskerns ermangeln, der ihre spontanen Aktionen koordinieren und sie zu einer handlungsfähigen politischen Kraft zusammenschweißen würde. Zweitens unterwerfen sich rechtsradikale Verbände, ungeachtet ihrer oft anderslautenden Drohparolen, in der Regel Mehrheitsentscheidungen, das heißt den Spielregeln der Demokratie. Man denke etwa an die lange Zeit gegen die Gleichberechtigung der Katholiken Sturm laufenden Protestanten in Nordirland, an die weiße Minderheit in Südafrika, die mittlerweile ihre Privilegien eingebüßt hat, oder an die paramilitärischen Verbände in Kolumbien. In allen drei Fällen war der rechtsradikale Oppositionsblock letztlich bereit, sich dem aus Wahlen hervorgegangenen Mehrheitsregime zu beugen. Ein dritter Grund, das Handlungspotenzial rechtsradikaler Gruppierungen nicht zu hoch zu veranschlagen, liegt in dem innenpolitischen Rechtsruck, den viele westliche Regierungen sowohl als Reaktion auf die vom religiösen Terrorismus drohende Gefahr als auch in Abwehr der Zuwanderungsströme aus ärmeren Ländern in jüngster Zeit vollzogen haben. Dieser Schub »nach rechts«, der sich unter anderem in Form einer schärferen Kontrolle von Ausländern und strikteren Bestimmungen für den Zuzug von Migranten niederschlägt, nimmt rechtsradikalen Gruppierungen gewissermaßen den Wind aus den Segeln; er erklärt, warum wir uns augenblicklich (noch) eher in einem »Tal« des wellenförmigen Verlaufs dieser Bewegungen befinden.

7. Religiöser Terrorismus

In jüngster Zeit hat der religiös motivierte, vor allem der islamistische Terrorismus wachsende Aufmerksamkeit auf sich gezogen. Das kommt nicht von ungefähr. Während in den 60er, 70er und frühen 80er Jahren des vergangenen Jahrhunderts der sozialrevolutionäre und der ethnisch-nationalistische Terrorismus für Schlagzeilen sorgten, hat seitdem die Zahl von Anschlägen aus religiösen Motiven ständig zugenommen. Mitte der 1990er Jahre machten sie bereits rund die Hälfte aller terroristischen Angriffe aus, inzwischen hat sich ihr Anteil weiter nach oben verschoben. Noch deutlicher fällt die Relation bei den neu gegründeten terroristischen Organisationen aus. Insgesamt geht die Zahl der Neugründungen zwar zurück (vgl. Kap. 1), doch die neu entstandenen Gruppierungen sind durchweg dem religiösen, vor allem dem islamistischen Terrorismus zuzuordnen. Dabei wird hier ein relativ breiter Begriff von religiös motivierter Gewalt zugrunde gelegt. Er beschränkt sich nicht auf Gewalttaten im Namen spezifischer Heils- und Erlösungserwartungen, sondern umfasst auch den Schutz und die Erhaltung angeblich oder tatsächlich gefährdeter Religionsgemeinschaften in dieser Welt.

Im Mittelpunkt der folgenden Ausführungen steht der islamische Terrorismus, doch seien zwei allgemeine Feststellungen vorausgeschickt. Zwar ist die Zahl der deutsch-, französisch- und englischsprachigen Darstellungen und Interpretationen des islamistischen Terrorismus in den letzten Jahren mächtig angestiegen. Aber die Orientierung ist dadurch nicht einfacher geworden, nach wie vor bleiben viele Fragen hinsichtlich der Beweggründe und Besonderheiten der religiös motivierten Gewalt offen – zumal sich die Aneignung von Sachkompetenz für jemanden, der, wie der Verfasser, des Arabischen nicht mächtig ist, vergleichsweise schwierig gestaltet. Dieses Kapitel beansprucht deswegen allenfalls einen skizzenartigen Überblick über einige markante Züge des islamistischen Terrorismus zu geben.

Dabei, und das wäre der zweite Punkt, wird von der Prämisse ausgegangen, dass Gewalt kein Fremdkörper, keine Form abweichenden Verhaltens im Rahmen von Religionen und religiösen Praktiken darstellt, sondern diesen gewissermaßen immanent ist. Selbst wenn man nicht, wie der französische Anthropologe und Religionswissenschaftler René Girard, so weit geht, in einem konstitutiven Gewaltopfer den Ursprung aller Religionen zu sehen, auch dann wird man schwerlich leugnen können, dass Gewalt sich häufig mit Religionen verbunden hat und nach wie vor verbindet: von deren Entstehung an über ihre Ausdehnung bis hin zu periodischen Erneuerungsbewegungen. Es erscheint wenig sinnvoll, zwischen mehr oder weniger friedfertigen Religionen zu unterscheiden, weisen sie doch allesamt ein hohes Gewaltpotenzial auf. Allerdings kommt dieses Potenzial nicht immer mit der gleichen Stärke zum Ausdruck. In diesem Sinne kann man für die gegenwärtige Situation feststellen, dass sich das Christentum – von einzelnen fundamentalistischen Absplitterungen abgesehen – eher in einer vergleichsweise gewaltarmen Phase befindet, während beim Islam militante Tendenzen, bis hin zum Terrorismus, in den Vordergrund treten.

Bevor jedoch die geschichtlichen Hintergründe der Renaissance des Islam, die Ziele und besonderen Züge des islamistischen Terrorismus, die soziale Herkunft der Terroristen sowie deren Unterstützungsfeld behandelt werden, soll zunächst ein rund 2000 Jahre zurückliegender Fall von religiösem Terrorismus durch jüdische Gruppen dargestellt werden.

Zeloten und Sicarii

Auf der westlich ans Tote Meer angrenzenden, auf einem massiven Gebirgsstock gelegenen Bergfeste Masada begingen 71 n. Chr., kurz vor der Eroberung der Bergstadt durch die Römer, etwa 1000 Juden, darunter viele Frauen und Kinder, freiwillig Selbstmord. Dies war der letzte Akt eines kollektiven Dramas, in dem religiöser Terrorismus eine maßgebliche Rolle spielte.

Die von den Römern beherrschte Provinz Judäa mit der Hauptstadt Jerusalem wurde in jener Zeit von Juden und Griechen bewohnt. Die Römer übten die Macht gegenüber den Juden, die insgesamt etwa ein Fünftel der Bevölkerung sämtlicher oströmischer Provinzen stellten, relativ mild und großzügig aus: Juden wurden nicht zum Militärdienst herangezogen, sie mussten aus Rücksicht auf ihre Kulthandlungen am Sabbat nicht vor Gericht erscheinen, sie genossen gewisse Steuerprivilegien und waren von den religiösen Kulten des Kaiserreiches ausgenommen. Zu ihren Privilegien zählte auch, dass die Juden ihren eigenen König wählen durften, die Römer sich also mit einer indirekten Herrschaft begnügten. Eben dieses Sonderrecht bildete den Ausgangspunkt des Konflikts. Der jüdische König wollte seine Machtsphäre ausweiten, indem er Anleihen bei den Herrschaftsbefugnissen und -symbolen der römischen Kaiser machte, was ihm von Seiten der gläubigen Juden aus religiösen Gründen verwehrt und verübelt wurde. Sie griffen den König und das ganze Königshaus aufs Schärfste an und ruhten nicht, bis die Römer sich gezwungen sahen, selbst die politische und militärische Oberherrschaft auszuüben. Der Machtwechsel führte aber nicht zu einer Befriedung der Situation, sondern goss zusätzliches Öl ins Feuer der Auseinandersetzung. Die Eiferer unter den Juden lehnten sich nicht nur gegen die römischen Amtsträger auf, sondern richteten sich aggressiv gegen die aus ihrer Sicht wankelmütigen gemäßigten Glaubensbrüder, die zur Zurückhaltung mahnten. Das Plädoyer der Glaubensfanatiker lautete, man dürfe sich keiner Autorität, nur Gott allein beugen und fügen.

Der Konflikt im engeren Sinn begann mit dem passiven Widerstand breiter Teile der jüdischen Bevölkerung gegen bestimmte römische Hoheitsakte wie die Abhaltung eines Zensus. Und er eskalierte über mehrere, auch Friedensperioden einschließende Zwischenstufen bis zum offenen inneren Krieg, in dem sich die Juden als eindeutig unterlegen erwiesen. Jerusalem, wo sie sich zunächst verschanzt hatten, wurde eingenommen, der Tempel zerstört. Zum Schluss fiel auch die Rückzugsfeste Masada nach dem gemeinschaftlichen Selbstmord, der sich bis heute als ein traumatisches Ereignis ins kollektive Gedächtnis eingeprägt hat. Die Niederlage bedeutete eine Katastrophe für das anschließend in alle Winde zerstreute jüdische Volk, von der es sich bis nach dem Zweiten Weltkrieg nicht mehr erholte.

Terroristische Provokationen und entsprechende repressive Gegenmaßnahmen von Seiten der Römer spielten in der Zwischenphase des Konflikts eine große Rolle. David Rapoport sieht hier den ersten gut dokumentierten historischen Fall eines primär religiös inspirierten aufständischen Terrorismus gegen Fremdherrschaft. Zum Verständnis dieser religiösen Komponente muss man sich vergegenwärtigen, dass es zu jener Zeit in Palästina eine verbreitete millenaristische Stimmung und Strömung gab. Vieler Juden hatte sich eine anhaltende religiöse Erregung bemächtigt. Sie rechneten fest mit der unmittelbar bevorstehenden Ankunft des Erlösers und einem sich daran anschließenden Tausendjährigen Reich, in dem Frieden und Eintracht herrschen würden. Die Zeitenwende kündigte sich nach einschlägigen Prophezeiungen durch kollektive Katastrophen, massives Unglück und Unrecht an. Für gläubige Juden waren die Unterjochung des jüdischen Volkes durch die Römer und die Missachtung der heiligen Gebote nicht nur ein Beweis dafür, dass sich das Ende aller Tage nähere. Sie fühlten sich darüber hinaus legitimiert, das herannahende Ende zu beschleunigen, indem sie die Stimmung weiter aufheizten und die Konfrontation mit den Römern, aber auch mit gemäßigten Glaubensgenossen geradezu suchten.

Das Vorbild lieferte ihnen ein Hohepriester aus der Zeit Moses, der in Empörung über den Sittenverfall in der damaligen Zeit einen

Stammesfürsten und seine Konkubine, die er in flagranti an einer heiligen Stätte ertappte, erdolcht und anschließend zum heiligen Krieg gegen die Kanaaniter aufgerufen hatte. Auch die religiösen Fanatiker im 1. Jahrhundert n. Chr., die Zeloten oder Sicarii, wie sie genannt wurden, benutzten den Dolch als Waffe. Sie näherten sich ihren Opfern auf offener Straße oder Plätzen, stachen sie plötzlich nieder und stimmten anschließend unmittelbar in das allgemeine Wehgeschrei ein, so dass niemand in ihnen den Täter vermutete und sie meist unerkannt entkamen. Geiselnahme und Gefangenenmord zählten ebenfalls zu ihren Praktiken. Dabei scheuten sie weder die heiligen Stätten noch die heiligen Tage; ihre Mordtaten legten sie mit Vorliebe auf einen Sabbat oder Feiertag. Die Opfer waren vor allem angesehene Juden der gemäßigten Richtung, darunter viele Priester.

Die Umstände, unter denen die Anschläge begangen wurden, sorgten für einen maximalen Publizitätseffekt und erzeugten Schock und Panik: Wenn bekannte und angesehene Männer, am helllichten Tag, unter ihren Freunden und Angehörigen weilend, plötzlich umgebracht wurden, dann gab es in der Tat keinen effektiven Schutz mehr, und jeder musste stets mit dem Schlimmsten rechnen. Die Attentäter erzielten genau den von ihnen intendierten Zersplitterungseffekt: Das gemäßigte Lager spaltete sich, einige zogen sich zurück und versuchten, kein weiteres Aufsehen zu erregen. Andere schlossen sich aus Opportunismus den religiösen Eiferern an. Teilweise kam es auch zu Rachefeldzügen zwischen den Juden und den ebenfalls von den Gewaltausschreitungen betroffenen Griechen. Die Römer verhielten sich anfänglich abwartend; die Wut und Kühnheit (*rage and audacity*) der fanatischen Juden machten durchaus Eindruck auf sie, und erst allmählich entschlossen sie sich zu einem energischeren Vorgehen gegen die Sektierer.

Doch was sie auch unternahmen, die Konflikteskalation war nicht mehr aufzuhalten. Nachgiebigkeit wurde den Machthabern als Schwäche ausgelegt, harsche Maßnahmen forderten den erbitterten Widerstand der Terroristen heraus, deren Stil und Vorgehensweise durch ein Ereignis treffend charakterisiert ist: Im Rahmen der kriegerischen Auseinandersetzungen kam es zu einem Abkommen, in dem die Juden den römischen Soldaten einer Garnison nach Niederlegung der Waffen freien Abzug zusicherten. Kaum hatten die Römer sich der Rüstungen und Waffen entledigt, da fiel eine Gruppe fanatischer Zeloten über sie her und machte sie allesamt nieder. Dieser Überfall geschah bewusst an einem Sabbat, um zu demonstrieren, dass sie bereit waren, sich für ihren Kampf über alle Tabus und Restriktionen hinwegzusetzen.

Angesichts dieses eklatanten Vertragsbruches blieb den Römern nichts anderes übrig, als mit aller Entschiedenheit gegen die Erhebung einzuschreiten. Die sich über einen längeren Zeitraum hinziehende Auseinandersetzung entwickelte die geschilderte Dynamik, die in die definitive Niederlage zelotischer Fanatiker und die Vertreibung der Juden aus Palästina mündete.

Das historische Beispiel enthält viele lehrreiche Hinweise auf die Funktionsweise und Dynamik terroristischer Kampagnen im Allgemeinen. Wir begnügen uns an dieser Stelle damit, die für den religiösen Terrorismus besonders relevanten Punkte aufzuzählen:

- die außerordentliche Motivations- und Sprengkraft des religiös motivierten Terrorismus, der im Extremfall im kollektiven Selbstmord enden kann;
- die millenaristische Vision, die oft hinter religiös inspirierten terroristischen Akten steht, verbunden mit der Beschwörung historischer Präzedenzfälle;
- die enge Verbindung, die zwischen religiösem und politischem Anliegen besteht, vor allem im Falle einer quasi kolonialen Situation;
- die besondere Wut, die sich gegen die Gemäßigten im eigenen Konfessionslager richtet, denen Verrat und Ketzerei vorgeworfen wird;
- die gezielte Verletzung heiliger Regeln und Tabus, um auf die religiöse Krisensituation aufmerksam zu machen, sowie, eng damit zusammenhängend,
- die Konzentration terroristischer Akte auf bestimmte Orte und Zeiten, das Benutzen ritueller Waffen wie des Dolchs etc.

Für den letzten Gesichtspunkt ist bezeichnend, dass das ehemalige Palästina – heilige Stätte dreier Religionen – bis heute einer der bevorzugten Schauplätze terroristischer Attentate geblieben ist.

Die Renaissance des Islam

Machen wir einen Sprung in die Gegenwart, hin zum militanten Islamismus: Die erste Frage, die sich stellt, ist die nach seiner Entstehung und seinen Wurzeln. Offenbar ist er der extreme Ausdruck einer generellen Wiedergeburt des Islam, deren Anfänge in den 1970er und 1980er Jahren, teils schon davor liegen. Solche zyklischen Erneuerungsbewegungen hat es laut R. Hrair Dekmejian öfter in der Geschichte des Islam gegeben, die im Grunde eine einzige Abfolge von periodischen Krisen und Niedergangsphasen einerseits, daraus hervorgehenden Strömungen des Wiedererwachens und der religiösen Blüte andererseits sei. Die jüngste Krise hängt vor allem mit dem Scheitern der Modernisierungsbemühungen in den zum islamischen Kulturkreis zählenden Ländern zusammen. Ihre Hauptkomponenten sind, stichwortartig aufgezählt, eine fehlgeleitete Entwicklungspolitik und, daraus erwachsend, eine Reihe von Krisen, vor allem eine politische Legitimationskrise, eine Abhängigkeits- und eine Identitätskrise.

Um das Ausmaß der Enttäuschung über die vom Westen vorgegebenen Zielparameter wie Modernisierung und Säkularisierung zu ermessen, muss man sich vor Augen führen, dass die gebildeten Eliten dieser Länder sich zunächst vorbehaltlos auf die westlichen Ideologien des Nationalismus, teils auch des Sozialismus, eingelassen hatten. Ihr nach dem Zweiten Weltkrieg eingeschlagener Entwicklungsweg entsprach weitgehend dem durch Europa und die USA zum allgemeinen Vorbild erhobenen Muster. Danach galten Tradition und Religion als überholt, die Zukunft gehörte allein der Aufklärung, der planenden Vernunft. Solange der nur langsam in Gang kommende Prozess wirtschaftlichen und sozialen Wandels die Hoffnung auf einen allgemeinen Wohlstandszuwachs und den

Abbau der Kluft zwischen Arm und Reich nährte, stieß die Kritik islamischer Gruppen am westlichen Entwicklungsweg auf wenig Resonanz. Doch ab den 1970er Jahren brach der Fortschrittsmythos allmählich zusammen. Es stellte sich immer deutlicher heraus, dass der beschleunigte Strukturwandel eine Reihe von Problemen geschaffen hatte, ohne dass die dafür erforderlichen Lösungen bereitgestellt wurden. Die Bevölkerung war explosionsartig gewachsen und bestand inzwischen zu mehr als der Hälfte aus Jugendlichen. Die Infrastruktur war jedoch nicht entsprechend ausgebaut worden und reichte nicht mehr hin, um eine so große Menschenmasse zu versorgen. Der Verstädterungsprozess hatte zugenommen, die Menschen drängten aus dem Hinterland in die Metropolen, sie fanden dort aber nur in den rasch wachsenden Elendsvierteln ein Unterkommen, weil der verfügbare Wohnraum nicht ausreichte. Immer mehr junge Leute besuchten die höheren Schulen, dann teilweise die Universität, um anschließend arbeitslos zu sein, weil sie keine angemessene Beschäftigung fanden. Die Industrialisierung kam nur zögerlich voran, die Wirtschaft blieb eng mit dem Staatsapparat verknüpft, der zugleich der wichtigste Arbeitgeber war. Wer nicht das Glück oder die Beziehungen hatte, dort eine Position zu ergattern, musste entweder zur temporären Jobsuche in eines der reichen Erdöl-Förderländer aufbrechen oder im expandierenden informellen Sektor ein dürftiges Auskommen suchen.

Die sozialen Missstände wurden in den an eine paternalistische politische Führung gewöhnten islamischen Ländern vor allem dem Staat angelastet. Und in der Tat waren die politischen Eliten dazu übergegangen, von den beiden zentralen Postulaten der islamischen Staatslehre, autoritär und fürsorglich zugleich gegenüber der Bevölkerung zu sein, nur noch das erstgenannte zu beherzigen. Der von ihnen eingeschlagene Modernisierungskurs war eine Modernisierung unter repressivem Vorzeichen. Eifersüchtig wachten sie über ihre Machtprivilegien und verstanden es, spontan entstandene gesellschaftliche Basisbewegungen, vor allem wenn sie religiös begründete Forderungen erhoben, bereits im Keim zu ersticken. Formal bekannten sie sich zwar zum Islam, doch hinderte sie dies nicht daran, dessen Regeln ständig zu missachten. Die Staatsbürokratie dieser Länder ist bekannt für ihre notorische Neigung zu Vetternwirtschaft und Korruption. Wenngleich sie laut gegen den westlichen Lebensstil polemisiert, verzichtet sie doch privat auf nichts, was der Westen an interessanten Konsumgütern zu bieten hat, vom neuesten BMW bis zur perfekten Ausstattung mit elektronischen Medien.

Diese uneingestandene oder auch offene Abhängigkeit vom Westen, die Züge einer neokolonialen Situation aufwies, war ein dritter Faktor, der das Aufkommen einer breiten Reaktion unter islamischem Vorzeichen begünstigte. Denn sie widersprach der Tradition und dem Selbstverständnis islamischer Gesellschaften als expansiv und dominant. Die Brisanz der politischen und kulturellen Fremdbestimmung zeigte sich bereits am Beispiel der Basken und der um ihre Autonomie kämpfenden Juden zur Zeit des Römischen Reichs. Generell entfaltet unter den Bedingungen, die zu einer aufständischen Gewaltbewegung beitragen, keine eine vergleichbare Sprengkraft wie der Vorwurf, ein Volk sei der Fremdherrschaft oder starken externen Einflüssen unterworfen. Dieser Vorwurf, an wen immer er sich richtet, ist vor allem dann plausibel, wenn Teile des eigenen Territoriums von einer fremden Macht besetzt sind. In diesem Sinn bedeutete die kontinuierliche territoriale Expansion Israels auf Kosten der autochthonen palästinensischen Bevölkerung eine Dauerirritation und -provokation für die arabischen Anrainerstaaten. Auch die temporäre Besetzung des Südlibanons durch israelische Truppen sowie die Stationierung französischer und nordamerikanischer Soldaten in der Hauptstadt des Landes wurden als Angriff auf die territoriale Integrität eines zum arabisch-islamischen Kulturraum gehörenden Staates empfunden und lösten mächtige Widerstandsreaktionen aus.

Dem Tadel einseitiger Abhängigkeit sahen sich, wenngleich in subtilerer Form, aber auch jene Staatsführungen ausgesetzt, die zwar formal ihre Souveränität wahrten, sich jedoch den ökonomischen und kulturellen Einflüssen des Westens nicht verschlossen. So wurde es für die aus dem antikolonialen Befreiungskampf gegen

Frankreich siegreich hervorgegangene FLN-Regierung in Algerien zunehmend zu einem Problem, dass sie gewisse Strukturen des Kolonialregimes, wie zum Beispiel Französisch als Verwaltungssprache, übernommen hatte. Auch die enge Verbindung, die das Herrscherhaus von Saudi-Arabien, auf dessen Boden immerhin zwei zentrale religiöse Kultstätten des Islam liegen, zum Westen und insbesondere zu den USA unterhielt, war vielen gläubigen Muslimen ein Dorn im Auge. Sie betrachteten das Schah-Regime im Iran geradezu als Verrat an den Werten und Traditionen ihrer Religion, da es, gestützt auf den Ölreichtum des Landes, einen forcierten Wachstumskurs einschlug, der darauf abzielte, es binnen kurzem in einen säkularisierten modernen Nationalstaat zu verwandeln.

Der Sturz des Schahs im Jahr 1979 durch eine revolutionäre, von Ayatollah Khomeini angeführte Bewegung war denn auch das Hauptsignal, das ein Wiedererstarken des Islam unterstrich. Dem waren etliche markante Niederlagen der arabischen Staaten vorausgegangen. Einen besonders tiefen Schock hatte der ebenso rasche wie umfassende militärische Sieg Israels im Sechstagekrieg von 1967 über seine Nachbarstaaten Ägypten, Syrien und Jordanien hinterlassen. Deutlicher hätten das Zurückbleiben und die Unterlegenheit des arabischen Raums gegenüber einem mit modernster Waffentechnik ausgestatteten westlichen Industriestaat nicht demonstriert werden können. Der zweite Waffengang zwischen Israel und Ägypten sechs Jahre später bestätigte die militärische Überlegenheit Israels, wenngleich sich die Kampfhandlungen diesmal etwas länger hinzogen. Erst die iranische Revolution von 1979 wurde jedoch als definitive Rehabilitierung des islamisch-arabischen Lagers empfunden. Denn sie erbrachte den Beweis, dass eine primär durch starke religiöse Überzeugungen getragene Aufstandsbewegung in der Lage war, ein vom Westen unterstütztes, mit modernsten rüstungstechnischen Errungenschaften ausgestattetes Regime aus den Angeln zu heben und seine Vertreter zu verjagen. Die erste Intifada von 1987 in Israel bestätigte diese religiöse Aufbruchstimmung und verlieh der Bewegung zusätzliche Schubkraft.

Freilich dürfen diese äußerlichen Erfolgs- und Misserfolgserlebnisse, so bedeutend ihre Ausstrahlung im Einzelnen auch war, insgesamt nicht überbewertet werden. Die eigentliche Herausforderung, die von der westlichen Moderne für die noch tief in der Tradition verwurzelten islamischen Gesellschaften ausging, war grundsätzlicher und ging tiefer. Sie hing eng mit der Säkularisierung zusammen, welche an die Grundlagen dieser Gesellschaften rührte. Die daraus resultierende Verunsicherung und Desorientierung betraf nicht nur den einen oder anderen Bereich, etwa die Wirtschaft oder die Kultur, sondern das gesamte Lebensgefühl und Sinnverständnis breiter Schichten. In der Literatur ist in diesem Zusammenhang oft von einer umfassenden kollektiven Identitäts- oder Existenzkrise die Rede. Entsprechend gründlich und grundlegend waren die Lehren, die aus dieser Krise gezogen wurden. Die Wiederentdeckung und Neufundierung des islamischen Glaubens beschränkte sich nicht auf vereinzelte Splittergruppen, sondern wurde zu einer breiten, sämtliche soziale Schichten und Gruppen erfassenden Strömung.

Bevor wir uns dem radikalen Zweig dieser Strömung, den Gewaltorganisationen, zuwenden, sollen einige allgemeine Züge der islamischen Erneuerungsbewegungen herausgestellt werden. Dies geschieht durchaus im Bewusstsein der Vielfalt der Lehrmeinungen und Gruppierungen innerhalb dieser Religion, die im Unterschied etwa zum Katholizismus keine einheitstiftende Kirche kennt.

Die islamistischen Bewegungen …

Die Erneuerungsbewegungen des Islam sind durch drei wesentliche Grundzüge gekennzeichnet: ihre große Zahl und der beträchtliche Umfang der involvierten Gruppen beziehungsweise Organisationen, ihre speziellen Zielvorstellungen und ihre Nähe zur Politik.

Wie bereits ausgeführt, handelt es sich bei der Glaubensrenaissance im Islam nicht nur um ein Minderheitenphänomen, sondern um eine Strömung quer über die Grenzen der von islamischen Bevölkerungsgruppen besiedelten Länder hinweg, von Tunesien bis

Indonesien, die Hunderte von Gruppen und Vereinigungen umfasst. Ähnlich wie gewisse Organisationen des ethnischen Radikalismus ist sie in breiten Segmenten der Bevölkerung verankert, auf deren direkte oder indirekte Unterstützung die Islamisten zählen können. Finden ethnisch-nationalistische Gruppierungen jedoch ihren Rückhalt vor allem in einem bestimmten kulturellen und sprachlichen Milieu, so stehen im Mittelpunkt islamistischer Bewegungen die Moschee und charismatische Prediger. Da die meisten Herrscherhäuser in den arabischen Ländern sich offiziell zum Islam bekennen, galt die verstärkte Pflege der Religion zunächst als durchaus opportun. Deshalb konnten sich die religiösen Erneuerungsinitiativen im Schatten der Moscheen anfangs ungestört entfalten und konsolidieren. Erst allmählich wurden die Politiker auf die transformatorische Sprengkraft der Bewegungen aufmerksam.

Doch bilden die Predigt und das Drängen auf Beachtung der Glaubensgebote nur eines, wenngleich das wichtigste Betätigungsfeld dieser Organisationen. Daneben, es wurde bereits am Beispiel der Hamas und Hisbollah deutlich, engagieren sie sich noch in vielen anderen Bereichen. Ihre besondere Aufmerksamkeit gilt dem gesamten Erziehungsbereich, vom Kindergarten über Schule, Freizeit- und Sportaktivitäten von Jugendlichen bis hin zur Universität. Daneben sind sie auch im Wohnungsbau, im Gesundheitssektor, im Banken- und Versicherungswesen tätig. Der Umstand, dass der Staat viele dieser Bereiche vernachlässigt, sich vor allem der verbreiteten Armut und sozialen Not kaum annimmt, sichert den religiös inspirierten Selbsthilfevereinigungen ein breites Feld von Aktivitäten und die Möglichkeit, umfangreiche soziale Netzwerke aufzubauen. Der militärische Zweig, der im Unterschied zum Rest der Organisation meist im Untergrund operiert, ist nur eine Abteilung unter mehreren, allerdings eine, die besonders mächtig und einflussreich ist. Für viele dieser Organisationen ist zudem ein territorialer Bezug bezeichnend. Sie verfolgen keine allgemeinen und abstrakten Ziele, sondern fühlen sich für das seelische Wohl und die irdischen Nöte und Interessen einer begrenzten Glaubensgemeinschaft verantwortlich. Auch in diesem Punkt sind sie den ethnisch-nationalistischen Organisationen vergleichbar, bei denen allerdings das soziale Engagement weniger entwickelt, die Fokussierung auf die Gewalt stärker ausgeprägt ist.

Damit sind wir beim zweiten Punkt, der Zielorientierung dieser Gruppen. Offenbar gibt es zwei religiöse Grundhaltungen, aus denen sich die Ablehnung des in der westlichen Welt vorherrschenden Modernisierungs- und Säkularisierungstrends speist. Das Ideal einer religiös verklärten Gemeinschaft wird entweder in die Zukunft oder in die Vergangenheit projiziert. Beispiele für eine zukunftsorientierte Heilsutopie liefern die millenaristischen Lehren, die im Judentum und im Christentum verbreitet sind. Sie zeichnen das Bild eines bevorstehenden Tausendjährigen Reiches, in dem eitel Harmonie herrschen wird. Dagegen blicken die maßgeblichen Schulen des Islam stärker in die Vergangenheit; sie erklären die Regierungszeit des Religionsstifters Mohammed und die der ersten vier Kalifen als vorbildlich und musterhaft. Alle Bemühungen, so die Überzeugung, müssten deshalb darauf abzielen, erneut die göttliche Ordnung zu realisieren, die in der Gründungsepoche des Islam ihren unübertrefflichen, ewig gültigen Ausdruck gefunden habe.

Diese Mahnung zur Umkehr, zur Wiederherstellung der mit den Gesetzen des Korans in Einklang lebenden religiösen Urgemeinschaft, der »umma«, ist indes keineswegs wörtlich zu nehmen. Der illusionäre Charakter einer derartigen Forderung ist auch den unnachgiebigsten islamischen Rechtsgelehrten und Predigern durchaus klar. Wogegen sie mit Vehemenz zu Felde ziehen, das sind Schlüsselwerte der Moderne, wie sie sich seit der Aufklärung im Zuge der Industrialisierung und des allgemeinen Wohlstandsgewinns herausgebildet haben: gegen Individualismus und Pluralismus, gegen den Materialismus und die mit religiöser Gleichgültigkeit gleichgesetzte religiöse Toleranz. Demgegenüber haben sie keinerlei Einwände gegen moderne Organisationsmethoden, moderne Kommunikationsmittel und generell die Errungenschaften der Technik, gegen eine unabhängige Justiz und sogar gewisse Mitspracherechte des Volkes. Wie nicht selten in vergleichbaren Fällen stellt die

Aufforderung, zu den Quellen der Tradition zurückzukehren, in erster Linie den Versuch dar, das Lehrgebäude und die Glaubenspraxis des Islam den Anforderungen der Moderne anzupassen.

Für diesen Versuch erweist sich die enge Verwandtschaft von Religion und Politik als äußerst nützlich. Auf die Affinität beider Sphären hat vor etlichen Jahren schon David Rapoport aufmerksam gemacht. Er unterstrich den umfassenden, ganzheitlichen Charakter von Politik und Religion, die sich beide nicht auf einen engen Sektor begrenzen ließen, sondern in sämtliche Lebensbereiche hineinreichten. Auch in der Tatsache, dass Strukturen beider Systeme, des politischen und des religiösen, mit der Zeit brüchig würden, an Glaubwürdigkeit einbüßten und deshalb eines Erneuerungsschubes bedürften, sah er eine Parallele zwischen ihnen. Schließlich, so Rapoport, wiesen sie auch eine vergleichbar enge Beziehung zur Gewalt auf.

All diese Überlegungen lassen sich nahtlos auf den Islam übertragen, in dem die Grenze zwischen den beiden Sphären ohnedies weitgehend aufgehoben ist. Wir haben bereits gesehen, dass die religiös inspirierten Erneuerungsbewegungen und -organisationen wie selbstverständlich Funktionen der Wirtschaftsförderung, der Erziehung, der Kranken- und Armenfürsorge übernommen haben, die im Rahmen eines säkularisierten Gemeinwesens Aufgabe des Staates sind. Nach der islamischen Rechts- und Staatsauffassung fusionieren politische und religiöse Ordnung weitgehend. Die »Scharia«, die islamische Gesetzesordnung, deckt den weltlichen und den sakralen Bereich gleichermaßen ab, der islamische Herrscher verkörpert im Idealfall weltliche und religiöse Autorität in einem.

Daraus folgt, dass politischer Protest stets auch eine religiöse Komponente hat und religiös motivierter Widerstand automatisch zur politischen Auflehnung wird. Insofern verstehen sich die im Folgenden behandelten terroristischen Organisationen nicht nur als Kampfverbände für eine religiöse Erneuerung, sondern auch als Speerspitze des Kampfes um eine politische Neuordnung.

… und ihr bewaffneter Arm

Es gibt Parallelen zwischen den bisher behandelten Formen des Terrorismus und Terrorismus aus religiösen Motiven, doch zugleich weist letzterer ein unverwechselbares eigenes Profil auf. Neben den bereits hervorgehobenen Charakteristika sind für den zeitgenössischen islamistischen Terrorismus vor allem die folgenden drei Züge bezeichnend:

- Es gibt eine Vielzahl an Gewaltorganisationen und Splittergruppen, durch die ein Überblick über die terroristische Szene erschwert wird. Neben den größeren, bekannteren Organisationen gibt es zahllose kleinere und kleinste Verbände, die auf eigene Faust operieren. Zwischen den verschiedenen Organisationen entbrennt nicht selten ein regelrechter Wettstreit hinsichtlich ihrer Einsatzbereitschaft und Opferfreudigkeit. Dabei geht es um das Ansehen der jeweiligen Gruppe und die Gunst, die sie in breiteren Bevölkerungsschichten genießt, die diesen Wettkampf aufmerksam verfolgen. Diese Rivalität ist ein Zug, dem wir nur beim religiösen Terrorismus begegnen.
- Den geistlichen Führern wird für die Anordnung oder zumindest die Billigung von Gewaltakten eine Schlüsselrolle zuerkannt. Dies gilt nicht nur für den Islam, sondern für alle großen Religionsgemeinschaften, also auch für das Judentum, das Christentum, den Buddhismus etc. Versagen die Imame, Scheichs oder sonstigen muslimischen Führer ihre Zustimmung zu einem Anschlag, so gerät dieser in den Augen der islamischen Öffentlichkeit in ein schiefes Licht und entbehrt der Rechtfertigung. Das gilt jedenfalls so lange, wie Religion und religiöse Kontrolle in einer Gesellschaft noch von Bedeutung sind: Beispielsweise sind Selbstmordattentate, zumal wenn sie Unschuldige das Leben kosten, bis heute in der islamischen Geistlichkeit umstritten.
- Gleichwohl haben sich Selbstmordattentate, teils gegen das Veto einflussreicher Führer, durchgesetzt und sind zum wesentlichen Bestandteil islamistischer Gewaltstrategie und -organisation geworden. Dabei handelt es sich nicht um ein ausschließliches

Merkmal des religiösen Terrorismus. Es ist bekannt, dass auch die für ethnisch-nationalistische Ziele kämpfenden tamilischen Rebellen auf Sri Lanka ausgiebig von dieser Waffe Gebrauch gemacht haben. Insgesamt betrachtet gewinnt man jedoch den Eindruck, dass religiös motivierte Attentäter vergleichsweise eher zur Preisgabe des eigenen Lebens bereit sind als andere Terroristen. Im Kapitel zur terroristischen Persönlichkeit (Kap. 9) wird zu prüfen sein, ob es ein spezifisches mentales Profil des Selbstmordattentäters gibt. Hier ist festzuhalten, dass unter dem Gesichtspunkt der Präzision und Wirkung ein Selbstmordanschlag sicher das Optimum dessen darstellt, was Terroristen erreichen können. Da der Täter keinen Gedanken an die Frage des eigenen Überlebens verschwendet, kann er sich ausschließlich auf das Gelingen des Anschlags konzentrieren. Ihn in seinem Vorgehen hemmen zu wollen ist praktisch aussichtslos, allenfalls lässt sich durch ein vorzeitiges Einschreiten die Zahl der intendierten Opfer reduzieren. Hinzu kommt ein unüberbietbarer Publizitätseffekt. Besser als durch die Hingabe seines Lebens kann niemand beweisen, wie wichtig ihm eine Sache ist. Das Opfer, das der Selbstmordattentäter erbringt, eignet sich wie keine andere Form des Engagements dafür, weitere Anhänger für den Glaubenskampf zu gewinnen.

Neben diesen drei für den islamistischen Terrorismus durchgehend bezeichnenden Zügen gibt es noch einige weitere Fragen, zu denen die Standpunkte divergieren; sie beziehen sich auf die Priorität des Kampfes »nach innen« oder »nach außen«, auf eine »universalistische« oder eine »partikularistische« Vorgehensweise sowie auf die Alternative »Revolution« oder »Reform«. Wie bereits erwähnt, ist für den religiösen Terrorismus oft die besondere Unnachsichtigkeit bezeichnend, mit der Wankelmütige oder gar Abtrünnige in den eigenen Reihen angegriffen werden. So gingen beispielsweise die Muslimischen Bruderschaften in Ägypten davon aus, zuerst müsse die eigene Gesellschaft bekehrt, der heilige Krieg gegen das eigene, als ungläubig betrachtete Regime geführt werden, bevor man ihn nach außen trägt. Auf der anderen Seite bestehen grundsätzlich beträchtliche Hemmungen, innerhalb des eigenen religiösen Lagers einen Glaubensstreit vom Zaun zu brechen. Die enge Anbindung etlicher Herrscherhäuser an den Westen erleichtert es überdies, in diesem den eigentlich zu bekämpfenden Feind zu sehen. In der metaphorischen Sprache Bin Ladens ausgedrückt: Es ist nutzlos, den Schatten gerade biegen zu wollen, solange der Stock, der den Schatten wirft, verbogen bleibt. Kurzum, es gibt offenbar keine einheitliche Ansicht darüber, welcher Kampf Priorität verdient, der »nach außen« oder der »nach innen«.

Ähnlich steht es mit dem Problem, ob im Rahmen des »Dschihad«, des Kampfes um religiöse Erneuerung, eine »universalistische«, also für sämtliche von Muslimen bevölkerten Nationen gültige Perspektive vorzuziehen sei oder eine »partikularistische« Sichtweise, die auf die Lage in einem bestimmten Land abstellt. Aufgrund der weit verbreiteten Videobotschaften Bin Ladens könnte man leicht zu dem Schluss gelangen, die universalistische Option überwiegt, die meisten um eine grundlegende Erneuerung ihrer Religion bemühten Muslime dächten in regionalen oder gar globalen Kategorien. Tatsächlich wird kein Mitglied der islamischen Religionsgemeinschaft die Solidarität in Abrede stellen, die es mit seinen Glaubensbrüdern in anderen Staaten des islamischen Ländergürtels bis weit nach Asien hinein verbindet. Die Identifizierung mit dem unglücklichen Schicksal der Palästinenser, denen, soweit sie verfolgt und vertrieben wurden, wiederholt in den Nachbarländern Aufnahme und Asyl gewährt wurde, beweist diese panarabische und panislamische Hilfsbereitschaft. Über dem laut tönenden, vor allem von al-Qaida artikulierten Ruf »Islamisten aller Länder vereinigt euch« darf jedoch eine zweite, weniger spektakulär verkündete Agenda des politischen Islamismus nicht übersehen werden. Gerade bekanntere Organisationen wie etwa Hisbollah im Libanon, Gam'at Islamiyya in Ägypten, Hamas in Israel oder GIA in Algerien haben weniger transnationale Ziele im Auge als die politisch-religiöse Aufwertung ihrer Bewegung im nationalen oder sogar nur lokalen Kontext. Allgemeine und abstrakte Feindbilder, wie »Juden und Kreuzzügler«, »der Westen« oder »die USA«, sind für sie von nachrangiger Bedeutung. Zumal die Festlegung in einer solchen globalen Auseinandersetzung auch erhebliche Risiken birgt – etwa das, einer von Dritten ausgelösten Repressionskampagne ausgesetzt zu sein. Stattdessen gilt ihr Augenmerk in erster Linie konkreten politischen Gegnern und Konstellationen, was gleichzeitig das Verhältnis zu ihrer Anhängerschaft maßgeblich beeinflusst.

Schließlich ist keineswegs ausgemacht, dass islamistische Organisationen primär und durchgehend auf den Einsatz von Gewalt setzen, um ihr religiös-politisches Erneuerungsziel zu verfolgen. Die Vorgängerorganisation der als besonders blut- und rachedurstig geltenden Hamas, die Mujamma, trat über ein Jahrzehnt lang für eine gewaltfreie Verbreitung des Islam ein, bevor sie, durch die Militanz der ersten Intifada-Bewegung von 1987 überrascht, sich zu bewaffneten Angriffen gegen Israel entschloss. Die Hisbollah, Anfang der 1980er Jahre aufgrund einiger Selbstmordanschläge mit insgesamt über 200 Toten zu trauriger Berühmtheit gelangt, hat inzwischen den Einsatz von Gewaltmitteln deutlich reduziert. Auch andere Gruppen schalteten auf einen eher reformorientierten Kurs um, nachdem die durch ihre Anschläge ausgelösten Verfolgungskampagnen der Regierungen ihnen ihre Anhängerschaft zu entfremden drohten. Es gibt aber auch Gruppen und Individuen, die der einmal gewählten Gewaltstrategie treu bleiben und sie eventuell noch verstärken. Auch hier lässt sich keine einheitliche Tendenz erkennen. Einen Automatismus der Art, dass das gewählte Gewaltinstrument sich gegenüber den damit verfolgten religiösen und politischen Zielen verselbständigt, gibt es jedenfalls nicht.

Die Terroristen und ihr Unterstützungsmilieu

Die zum islamistischen Terrorismus zählenden Verbände sind so zahlreich und streuen so breit, dass ihr Rekrutierungspotenzial sich nicht auf eine bestimmte Schicht oder einen Bevölkerungssektor begrenzen lässt. Doch wird in den einschlägigen Untersuchungen unterstrichen, dass besonders viele Terroristen der unteren oder mittleren Mittelschicht angehören, zunächst als Lehrer, Techniker, Ärzte, Ingenieure oder Angestellte ausgebildet wurden, bevor sie zu einer Gewaltorganisation stießen. Nicht selten handelt es sich um junge Männer, die mit ihrer Familie aus dem Hinterland in die wachsenden Großstädte gewandert sind und dort nach abgeschlossenem Hochschulstudium erfolglos einen Arbeitsplatz suchten. Die Hilfstruppen der terroristischen Elitekader bilden Jugendliche aus ärmeren Schichten, die im Umkreis der Moscheen und deren Sozialdiensten angesiedelt sind.

Für das Unterstützungsmilieu, das die Organisationen trägt und aus dem nach Bedarf neue Mitglieder rekrutiert werden, kommen zwei Großgruppen in Betracht. Das ist zum einen die muslimische Bevölkerung in Nordafrika sowie den Ländern des Nahen und Fernen Ostens, und es sind zum anderen die muslimischen Diasporagemeinschaften, die in zahlreichen westlichen Industriegesellschaften durch Zuwanderung entstanden sind. Zur Situation der erstgenannten Großgruppe lässt sich nur schwer etwas Allgemeines sagen. Der Pulverqualm periodischer Anschläge in diesen Ländern verstellt die Sicht und erschwert die Orientierung im Hinblick auf die Gesinnung der jeweiligen Bevölkerungsgruppen. Den Aussagen der militanten Islamisten nach zu schließen, sind sie überall auf dem Vormarsch. In Saudi-Arabien etwa kündigen sie den baldigen Übergang zum Guerillakrieg als Vorstufe eines Massenaufstandes an. Das Internet ist voll von islamistischen Erfolgsmeldungen und Triumphgesten. Eine genauere Lektüre der einschlägigen Berichte und Analysen vermittelt dagegen ein differenzierteres Bild. Da ist beispielsweise zu erfahren, dass ein Großteil der marokkanischen Bevölkerung Scham über die mörderischen Anschläge ihrer Landsleute am 11. März 2004 empfand; dass ein Großteil der sunnitischen Bevölkerung im Irak aufgrund der grausamen Hinrichtungsrituale, die Zargavi im Namen von al-Qaida im Irak inszenierte, sich von dieser Organisation abwendete; dass die Terroristen von Saudi-Arabien, weit davon entfernt, zum Guerillakampf übergehen zu können, weiterhin nur eine kleine, relativ isolierte Gruppe darstellen;

dass ein Anschlag religiöser Fanatiker auf die australische Botschaft in Djakarta bei der lokalen Bevölkerung Wut und Empörung ausgelöst habe, weil dabei auch viele Indonesier zu Schaden kamen; und so weiter.

Offenbar, so lässt sich aus diesen Nachrichten schließen, hält sich die Unterstützung der Terroristen durch die muslimische Bevölkerung in diesen Ländern in Grenzen. Die Gründe für diese Zurückhaltung sind unschwer zu erraten: Terroristische Anschläge ziehen regelmäßig breit angelegte Kampagnen politischer Verfolgung nach sich, unter denen die ganze Bevölkerung leidet. Wird aus dem Anschlag ein bewaffneter Dauerkonflikt, so bleibt die Region, in der dieser ausgetragen wird, wirtschaftlich zurück. Nur ausnahmsweise, wenn eine Regierung sich besonders ungeschickt verhält, ist mit der Solidarisierung breiterer Bevölkerungskreise mit den Gewaltaktivisten zu rechnen. Im Übrigen ist die Einstellung ihnen gegenüber eher ambivalent oder geht das Gros der Bevölkerung sogar offen auf Distanz. Dies wiederum kann zur Folge haben, dass die Terroristen auf einen moderaten Reformweg einschwenken oder ins Ausland ausweichen. Tatsächlich halten Experten die Bedrängnis und Isolierung, in die terroristische Gruppen häufig auf nationaler Ebene geraten sind, für einen der Hauptgründe für die Zunahme des transnationalen Terrorismus.

Es sei jedoch nochmals darauf hingewiesen, dass es eine Konstellation gibt, die die generell zurückhaltende Einstellung der Bevölkerung gegenüber den radikalen Gruppen aufheben kann. Sie liegt dann vor, wenn sich das religiöse Anliegen mit einem nationalen Befreiungsanspruch verbinden lässt, weil die politische Macht durch externe Herrschaftsträger übernommen wurde oder in einer Weise ausgeübt wird, die den Vorwurf des Neokolonialismus rechtfertigt. Dabei ist zweitrangig, wie diese Konstellation zustande kam, ob der Einmischung von außen primär humanitäre Gründe zugrunde liegen, etwa die Beseitigung eines despotischen Regimes, oder durchsichtige Eigeninteressen des intervenierenden Staates. Die Erfahrung lehrt, dass Befreiungstruppen im Handumdrehen als Besatzungstruppen wahrgenommen werden und entsprechende Widerstandsreaktionen auslösen. Der Nationalismus in der Dritten Welt ist nach wie vor eine Kraft, die stark genug ist, um Gruppen aus unterschiedlichen ideologischen Lagern zu vereinen, wenn es gilt, ein externes oder als Handlanger imperialer westlicher Mächte erscheinendes Regime zu bekämpfen.

Die zweite Großgruppe, die als Unterstützungspotenzial für den islamistischen Terrorismus in Frage kommt, sind die muslimischen Diasporagemeinschaften in den westlichen Industrieländern. Allein in der Bundesrepublik Deutschland leben über drei Millionen Muslime, auch in Frankreich und Spanien geht ihre Zahl in die Millionen. Für den israelischen Terrorismusexperten Reuven Paz sind sie die gefährlichere der beiden genannten Großgruppen. Er beklagte die Blauäugigkeit der Politiker und Medien in Westeuropa, die nicht wahrhaben wollten, dass ihre großzügige Einwanderungspolitik die Entstehung radikaler muslimischer Enklaven begünstige, die eines Tages die rechtsstaatlich-demokratische Grundordnung aushebeln würde.

Das war zu Beginn des neuen Jahrtausends. Inzwischen hat sowohl bei den Sicherheitsdiensten als auch bei den Wissenschaftlern der westlichen Länder ein grundlegendes Umdenken stattgefunden. Zahlreiche Studien sind erschienen, in denen die Hintergründe und Modalitäten einer Radikalisierung von Muslimen in der westlichen Diaspora untersucht und analysiert wurden. Ausgangspunkt war dabei die Beobachtung, dass der Religion angesichts der zahlreichen Herausforderungen, mit denen sich der Migrant in der Aufnahmegesellschaft konfrontiert sieht, eine zentrale Funktion zukommt. Sie dient nicht nur der Heilsvergewisserung im Jenseits, sondern erfüllt zusätzlich Aufgaben des sozialen Ausgleichs, inneren Zusammenhalts sowie letztlich einer Bestätigung gemeinsamer Identität für die Migrantenkolonien. Zumal in den weitgehend säkularisierten Gesellschaften Westeuropas stellt sie ein klares Abgrenzungsmerkmal gegenüber der einheimischen Bevölkerung dar und wird deshalb absichtsvoller und bewusster praktiziert als in der Herkunftsgesellschaft.

Gesteigerte Religiosität ist aber nicht gleichbedeutend mit religiösem Fanatismus und erhöhter Gewaltbereitschaft. Sie kann in blinden Glaubenseifer und eine strikte Konfrontationshaltung gegenüber dem Westen münden, doch stellt dies eher den Ausnahme- als den Normalfall dar. Die verfügbaren Daten deuten im Gegenteil darauf hin, dass diejenigen Muslime, die fest im Glauben ruhen, beispielsweise regelmäßig die Moschee besuchen und ihren religiösen Pflichten nachkommen, vergleichsweise tolerant gegenüber der Gastgesellschaft sind und Gewaltanschläge als mit den Glaubenssätzen des Islam unvereinbar ablehnen.

Bei der Minderheit, die sich zu einem Gewaltkurs bekennt, muss man wiederum zwischen der ersten Generation der noch in einem arabischen Land Geborenen, die sich im Westen gewissermaßen im Exil befinden, und den folgenden Generationen unterscheiden, welche die eigentliche Diaspora bilden. Für die erste Generation – Prototyp: die Gruppe um Atta, welche die Anschläge vom 11. September 2001 verübte; auch der Anschlag von Madrid im März 2004 wurde größtenteils von noch in Marokko Geborenen verübt – hat Marc Sageman mit seiner *bunch of boy*-These eine plausible Erklärung für ihre Hinwendung zur Gewalt angeboten. Als Studenten oder Arbeitsuchende in den Westen gelangt, hätten sie sich dort einsam und etwas verloren gefühlt und sich deshalb auf der Suche nach Kontakten häufig in der Nähe örtlicher Moscheen aufgehalten, wo sie auf alte Bekannte gestoßen seien und sich neue Freunde gemacht hätten. Die auf diese Weise entstandenen Cliquen seien durch gemeinsame Erfahrungen der Diskriminierung und der Verklärung der eigenen Kultur und Tradition zusammengeschweißt worden und hätten zu engen gegenseitigen Bindungen geführt, wobei die gemeinsame Religion zunächst nur eine untergeordnete Rolle spielte. Es habe sich um eine Art von Ersatzfamilie gehandelt, welche Bedürfnisse wie jene nach Intimität und Nähe, Vertrauen und Zuneigung abdeckte, die in den anonymen westlichen Gesellschaften zu kurz kommen. Das religiöse Moment sei meistens durch einen von seiner sakralen Mission erfüllten charismatischen Führer in die Gruppe hineingetragen worden und habe deren Absonderung sowohl von der Aufnahmegesellschaft als auch von der Mehrheit gemäßigter Muslime, darunter die eigenen Familienangehörigen, beschleunigt. Unter dem Einfluss puristischer religiöser Ideale hätten sie sich in eine Verschwörermentalität und absolute Konfrontationshaltung gegenüber dem »verdorbenen, dekadenten« Westen hineingesteigert, die schließlich zu einem Gewaltanschlag führte.

Auf die zweite Variante eines durch die zweite, dritte oder vierte Migrantengeneration praktizierten Diaspora-Terrorismus (auch *homegrown terrorism*, genannt, weil die Wurzeln im westlichen Land selbst liegen) wurde die europäische Öffentlichkeit erstmals anlässlich der Anschläge in London im Juli 2005 aufmerksam, die mit Ausnahme eines Konvertiten durchweg von bereits in England geborenen Söhnen pakistanischer Einwanderer verübt wurden. Der Exilradikalismus der ersten und der Diaspora-Radikalismus der nachfolgenden Migrantengenerationen ähneln sich insofern, als für beide rassisch-ethnische und soziale Diskriminierungserfahrungen als Kausalvariablen eine wichtige Rolle spielen. Zugleich weichen sie aber in wesentlichen Punkten voneinander ab. So leiden die im Schoße einer muslimischen Familie in der Diaspora Aufgewachsenen nicht mehr unter den bei muslimischen Studenten häufig auftretenden Gefühlen der Einsamkeit und sozialen Isolierung. Auch ihre Kontakte zu Gleichaltrigen in der Aufnahmegesellschaft sind unkomplizierter und intensiver, gehen sie doch mit ihnen gemeinsam zur Schule und nehmen teilweise an gemeinsamen Freizeitaktivitäten teil. Rein äußerlich in einer vorteilhafteren Situation als die erste Migrantengeneration, sind ihre Probleme im Grunde nicht geringer, allerdings primär seelischer Natur. Sie sind eng an die Identitätsfrage gekoppelt: Sämtliche Migrations- und Integrationsstudien, angefangen von den klassischen Arbeiten der Chicagoer Schule der 1920er Jahre, sind sich darin einig, dass die in der Migrationssituation angelegte Identitätsproblematik weniger bei den Migranten selbst, sondern erst bei der zweiten, dritten oder vierten Generation der im neuen Land Geborenen voll zum Tragen kommt. Eingezwängt und hin- und hergerissen zwischen einerseits der Erwartung der Eltern, den alten Glauben und die mitgebrachten Traditionen nicht zu verleugnen und andererseits den Verlockungen, Integrationsangeboten und Zwängen der Aufnahmegesellschaft müssen die jungen Diasporamitglieder einen Kompromiss zwischen den in mancherlei Hinsicht widersprüchlichen Anforderungen finden oder sich ganz auf eine Seite schlagen. Im Ringen um ihre Identität treffen sich übrigens viele Migranten mit einheimischen Jugendlichen, die ebenfalls klare Hinweise und Orientierungen ihrer Gesellschaft darüber vermissen, wie sie sich verhalten und welchen Weg sie einschlagen sollen. Hier liegt einer der Hauptgründe für die häufige Bekehrung westlicher Jugendlicher zum Islam, dessen moralische und sonstige Direktiven an Klarheit nichts zu wünschen übrig lassen.

Die Hinwendung zu einer fundamentalistisch-radikalen Version des Islam ist nur eine von mehreren Möglichkeiten für den Diaspora-Muslim, seine Identitätsprobleme zu lösen. Sie sagt noch nichts darüber aus, ob sich die damit verbundene strikte Ablehnung des Westens in gewaltsamer Form äußern muss. Und selbst wenn die damit einhergehende Grundaggressivität sich ein gewaltsames Ventil sucht, wird dies im Zweifel zu einem Engagement auf Seiten bedrängter Glaubensbrüder in notorischen Konfliktherden im Nahen und Mittleren Osten führen. Dass die westliche Gesellschaft, in welcher der Betroffene groß geworden ist, frontal angegriffen wird, war bislang seltene Ausnahme und wird es wahrscheinlich auch bleiben.

Interpretationsversuch

Der religiöse, vor allem der islamistische Terrorismus gilt im Vergleich zu den anderen Formen des Terrorismus als besonders gefährlich. Als Beweis hierfür gilt, dass im Verlauf der jüngsten, um 1985 einsetzenden und vor allem von religiösem Fanatismus getragenen terroristischen Welle zwar die Zahl der zum internationalen Terrorismus zählenden Anschläge abgenommen hat, jedoch die durchschnittliche Zahl der Todesopfer je Anschlag angestiegen ist. Dies sei darauf zurückzuführen, dass religiös motivierte Selbstmordattentäter – gerade die blutigsten Anschläge wurden meist von Selbstmordattentätern verübt – bereits weitgehend mit ihrem Leben abgeschlossen hätten. Primär auf ihr Seelenheil im Jenseits hin orientiert, schreckten sie nicht davor zurück, mit aller Radikalität gegen die aus ihrer Sicht untragbaren Missstände in dieser Welt vorzugehen. Auch der Einsatz von ABC-Waffen durch religiöse Terroristen lasse sich nicht ausschließen. Häufig wird der religiöse Terrorismus mit fundamentalistischen Bewegungen innerhalb der großen Religionsgemeinschaften in Verbindung gebracht, die seit den 1990er Jahren verstärkt die öffentliche Aufmerksamkeit auf sich gezogen haben. Im Falle des Islam wird zusätzlich aus dem Gebot des Dschihad, des heiligen Krieges, den jeder Gläubige zu führen verpflichtet ist, eine besondere Bereitschaft zum Einsatz von Zwang und Gewalt abgeleitet. Wie sind diese Argumente zu beurteilen, und wie weit reicht ihre Erklärungskraft?

Zunächst ist der rein statistische Befund, dass die Opferzahlen stark angestiegen sind, seitdem die Attentate aus primär religiösen Motiven erfolgen, zweifellos zutreffend. Offen ist indes, worauf diese Entwicklung zurückzuführen ist; sie kann durchaus dem religiösen Charakter der meisten in jüngerer Zeit durchgeführten Anschläge geschuldet sein; es lässt sich aber auch nicht ausschließen, dass sie mit der Konkurrenzsituation zu erklären ist, in der sich sämtliche terroristischen Verbände in einer zunehmend globalisierten Welt befinden. Diese Konkurrenzsituation zwingt zu immer drastischeren Methoden, um die Aufmerksamkeit der Weltöffentlichkeit zu erregen. Was immer die eigentliche Ursache für diese Eskalation sein mag, inzwischen weiß man, dass die anfänglich angeführten Gründe, warum religiös motivierte Täter sich nicht scheuen, eine unbegrenzte Zahl von Menschen mit in den Tod zu nehmen, nicht oder nur bedingt greifen. Der religiöse Selbstmordattentäter bereitet sich zwar innerlich auf den Tod und eine ihm verheißene bessere Welt vor, doch bedeutet das nicht, dass er keinen Gedanken mehr an das Diesseits verschwendet. Seine Ehre und sein Ansehen, sein Ehrgeiz, als Vorbild im Gedenken der Freunde und seiner Familie fortzuleben, eventuell auch der Wunsch einer materiellen Absicherung seiner Angehörigen, all dies geht als Beweggrund in seinen Anschlag mit ein.

Auch jene Erklärungen, die im religiösen Fundamentalismus oder in der Verpflichtung der Muslime zum Dschihad die Ursache religiöser Gewaltbewegungen sehen, sind letztlich nicht sonderlich befriedigend. Man hat einige Mühe herauszufinden, was mit »religiöser Fundamentalismus« eigentlich gemeint ist. Entweder das Konzept wird sehr weit definiert und gewissermaßen verharmlost, dann rückt es in die Nähe von religiösen Aufbruchs- und Erneuerungsbewegungen generell und lässt die Frage offen, warum diese in manchen Fällen gewaltsame Formen annehmen, in anderen wiederum nicht. Oder aber man fasst es eng und gibt ihm von vornherein einen gewaltträchtigen Beigeschmack; dann verlagert sich die Fragestellung nur weiter nach vorne, wann und warum religiöse Strömungen eine fundamentalistische Wende nehmen.

Die Annahme, der gegenwärtig vom Islam ausgehende Gewaltschub hänge mit dessen Forderung nach kämpferischer Bewährung im Dschihad zusammen, schafft mehr Probleme, als sie löst. Handelt es sich doch bei dieser Selbstverpflichtung um ein zeitloses Gebot. Wie lässt sich dann erklären, dass es im islamisch geprägten Kultur- und Staatenraum friedliche und weniger friedliche Epochen gab, wie, dass sich unter der Unzahl von gläubigen Muslimen offenbar nur eine kleine Minderheit findet, die dieses Gebot ernst nimmt und zur Gewalt greift?

Im Übrigen wirft die Fokussierung auf den Dschihad als Erklärung für die angeblich besonders hohe Gewaltbereitschaft der Islamisten auch Schwierigkeiten im Hinblick auf einen Vergleich mit dem Christentum auf. Das Christentum versteht sich bekanntlich als Liebesreligion, aber hat dieses Selbstverständnis gläubige Christen daran gehindert, Kreuzzüge durchzuführen und den amerikanischen Kontinent gewaltsam zu erobern? Sollte man nicht generell, wie es von der Sozialpsychologie angeraten wird, eine Unterscheidung zwischen Ideologie und Rhetorik einerseits und dem Bereich des praktischen Handelns andererseits treffen?

Wie eingangs bemerkt, ist die Analyse der Ursachen und Hintergründe religiös bedingter Gewalt noch nicht weit fortgeschritten. Ausgangspunkt entsprechender Ansätze müsste die zu Beginn des

Kapitels herausgestellte Ambivalenz von Religionen sein. Das heißt, es wäre zu fragen, wann Religionen Eintracht und Frieden stiften, unter welchen Umständen sie zur Antriebskraft von gewaltsamer Verfolgung und Unterdrückung werden. Hierzu seien abschließend zwei Untersuchungen vorgestellt, die auf diese Frage eine generelle Antwort zu geben versuchen. Die erste stammt von dem nordamerikanischen Fundamentalismus-Forscher Scott Appleby (University of Notre Dame), der untersucht hat, warum religiöse Bewegungen, die an sich ein friedliches Verhältnis zu ihrer sozialen Umwelt anstreben, plötzlich zur Gewalt greifen. Seine Erklärungsformel heißt *exceptionalism*: Wenn sie sich aufs Äußerste in die Enge gedrängt, in ihrer Existenz bedroht sehen, kann für religiöse Glaubensgemeinschaften eine Ausnahmesituation eintreten, in welcher die gängigen Werte und Verhaltensorientierungen gewissermaßen auf den Kopf gestellt, in ihr Gegenteil verkehrt werden. Leben sie grundsätzlich nach der Devise, es gelte Solidarität und Toleranz gegenüber den Mitmenschen und anderen Gruppen zu üben, so werden im Lichte des Ausnahmezustandes Mitbürger und die Obrigkeit plötzlich zu Verrätern oder Feinden, die man mitleidlos angreifen und vernichten muss. Auf diese Weise kann Appleby erklären, warum sektenartige Gruppen wie Gush Emunim in Israel, Teile der christlichen Milizen in den USA, aber auch islamistische Gruppen in Ägypten in Regierungsvertretern plötzlich die Inkarnation des Bösen sahen, gegen das mit aller Schonungslosigkeit vorzugehen eine heilige Pflicht war. Der Vorteil des Ansatzes von Scott Appleby besteht darin, dass er sich nicht in vagen Spekulationen darüber ergeht, welche verborgenen dämonischen Potenziale in Religionen schlummern, sondern in Form der »Ausnahmesituation« ein konkretes, empirisch nachprüfbares Kriterium dafür benennt, wann mit einer vehementen, gegebenenfalls gewaltsamen Reaktion von Seiten einer Religionsgemeinschaft zu rechnen ist. Freilich handelt es sich um ein Kriterium, das nicht primär an äußeren Umständen ablesbar ist, sondern zu dessen Verifizierung man sich damit auseinandersetzen muss, was in den Köpfen der Gläubigen vorgeht.

Appleby weist in seinem Buch *The Ambivalence of the Sacred* zugleich darauf hin, dass rein religiöse Bewegungen relativ selten sind, es hingegen weit häufiger vorkommt, dass das religiöse Engagement sich mit anderen Motivelementen vermischt, diese verstärkt und radikalisiert. Genau diese Konstellation hat nun Marc Juergensmeyer in die Frage übersetzt, wann die Gefahr besteht, dass weltliche Konflikte, etwa ethnisch-nationalistischer oder sozialer Natur, religiös überhöht werden und zum »Kosmischen Krieg« entarten. Er nennt drei Umstände, die zusammengenommen eine solche religiöse Aufladung wahrscheinlich machen: erstens, wenn es bei dem Konflikt um elementare Güter wie die Verteidigung der Identität und kollektiven Würde geht; wenn es sich zweitens um einen Kampf handelt, bei dem eine Niederlage inakzeptabel, im Grunde undenkbar ist; und schließlich drittens, wenn es auf der Hand liegt, dass dieser Kampf unter den gegebenen Bedingungen, in dieser Welt, in absehbarer Zeit in keinem Fall zu gewinnen ist. Unter diesen Umständen liegt seine Verlagerung in eine jenseitige Sphäre nahe, wo der Ausgang des Konfliktes von Gottes Willen abhängt und das Verhältnis von Siegern und Besiegten sich umkehren kann. Man findet unschwer Beispiele, welche die Annahmen von Juergensmeyer bestätigen. Zu denken ist etwa an die Palästinenser, deren Widerstand gegen Israel jahrzehntelang unter einem sozialistischen Vorzeichen stand und die erst seit dem verzweifelten Unternehmen der zweiten Intifada auf einen islamistischen Kurs einschwenkten; oder an die Tschetschenen, eine ursprünglich primär ethnisch-nationalistische Bewegung, die vermutlich erst aufgrund der Aussichtslosigkeit ihres Befreiungskampfes diesem eine religiöse Note verlieh.

Exkurs zum transnationalen Terrorismus: al-Qaida

Dass Terrorismus eine grenzüberschreitende, »internationale« Dimension hat, ist im Prinzip nichts Neues. Schon die Anarchisten im 19. Jahrhundert waren unentwegt innerhalb Europas unterwegs, einer ihrer Haupttreffpunkte war die Schweiz. Mit dem Wiederaufleben des Linksterrorismus sowie des ethnischen Terrorismus in den späten 1960er Jahren kam auch sofort wieder dieser Zug zum Internationalen mit ins Spiel. Angehende RAF-Mitglieder ließen sich im Nahen Osten in der Handhabung von Waffen und in Grundtechniken des Guerillakampfes schulen; die baskische ETA benutzte Südfrankreich als Ausgangsbasis für Großanschläge gegen das franquistische Herrschaftssystem; die irischen Terroristen aktivierten ihre Verbindungen zur nordamerikanischen Diaspora, um dort Spenden für ihren »Befreiungskampf« auf der Grünen Insel einzusammeln. Besonderes Geschick in der Nutzung des Auslandes entwickelten die palästinensischen Terroristen: Aus ihrem Herkunftsland vertrieben und abwechselnd in verschiedenen arabischen Ländern wie Algerien, Jordanien, Südlibanon stationiert, machte die PLO aus der Not gewissermaßen eine Tugend. Sie richtete ihre Anschläge so aus, dass Angehörige aller möglichen Drittstaaten beispielsweise durch Flugzeugentführungen in Mitleidenschaft gezogen wurden, so dass die Weltöffentlichkeit gezwungen war, von ihnen und ihrem Problem Kenntnis zu nehmen.

Die Tendenz terroristischer Gruppen, grenzüberschreitend zu agieren, hängt eng mit ihrer Operationsweise im und aus dem Untergrund zusammen, das heißt also dem Fehlen eines von ihnen kontrollierten physischen Raumes, eines eigenen Territoriums. Der

Tarnungs- und Sicherungsaufwand, der mit ihrer klandestinen Existenz verbunden ist, kostet diese Verbände viel Mühe und Energien; vor allem Führungs- und Koordinationsaufgaben lassen sich unter den Bedingungen eingeschränkter Bewegungs- und Kommunikationsfreiheit nur schwer wahrnehmen. Deswegen sind diese Organisationen ständig auf der Suche nach »Freiräumen«, wo sie sich ungestört entfalten, ihre Mitglieder sich treffen und regenerieren können. Teils können Zonen gelockerter staatlicher Kontrolle innerhalb der Länder, deren Regierung sie angreifen, diese Funktion erfüllen, beispielsweise Klöster, Moscheen, Kirchen, Hochschulen oder bestimmte Stadtviertel, desgleichen topografisch schwer zugängliche Gebiete wie Schluchten, Bergzonen etc. Doch sind solchen »inneren« Freiräumen im Regelfall Schutzzonen vorzuziehen, die den Gruppen von einem anderen Staat, am besten dem Nachbarstaat, zur Verfügung gestellt werden, wo sie sich zwanglos aufhalten und ihre subversiven Pläne schmieden können.

Gegenüber dieser naheliegenden Tendenz, auf benachbartes Territorium auszuweichen, stellt al-Qaida insofern ein Novum dar, als diese Organisation von vornherein unter einem transnationalen Vorzeichen entstanden ist. Zwar hat es schon früher entsprechende Versuche gegeben, etwa Ansätze zur Gründung einer internationalen Plattform durch die sozialrevolutionären und ethnisch-nationalistischen Gruppen der 1970er und 1980er Jahre, doch blieben die meisten bereits in den Anfängen stecken. Die von Bin Laden geschaffene Organisation und Bewegung ist die erste, die sowohl von ihren Zielen als auch von ihrer Strategie und Organisation her sowie schließlich im Hinblick auf die Mitgliederrekrutierung transnational angelegt war.

Was zunächst die Ziele angeht, so war gewiss ein Hauptanliegen Bin Ladens, das »falsche« Herrscherhaus in seinem Heimatland Saudi-Arabien zu beseitigen und sicherzustellen, dass die dort befindlichen heiligen Stätten Mekka und Medina durch die Machtausübung Unwürdiger nicht entweiht werden. Doch dachte er gleichzeitig in den umfassenderen Kategorien einer islamischen Nation sowie eines Kalifats, das alle Staaten Nordafrikas und des Vorderen

Orients umfassen soll, und forderte die Rückeroberung sämtlicher Gebiete, in denen muslimische Bevölkerungsgruppen lebten und leben, von Tunesien bis Indonesien. Die Betonung des Religiösen verleiht seiner Bewegung fast automatisch eine nationalstaatliche Grenzen überschreitende Dimension, die sich auch in der Strategie und Struktur von al-Qaida niederschlägt. Bin Laden drängte von Anfang an darauf, dass traditionelle Spaltungen innerhalb der islamischen Religionsgemeinschaft, wie etwa die zwischen Sunniten und Schiiten, zumindest temporär überwunden werden, um alle Kräfte in den Dienst des Kampfes gegen den eigentlichen Gegner, die »Kreuzfahrer und Zionisten«, zu stellen. Die von ihm gegründete Organisation unterhält Zweigstellen, wo immer muslimische Glaubensgemeinschaften anzutreffen sind, unabhängig von deren Herkunft und ideologischer Ausrichtung. Schließlich kommt derselbe universale Zug auch in der Zusammensetzung der Mitglieder von al-Qaida zum Ausdruck. Der Kern der Organisation wird vor allem durch Araber, Ägypter, Jemeniten und Algerier gebildet; doch steht sie darüber hinaus jedem Muslim offen, der ihre Prinzipien bejaht, dafür zu kämpfen bereit ist und, falls er in die engeren Kader integriert werden will, ihre strengen Aufnahmebedingungen erfüllt.

Der Ursprung dieser multinationalen Organisation des Terrorismus liegt bekanntlich in der Invasion Afghanistans durch die Sowjetunion Ende der 1970er Jahre. Der brutale Angriff einer Supermacht auf das kleine, am Rande des damaligen Sowjetimperiums gelegene Land, bei dem rund eine Million Afghanen, etwa der 15. Teil der Gesamtbevölkerung, ums Leben kam, löste eine Solidaritätswelle sondergleichen in der ganzen islamischen Welt aus. Unter den Gruppen freiwilliger Glaubenskämpfer, die sich nach Afghanistan in Bewegung setzten, befand sich auch Bin Laden, der Sohn eines reichen Baumagnaten aus Saudi-Arabien. Er errichtete Unterkünfte für Neuankömmlinge, baute Straßen, Tunnel und Bunkeranlagen und bewährte sich als unerschrockener Kämpfer an der Front. Viele dieser Initiativen wurden von den USA unterstützt, die zu jener Zeit nichts unversucht ließen, um den außenpolitischen Expansionsdrang der Sowjetunion in die Schranken zu weisen. Zugleich schloss er sich eng an einige Prediger an und setzte sich mit den Grundlagen des Islam auseinander. So gewann der junge Mann im Laufe der 1980er Jahre allmählich an Einfluss und Ansehen in der Region. Die eigentliche Gründung al-Qaidas fiel in die Zeit nach dem Abzug der Sowjets Ende der 1980er Jahre, als es zu entscheiden galt, ob der Kampf damit beendet sei oder an anderen Fronten fortgeführt werden sollte. Der in einem kleinen Kreis getroffene Beschluss zur Fortsetzung des Kampfes wurde durch einen formellen Eid besiegelt.

Kennzeichnend für die Phase der Konsolidierung und Expansion der Organisation in den wichtigen 1990er Jahren waren drei Züge. Dazu zählen erstens die wiederholten Wohn- und Standortwechsel Bin Ladens und seiner Familie, die ihn zu einem transnationalen Migranten innerhalb der islamischen Welt machten. Nach der anfänglichen Rückkehr in sein Heimatland, wo er aufgrund seiner Kritik an der amerikafreundlichen Haltung des saudi-arabischen Herrscherhauses alsbald zur Persona non grata wurde, brach er erneut nach Pakistan auf. Dann folgte er für mehrere Jahre einer Einladung der Regierung des Sudan, bevor er, von dieser ausgewiesen, schließlich in dem inzwischen unter die Herrschaft der Taliban geratenen Afghanistan seinen Wohnsitz aufschlug.

Im Zuge dieser Ortswechsel und neuen Erfahrungen änderten sich seine Ziele und Strategievorstellungen. Ursprünglich in einem Guerillakampf engagiert, freundete er sich daneben immer mehr mit dem Terrorismus als Kampfmethode an. Da terroristische Anschläge zwangsläufig die Tötung unschuldiger Zivilisten nach sich ziehen, was der Koran nicht gestattet, entfremdete sich Bin Laden mit diesem Schritt früheren Weggefährten, insbesondere dem bald darauf ermordeten Scheich Abdullah Assam, und ging stattdessen ein Bündnis mit neuen Gruppen und Personen ein, vor allem mit dem ägyptischen Arzt Al Zawahiri. Zugleich schwenkte er von der Strategie des Dschihad »nach innen«, gegen »verräterische« Herrscher in den islamischen Staaten, auf die Strategie eines Dschihad »nach außen«, gegen den Westen, vor allem die USA, um. Die Gründe hierfür dürften vielfältig gewesen sein: zum einen die wiederholt in seinen Verlautbarungen zum Ausdruck kommende Überzeugung, dass die islamischen Regime von außen, durch den Westen, korrumpiert worden seien, man also konsequenterweise gegen diesen als den eigentlichen Feind vorgehen müsse. Zum anderen wohl auch die Befürchtung, man werde sich durch einen Aufruf zur Rebellion gegen das eigene Herrscherhaus die Gunst der Masse der Gläubigen verscherzen. Ganz abgesehen davon, dass derartige Auflehnungsversuche dort, wo sie stattgefunden hatten, von den Machthabern erfolgreich niedergeschlagen worden waren. Die neue Angriffshaltung gegenüber dem Westen, vor allem den mit den schlimmsten Attributen belegten USA, gipfelte in der Bildung einer »Internationalen Islamischen Front« im Jahre 1998 und einer »Fatwa«, die es allen gläubigen Muslimen zur Pflicht machte, sämtliche Amerikaner, ob Militärs oder Zivilisten, zu töten.

Drittens ist noch ein Wort zur finanziellen Situation Bin Ladens angebracht. Wenngleich er als Erbe eines der wohlhabendsten Männer Saudi-Arabiens über beträchtliche eigene Mittel verfügte, mit denen er großzügig islamistische Gruppen in der ganzen Welt, vor allem aber die von ihm gegründete Organisation al-Qaida finanzierte, darf die Bedeutung seiner Finanzkraft für den bewaffneten islamistischen Kampf nicht zu hoch angesetzt werden. Bin Laden war ein umsichtiger Geschäftsmann, der sein Vermögen in mehr oder weniger lukrativen, großenteils legalen Unternehmen anlegte. Dies verhinderte nicht, dass er zeitweise, unter anderem aufgrund von staatlichen Konfiskationen, in finanzielle Schwierigkeiten geriet und gezwungen war, seine Ausgaben einzuschränken. Auch bei sparsamster Haushaltsführung hätte sein Vermögen niemals ausgereicht, eine Organisation des Umfangs von al-Qaida Ende der 1990er Jahre zu unterhalten. Hierzu bedurfte es vielmehr eines Apparates, der Spenden von vielen Seiten einwarb, bedurfte es einer engen Anbindung an zahllose islamische Wohlfahrtsvereine, die meist unwissentlich zur Finanzierung der Gewaltbewegung beitrugen.

Um das Jahr 2000, zum Zeitpunkt ihrer maximalen Machtentfaltung, präsentierte sich al-Qaida als ein imponierendes Gebilde, eine Art internationale Holding-Gesellschaft islamistischer Gewalt. Sie unterhielt einen weitläufigen Komplex von Lagern und Schulungszentren in Afghanistan für angehende Guerilleros beziehungsweise Terroristen; hatte Geld in zahlreiche legale Unternehmensbranchen investiert und war eng mit Teilen des islamischen Bankensystems verflochten; verfügte über regionale Vertretungen in nicht weniger als 76 Ländern. Die Gesamtzahl der Gewaltkämpfer, welche die Ausbildungszentren der Organisation von 1989 bis 2000 durchliefen, wird auf zwischen 60 000 und 110 000 geschätzt, das sind zwischen 5000 und 10 000 ausgebildete Terroristen pro Jahr. Die Gesamtausgaben al-Qaidas für Waffen, Fahrzeuge, Personalkosten etc. pro Jahr beliefen sich, ebenfalls nach Schätzungen, auf rund 50 Millionen US-Dollar.

Die für die strategische Leitung der Gesamtbewegung zuständige Organisation im engeren Sinn, der 400 bis 500 Mitglieder angehört haben dürften, war relativ übersichtlich aufgebaut. An ihrer Spitze stand Bin Laden, dem ein Konsultativrat, bestehend aus angesehenen und vertrauenswürdigen Persönlichkeiten der Bewegung, bei- beziehungsweise untergeordnet war. Das alltägliche Organisationsgeschäft wurde von vier Abteilungen, Komitees genannt, wahrgenommen, die jeweils von einem »Emir« geleitet wurden: die militärische Abteilung, die Abteilung für Wirtschaft und Finanzen, eine Abteilung für religiöse Angelegenheiten und eine für Medien und Öffentlichkeitsarbeit. Jedes dieser »Komitees« zerfiel wiederum in Unterabteilungen und Arbeitsgruppen, die für spezielle Aufgaben zuständig waren. Die Bedeutung dieser Formalgliederung darf indes nicht überschätzt werden, da, wie Rohan Gunaratna schreibt, die Arbeits- und Entscheidungsprozesse innerhalb von al-Qaida wesentlich durch informelle Kriterien bestimmt wurden, auf Beziehungsmustern beruhten, für die Freundschaft, Verwandtschaft oder gemeinsame Nationalität den Ausschlag gaben.

Bin Ladens besondere Aufmerksamkeit galt der militärischen Abteilung, die für Kampfaktionen im weitesten Sinn, angefangen bei der Rekrutierung und Schulung der Glaubenskrieger über ihre Ausrüstung und ihren Transport bis hin zur Planung und Vorbereitung spezieller Operationen, zuständig war. Die Ausbildung gliederte sich in Grund-, Fortgeschrittenen- und Spezialkurse. Dem technischen und logistischen Training wurde ebenso große Beachtung geschenkt wie der mentalen Vorbereitung und Indoktrinierung der Aspiranten. Als Frucht des langen Guerillakrieges gegen die Sowjetunion war eine 7000 Seiten umfassende Enzyklopädie des Guerillakampfes entstanden, die alle, auch kleinste Details betreffende Fragen dazu beantwortete. Für den Alltagsgebrauch relevanter war das um 1993/1994 verfasste, wesentlich kürzere *Al-Qaida-Handbuch*, das vor allem Anweisungen für den Untergrundkampf, das heißt für terroristische Operationen, enthält. In zwölf Lektionen werden dort die notwendigen Eigenschaften eines Kämpfers sowie technische und logistische Fragen wie das Fälschen von Geld und Dokumenten, Kauf und Transport von Waffen, Arrangements von Treffen, Sicherheitspläne, Gegenspionage und dergleichen mehr besprochen. Zu den Eigenschaften, die von einem Glaubenskämpfer erwartet werden, zählen neben der Tatsache, dass er Muslim sein und eine gewisse körperliche und geistige Reife erlangt haben muss, unter anderem: Opfermut bis hin zur Bereitschaft zum Martyrium, Verschwiegenheit, Geduld, Ruhe sowie die Fähigkeit zu handeln.

Von den zahllosen Muslimen, die in Afghanistan für den Glaubenskampf ausgebildet wurden, wurde nur eine elitäre Minderheit, insgesamt nicht mehr als 3000 Mann, in die Organisation selbst aufgenommen. Die übrigen verbreiteten sich über die weltweit verstreuten islamischen Bevölkerungsgruppen; sie bilden bis heute die Knotenpunkte des globalen terroristischen Netzwerkes, das von Afghanistan aus geknüpft wurde. Zwei Drittel der 3000 durch al-Qaida beschäftigten Kämpfer führten an der Seite der Taliban Krieg gegen die sogenannte Nordallianz; der Rest wurde für andere Zwecke eingesetzt. Besonders sorgfältig wurden die Kandidaten für größere terroristische Aktionen, vor allem Selbstmordkommandos, ausgewählt und präpariert. Neben dem eigentlichen Einsatzteam gab es regelmäßig ein lokales Hilfsteam; die Verantwortung für das ganze Unternehmen trug ein eigens für diesen Zweck ernannter *agent*. Planung und Vorbereitung der Operation waren strengen Sicherheitsvorkehrungen unterworfen, theoretisch sollten sich die daran beteiligten Personen vor dem direkten Einsatz weder untereinander kennen noch die Befehlskette »nach oben«, jenseits des für die Aktion verantwortlichen Agenten, durchschauen.

Inzwischen wissen wir, wie effizient und »erfolgreich« die Selbstmordteams von al-Qaida gearbeitet haben. Bekanntlich hat der eindrucksvollste und zugleich verheerendste dieser Anschläge, die Flugzeugangriffe auf die Twin Towers und das Pentagon, zu einem Krieg der USA und ihrer Nato-Verbündeten gegen Afghanistan geführt, durch den das Taliban-Regime gestürzt und al-Qaidas Installationen zerstört, die Organisation selbst in starke Bedrängnis gebracht wurde. Ein Großteil der zentralen Kader der Organisation – inzwischen einschließlich Bin Ladens selbst – wurde gefangen genommen oder getötet. Wie hat al-Qaida diese Niederlage überstanden, und ist sie als Organisation, als Bewegung funktionsfähig geblieben?

Auf diese Frage gibt es unterschiedliche Antworten. In der ersten, im Mai 2002 erschienenen Auflage seines häufig zitierten Buches behauptete Rohan Gunaratna, al-Qaida habe den Schlag überstanden und sei ungeachtet des Verlustes ihrer territorialen Basis aufgrund ihrer dezentralen, flexiblen Strukturen als Organisation weitgehend intakt geblieben. In der zweiten, ein Jahr später erschienenen Auflage drückte er sich etwas vorsichtiger aus: Al-Qaida sei geschwächt und in absehbarer Zeit außerstande, vergleichbare simultane Großanschläge wie jene von 1998 auf die US-Botschaften in Nairobi und Daressalam oder vom 11. September 2001 durchzuführen. Mittlerweile haben sich unter den Forschern zwei Lager herausgebildet. Das eine, zu dem unter anderem der bekannte RAND-Experte Bruce Hoffman gehört, bescheinigt der Al-Qaida-Zentrale weiterhin beträchtliche Führungs- und Steuerungskraft hinsichtlich des transnationalen Terrorismus. Sowohl der Megaanschlag von Madrid (2004) als auch jener von London trügen die Handschrift al-Qaidas und seien in der Planung und logistisch maßgeblich vom militärischen Stab um Bin Laden beeinflusst worden. Etliche Ableger der Organisation, etwa im Irak, im Maghreb und im Jemen, zeugten von deren ungebrochener Vitalität und Fähigkeit zur Expansion. Außerdem sei es ihr gelungen, sich in Pakistan (in Wasiristan) Freiräume zu schaffen, wo sie sich erneut an die Oberfläche wagen und, in bescheidenem Maße, auch Schulungsanlagen unterhalten könne.

Dagegen geht das Gegenlager, angeführt von Marc Sageman, von der anhaltenden Schwächung der Al-Qaida-Zentrale seit der Afghanistan-Invasion der USA und ihrer Nato-Verbündeten Ende 2001 aus und konzediert allenfalls eine gewisse Erholung und Konsolidierung auf niedrigem Niveau. Sie habe die Fähigkeit zur Führung und Kontrolle der von ihr gegründeten Bewegung definitiv eingebüßt. Bei keinem der zahlreichen Anschläge und Anschlagsversuche seit 2003 lässt sich laut Sageman eine unmittelbare Urheberschaft al-Qaidas nachweisen. Dasselbe gelte für die Neugründung regionaler, sich auf al-Qaida berufender Zentren (im Irak, Maghreb etc.). Sie seien durchweg aus eigener Initiative entstanden, ohne von der Al-Qaida-Zentrale »akkreditiert« zu sein, die sie nur im Namen führten, um ihr Prestige zu steigern. Tatsächlich sei der militärische Zweig al-Qaidas stark ausgeblutet, vor allem die Sicherheitsdienste der USA hätten ihm sehr zugesetzt. Die meisten im Untergrund geschulten und erprobten Kämpfer seien inzwischen tot oder säßen im Gefängnis.

Zwar wächst, wie Sageman und andere Autoren einräumen, seit dem Irak-Krieg im Westen eine neue Generation prinzipiell zu transnationalen Anschlägen bereiter Aktivisten heran. Der Handlungsspielraum dieser sogenannten *homegrown*-Terroristen sei aber in doppelter Hinsicht eingeengt. Zum einen würden mittlerweile in Europa die Grenzen so gründlich überwacht – dasselbe gilt für eine Einreise in die USA –, dass sich militante Islamisten, im Unterschied zu vorangehenden Generationen, kaum noch international bewegen, sondern allenfalls innerhalb der jeweiligen nationalen Grenzen agieren können. Zum andern ermangelten sie für größere Operationen der erforderlichen Schulung und Expertise, wie sie früher im Laufe eines längeren Aufenthaltes in einem der Trainingslager in Afghanistan erworben wurden. Kurze Kurse, wie sie gegenwärtig in Pakistan angeboten werden, könnten diese systematische

Ausbildung nicht ersetzen. Dieses Defizit erkläre nicht nur, warum seit 2004 Großanschläge, die eine gründliche logistische Vorbereitung erfordern, ausgeblieben sind, sondern auch, warum mangels angemessener Vorarbeit und aufgrund einer dilettantischen Ausführung etliche im nationalen Rahmen geplante Anschläge scheiterten.

Es ist hier nicht der Ort, um zu entscheiden, welche der beiden Parteien recht hat; insgesamt kommt aus der Sicht des Verfassers der Argumentation Sagemans eine größere Plausibilität zu. Unabhängig von der Einschätzung der aktuellen Stärke und Rolle der Al-Qaida-Zentrale fallen für die künftige Entwicklung des transnationalen islamistischen Terrorismus drei strukturelle Variablen ins Gewicht:

- Erstens dürfte klar sein, dass, selbst wenn man al-Qaida noch eine gewisse Planungs- und Mitwirkungskapazität bei dem einen oder anderen Anschlag zugesteht, sie als Organisation, die im Verborgenen operiert und deren Sitz nur einige wenige Eingeweihte kennen, keinesfalls mehr eine Führungs- und Koordinationsrolle beanspruchen kann, wie sie Bin Laden und seinem Stab vor dem September 2001 zukam. Daraus ergibt sich die Frage, ob und inwieweit eine politisch-militärische Bewegung ohne ein zentrales Steuerungsorgan funktions- und überlebensfähig ist. Entgegen der gängigen Netzwerktheorie der Analyse von Renate Mayntz folgend, würden wir sagen, dass sie längerfristig Gefahr läuft, sich aufzulösen oder auseinanderzufallen.
- Dagegen ließe sich einwenden, das Internet als neues Kommunikationsforum ersetze heute reale Machtzentren und Koordinationsstäbe. Es stelle als gemeinsame virtuelle Sphäre und radikales Milieu neuer Art den gegenseitigen Kontakt, einen minimalen Zusammenhalt und die Möglichkeit sporadischer Kooperation der weltweit operierenden islamistischen Gruppen und Zellen sicher. Das mag zutreffen, aus dem Bewusstsein, einem gemeinsamen Netzwerk anzugehören, ergibt sich aber noch keine Strategie, wie sie auf Dauer für das Fortbestehen einer Bewegung unentbehrlich ist. Schon vor dem 11. September tat man sich schwer, hinter den von Bin Laden und seinem Beraterteam sorgfältig vorberei-

teten und inszenierten Großanschlägen ein weiter gehendes Kalkül darüber auszumachen, wie man mit Hilfe von Einzelaktionen dem Fernziel der Gründung eines Großkalifats näher zu kommen hoffte. Mit dem weitgehenden Verschwinden al-Qaidas von der öffentlichen Operationsbühne, ihrer Reduzierung auf ein Sprachrohr für Internetbotschaften, ist diese Aufgabe nicht leichter geworden. Bin Ladens Erklärungen ließen bis zum Schluss eine strategische Leitlinie für das weitere Prozedere vermissen, desgleichen die sonstigen Verlautbarungen der Organisation.

- Ein drittes Problem könnte die Rekrutierung künftiger Glaubenskämpfer für den Dschihad sein. Augenblicklich sorgt noch die jüngste Welle im Westen »hausgemachter« Terroristen für Nachschub sowohl für die im Nahen und Mittleren Osten ausgetragenen Konflikte als auch insbesondere für die radikalen Milieus in der europäischen Diaspora. Wie jedoch verschiedentlich zu Recht festgestellt wurde, verdankt sich dieser jüngste Schub islamistischer Mobilisierung weitgehend dem Umstand, dass durch den völkerrechtswidrigen Irak-Feldzug von 2003 einer schon im Abebben begriffenen Protestbewegung nochmals frisches Leben eingehaucht wurde. Die Frage ist, wie lange diese Welle anhält und wie weit sie trägt. Wenn sich der Westen unter der Führung der USA nicht zu einem weiteren, letztlich kontraproduktiven Waffengang gegen ein islamisches Land hineinreißen lässt, dann wäre nicht auszuschließen, dass die rund 20 Jahre andauernde Kampagne des transnationalen islamistischen Terrorismus allmählich ein Ende finden würde.

Was nicht bedeuten würde, dass der Terrorismus – auch der religiöse Terrorismus – als von schwachen Gruppen eingesetzte Waffe gegen überlegene Gegner generell verschwinden würde. An entsprechenden Situationen auf nationaler Ebene mangelt es nach wie vor nicht. Eine Dezimierung oder die weitgehende Eliminierung des transnationalen religiösen Terrorismus würde gleichwohl einen ungeheuren Fortschritt bedeuten. Denn die Gruppen des internationalen Terrorismus, die sich von allen realen territorialen und sozialen Bezügen abgekoppelt haben, sind zum Äußersten fähig. Einen Anschlag wie den vom März 2004 in Madrid, der 200 Menschen das Leben kostete und unzählige Verletzte forderte, hätte sich keine in einem nationalen Kontext operierende und verankerte Gewaltorganisation, wie etwa die baskische ETA, leisten können. Er hätte das definitive politische Aus für sie bedeutet. An bestimmte Bevölkerungsgruppen gebundene terroristische Verbände müssen aus purem Eigeninteresse gewisse Mindestrücksichten nehmen. Transnationale Gruppen, die nur mit ihresgleichen verkehren, glauben sich in Verfolgung ihrer Heilsutopien nicht an solche Restriktionen gebunden. Das macht sie besonders gefährlich, und deshalb wäre es als großer Gewinn zu verbuchen, wenn sie »austrocknen« würden, ihre Operationsfähigkeit extrem reduziert würde.

8. Massenprotest und Terrorismus

Eine oft zitierte Behauptung des Terrorismusforschers Walter Laqueur lautet, terroristische Kleingruppen könnten überall auftreten, sie sagten nichts über die jeweilige Sozialstruktur aus. Deshalb sei es sinnlos, sie mit den Methoden der Massenpsychologie oder Soziologie untersuchen zu wollen. Diese Ansicht scheint in doppelter Hinsicht angreifbar zu sein. Zum einen sagen numerische Minderheiten, mögen sie prozentual einen noch so geringen Anteil an der Gesamtbevölkerung ausmachen, sehr wohl etwas über diese aus: ob in einem Land die eine oder andere Form der Kriminalität überwiegt, beispielsweise Raub gegenüber einfachem Diebstahl, ob die Menschen zum Selbstmord neigen oder eher andere umbringen, welche Drogen sie vorziehen, welche Sekten verbreitet sind und eben auch: ob es im Untergrund operierende Gewaltorganisationen gibt und welche politischen oder religiösen Ziele sie verfolgen. All diese Varianten »abweichenden« Verhaltens weisen durchaus einen gewissen, freilich nicht immer leicht entschlüsselbaren Bezug zur jeweiligen Gesamtgesellschaft auf.

Laqueur hat mit seiner These aber auch in einem zweiten, noch deutlicher auf der Hand liegenden Sinn unrecht: Terroristische Gruppen treten in aller Regel nicht isoliert auf, sondern im Kontext breiterer Protestbewegungen, von denen sich nicht mehr behaupten lässt, sie seien isolierte, gewissermaßen zufallsbedingte soziopolitische Phänomene. Um diesen Zusammenhang zwischen Massenprotest und Terrorismus geht es in diesem Kapitel. Zunächst werden die gegenseitigen Affinitäten von Terrorismus und breiteren Protestbewegungen herausgearbeitet und ihre möglichen kausalen Verknüpfungen aufgezeigt. In einem zweiten Abschnitt wird der Frage nachgegangen, ob liberal-rechtsstaatliche Demokratien westlichen

Zuschnitts, die soziopolitische Protestbewegungen in großzügiger Weise dulden, damit indirekt auch der Entstehung terroristischer Gruppen Vorschub leisten. Drittens wird am Beispiel Deutschlands und Italiens konkret zu verfolgen sein, wie und wann aus kollektivem Protest Terrorismus hervorgeht.

Terrorismus und Protestbewegungen

Ein nur flüchtiger Blick auf terroristische Kampagnen genügt, um auf ihren engen zeitlichen Zusammenhang mit breit angelegten politischen Protestbewegungen aufmerksam zu werden. Man denke etwa an die Verbindung zwischen der *civil rights*-Bewegung in den USA der 1960er Jahre und dem anschließenden Auftreten der militanten Organisation »The Weathermen« oder an die Studentenbewegungen in Deutschland und Italien, die das Vorspiel zum Terrorismus in beiden Ländern bildeten. Auch im Franco-Spanien kam es aufgrund der Verhaftung und Verurteilung von ETA-Mitgliedern wiederholt zu massiven Protestaktionen wie Generalstreiks. Desgleichen haben die meisten palästinensischen Gewaltorganisationen, allen voran die Hamas, ihren Ursprung in der Intifada, jener Masseneruption des palästinensischen Widerstandsgeistes in der zweiten Hälfte der 1980er Jahre, die schlagartig die Benachteiligung dieser ethnisch-religiösen Minderheit auf israelischem Boden ins öffentliche Bewusstsein hob. Auch in Algerien bildeten sich erst terroristische Verbände heraus, nachdem die Regierung den Dialog mit der legalen islamistischen Widerstandsfront verweigert und deren Wahlsieg annulliert hatte. Selbst terroristische Organisationen, die sich mittlerweile weitgehend verselbständigt haben, gehen häufig auf einen ursprünglichen Massenprotest zurück. So war der Ausgangspunkt für die Renaissance der nordirischen IRA die Protestmärsche katholischer Bürgerrechtler im Jahr 1969, die von der damaligen nordirischen Regierung die konsequente Beseitigung sämtlicher Diskriminierungsschranken für ihre Konfessionsgruppe einforderten. Erst als die Protestanten die Demonstrierenden gewaltsam zu stoppen suchten und anschließend in Belfast ganze Häuserzeilen angriffen, in Brand setzten und die katholischen Bewohner daraus vertrieben, entstand die sogenannte »provisional« IRA erneut als eine Art lokale Selbstverteidigungsorganisation.

Die Verknüpfung von Terrorismus und Massenprotest mag zunächst überraschen, scheint es sich doch bei oberflächlichem Hinsehen um grundverschiedene Artikulationsformen von politischer Unzufriedenheit zu handeln. Protestbewegungen operieren sichtbar und offen, gerade darin liegt zugleich ihre Hauptstärke: Durch die Mobilisierung einer möglichst großen Zahl Unzufriedener soll der Öffentlichkeit und vor allem den Regierenden deutlich gemacht werden, dass bestimmte Missstände auf breite Kritik stoßen und dringend einer Korrektur bedürfen. Dabei schadet ein gewisses Maß an Desorganisiertheit den Protestierenden nicht, unterstreicht es doch die Spontaneität ihrer Unmutsgefühle und beweist, dass sie von niemandem abgerichtet oder manipuliert wurden. Demgegenüber bestehen wesentliche Hauptmerkmale terroristischer Gruppen darin, dass es sich um kleine, gut organisierte Verbände handelt, die nicht offen, sondern im Geheimen operieren und dabei äußerst planmäßig vorgehen. Ein größerer Kontrast erscheint auf Anhieb kaum denkbar.

Er relativiert sich allerdings, wenn man an folgende weitere Merkmale denkt, die beide Strategien teilen:

- In beiden Fällen wird der politische Status quo in Frage gestellt, werden mehr oder weniger grundlegende Veränderungen verlangt.
- Sowohl terroristische Gruppen als auch Protestbewegungen agieren auf irreguläre, außerinstitutionelle Art und Weise. Unterschriftenaktionen, Sitzstreiks, Schweigemärsche, Plakataktionen – all diese Protestformen sind dadurch gekennzeichnet, dass sie durch »unkonventionelle« Methoden auf Missstände aufmerksam machen wollen.
- Protestierende bewegen sich, auch insoweit den Terroristen vergleichbar, oft am Rande oder gar knapp außerhalb der Legalität. »Begrenzte Regelverletzung« oder »ziviler Ungehorsam« nannte

man in Deutschland dieses Spiel mit den allgemein verbindlichen Regeln und Gesetzen. Es ist ein Spiel, das zum festen methodischen Arsenal sämtlicher Protestbewegungen gehört.

- Der Sinn dieser halb ernsthaften, halb spielerischen Infragestellung der allgemein akzeptierten Konventionen und Gesetze liegt in der gezielten Provokation der Herrschafts- und Entscheidungsträger. Auch hier erkennt man unschwer, wiewohl auf einem ungleich harmloseren Niveau angesiedelt, die Grundintention von Terrorismus wieder. Die Regelverletzungen sind in beiden Fällen als Botschaft gedacht. Sie sollen, Appell und Drohung in einem, den Machteliten signalisieren, Zugeständnisse zu machen, um ein weiteres Ausufern der Aktionen zu verhindern.
- In der auch bei Protestkampagnen stets latent vorhandenen, meist aufgrund einer Konfrontation mit den Sicherheitskräften aufbrechenden Gewaltbereitschaft liegt die letzte und handgreiflichste Parallele zum Terrorismus.

Nun darf das Demonstrations- und Protestrecht, ein klassisches, unverzichtbares Grund- und Bürgerrecht in allen westlichen Demokratien, nicht auf eine Stufe mit dem Furcht und Leiden erzeugenden Terrorismus gestellt werden. Gleichwohl ist nicht zu übersehen, dass in struktureller Hinsicht die Kluft zwischen beiden Formen der Infragestellung bestehender Machtverhältnisse oder einer bestimmten Politik geringer ist, als oft angenommen wird. Welche Vorgehensweise jeweils gewählt wird, hängt im Allgemeinen weniger von der moralischen Integrität und Gesetzestreue der politischen Rebellen ab als von deren verfügbaren Machtressourcen und Handlungsmöglichkeiten, den sogenannten *opportunity structures*. Generell gilt, dass ein von breiten Bevölkerungsgruppen getragener Protest das eindeutig effektivere Mittel ist, um politische Ziele zu verfolgen, als terroristische Agitation. Doch nicht immer findet das Anliegen politischer Oppositionsgruppen die erwünschte breite Unterstützung oder ist es möglich, Protestdemonstrationen durchzuführen.

Hinsichtlich der zeitlichen Sequenz von Massenprotest und Terrorismus gibt es prinzipiell drei Kombinationsmöglichkeiten: Terroristische Anschläge leiten entweder eine Protestkampagne ein, oder beide Formen laufen parallel nebeneinander her, oder aber terroristische Akte bilden den Abschluss des Massenprotestes. Für alle drei Möglichkeiten lassen sich empirische Beispiele anführen.

Terroristischen Aktionen als Auftakt zu einer breiteren Protestbewegung begegnet man vor allem dort, wo sich aufgrund der politischen Machtverhältnisse keine oppositionellen Kräfte entfalten können, das heißt unter Diktaturen oder diktaturähnlichen Regimen. Wie Laqueur zu Recht feststellt, kennen totalitäre Diktaturen das Terrorismusproblem nicht. Die Kontrolle und Dynamik, die von ihnen ausgeht, lässt die Bildung unabhängiger Widerstandsgruppen nicht zu. Anders verhält es sich jedoch bei autoritären Diktaturen. Reicht die von ihnen ausgeübte Zwangsmacht auch einerseits aus, um Massenmobilisierungen nicht aufkommen zu lassen, so können sie doch andererseits nicht verhindern, dass sich oppositionelle Zellen im Untergrund bilden. Der algerische FLN, der in den 1950er Jahren die paternalistische Kolonialherrschaft Frankreichs in Frage stellte, bietet sich ebenso als Beispiel an wie die baskische ETA. Beide Widerstandsorganisationen bildeten die terroristische Speerspitze eines Aufstandes, der trotz härtester Unterdrückungsmaßnahmen immer breitere Bevölkerungsschichten erfasste und schließlich in einen generalisierten Protest mündete. Beide Beispiele machen freilich auch die Grenzen dieses Modells von Gegenwehr und allgemeiner Erhebung deutlich: Damit das Vorbild der risikofreudigen terroristischen Avantgarde auf positive Resonanz stößt und Nachahmer findet, bedarf es einer größeren, relativ homogenen Bevölkerungsgruppe, die sich mit den Gewaltaktivisten identifiziert. Diese Konstellation liegt nur manchmal vor; man begegnet ihr vor allem unter den Bedingungen kolonialer Herrschaft oder bei religiösen, ethnischen und sprachlichen Minderheiten.

Es ist auch denkbar, dass terroristische Überfälle und Massenprotest zum gleichen Zeitpunkt einsetzen, so, als sei plötzlich ein Augenblick erreicht, in dem die Geduld aller Gruppen mit einem Regime erschöpft und jeder denkbare Angriff gegen die Herrschenden gestattet ist. Als ein Beispiel für diese Konstellation lässt sich die

Militärregierung Onganías in Argentinien um 1969/1970 anführen, als nach einer rund dreijährigen unangefochtenen Herrschaft des Generals mit einem Schlag mehrere Guerillaorganisationen auf den Plan traten, während gleichzeitig in einigen Großstädten Aufstände ausbrachen, die zeitweise bürgerkriegsähnliche Zustände heraufbeschworen. Einer ähnlichen Situation begegnen wir rund zehn Jahre später in Peru, wo genau zu dem Zeitpunkt, als mit der Wiedereinführung der Demokratie Protest wieder möglich war und praktiziert wurde, die maoistische Organisation »Leuchtender Pfad« ihre ersten terroristischen Anschläge verübte. In beiden Ländern brach sich nach Jahren erzwungener Ruhe und politischer Gefügigkeit der angestaute kollektive Unmut Bahn, um in seinen teils friedfertigen, teils gewaltsamen Manifestationen die Gesellschaft zu überschwemmen. Ein noch jüngeres Beispiel für das Zusammentreffen von Massenprotest und organisierter Gewalt bildete die Intifada von 1987, als einerseits jugendliche Palästinenser ihrem Unmut über die israelische Vorherrschaft in einem offenen Aufruhr Luft machten, während zum anderen zugleich terroristische Anschläge gegen Symbole und Repräsentanten dieser Vorherrschaft durch die Hamas einsetzen.

Es bleibt die dritte mögliche Variante, dass terroristische Gruppen aus einer breit angelegten soziopolitischen Protestbewegung gewissermaßen als »Ausfallprodukt« (Friedhelm Neidhardt) hervorgehen. Diese Variante ist in der westlichen demokratischen Staatenwelt besonders verbreitet, was sich aus einem relativ einfachen sozialpsychologischen Verhaltensschema erklären lässt: Massenproteste wecken in den involvierten Gruppen die Hoffnung auf eine Veränderung der bestehenden, als misslich empfundenen Situation. Doch Protestbewegungen haben in der Regel nur eine sehr begrenzte Lebensdauer. Scheitert der Protest, bricht er in sich zusammen oder flaut er erkennbar ab, so werden die Aktivisten vor erhebliche persönliche Probleme gestellt. Sollen sie klein beigeben oder versuchen, ihrem politischen Anliegen in welcher Form auch immer treu zu bleiben? Eine der möglichen Lösungen besteht angesichts dieses Dilemmas darin, in den Untergrund zu gehen, um den Kampf mit scheinbar effizienteren Mitteln, eben spektakulären Gewaltanschlägen, fortzuführen.

An Beispielen, in denen sich dieses wiederkehrende Grundmuster erkennen lässt, mangelt es nicht. Zuweilen entwickelte sich Terrorismus auch als Reaktion auf einen sicher erwarteten Generalaufstand, der jedoch nicht stattfinden wollte. So wird die Zunahme anarchistischer Gewaltanschläge ab 1860 damit erklärt, dass etwa ab diesem Zeitpunkt immer deutlicher zu erkennen war, wie wenig die europäische Arbeiterschaft zu einer ernsthaften Infragestellung der bestehenden politischen Machtverhältnisse imstande und bereit war. Ähnlich sagt man den russischen Anarchisten des 19. Jahrhunderts nach, sich umso energischer auf terroristische Methoden zur Beseitigung des Zarenregimes verlegt zu haben, je klarer sich herausstellte, dass Russlands Bauern keineswegs an eine Massenerhebung dachten. Ein Sprung in die späten 1960er Jahre verweist uns für Nord- und Südamerika auf dasselbe Erklärungsmuster. Dass die Radikalisierung des nordamerikanischen SDS und die Gründung der Organisation The Weathermen in einem engen Zusammenhang mit dem Niedergang der Bürgerrechtsbewegung der Schwarzen stand, wurde schon erwähnt. In Südamerika ist es kein Zufall, dass die sogenannte Stadtguerilla – die nichts anderes als blanker Terrorismus war – just gegen Ende der 1960er Jahre aufkam, als sich das Scheitern der breit angelegten, vom kubanischen Beispiel inspirierten Landguerillabewegungen abzeichnete. Auch die Entwicklungen in Deutschland, Italien und Nordirland entsprechen derselben Ablaufsequenz: zuerst Protestbewegung, dann Terrorismus.

Sind Demokratien besonders anfällig für Terrorismus?

Zwei nordamerikanische Forscher, W. Lee Eubank und Leonhard Weinberg, erstellten eine Liste sämtlicher wichtiger terroristischer Gruppen, die zwischen 1945 und 1987 existiert haben, um herauszufinden, ob sie häufiger in autoritären oder in demokratischen politischen Systemen aufgetreten sind. Bewusst hoben sie auf »terroristische Gruppen«, nicht auf terroristische Anschläge ab, um jene Fälle ausscheiden zu können, in denen externe Organisationen die freiheitliche Atmosphäre von Demokratien benutzten, um dort ihre Aktionen zu planen und durchzuführen. Das Ergebnis, das die insgesamt 379 erfassten Fälle erbrachten, war eindeutig: Terroristische Gruppen wurden in den 172 untersuchten Staaten 3,5-mal so häufig in Demokratien wie unter autoritären Regimen registriert. Und es veränderte sich auch nicht wesentlich, wenn man zusätzliche Kriterien wie das jeweilige Alter der Demokratie, ihre Stabilität beziehungsweise Instabilität einführte oder nach Einzelphasen im besagten Zeitraum differenzierte. Die maßgebliche Schlussfolgerung blieb stets dieselbe: Je autoritärer ein politisches System ist, desto eher kann es damit rechnen, vom Terrorismus verschont zu bleiben.

Ganz neu war diese Einsicht nicht. Bereits die umfangreichen Studien der sogenannten Violenz-Schule der 1960er und 1970er Jahre, die unter Leitung des nordamerikanischen Politologen Ted Robert Gurr entstanden waren, hatten sich mit der unbequemen Erkenntnis anfreunden müssen, dass Demokratien ein äußerst günstiger Nährboden für politische Protestgruppen sämtlicher Spielarten, auch gewaltsamer, sind. Denn sie würden, so die Begründung, aufgrund der in ihnen verbürgten Grund- und Freiheitsrechte oppositionelle Gruppen nachgerade dazu einladen, unter Überschreitung der legalen Grenzen gegen die staatlichen Machtträger vorzugehen. Allerdings wurde den Forschern der Violenz-Schule, die mit einem umfangreichen, zahlreiche Nationen erfassenden Datenmaterial arbeiteten, vorgeworfen, ihre Ergebnisse seien zu undifferenziert und trügen den Umständen des jeweiligen Einzelfalls nicht genügend Rechnung.

Ähnliche Einwände wurden nun auch gegen die Befunde von Eubank und Weinberg erhoben. Zum Ersten wurde auf die generellen Tücken rein quantitativer Erhebungen hingewiesen und geltend gemacht, dass dabei ganz unterschiedlich gelagerte Fälle gewissermaßen in ein und denselben Topf geworfen würden. So erstellte einer der Kritiker eine Liste der westlichen Staaten nach Maßgabe ihres Bevölkerungsumfangs, um nachzuweisen, dass man genauso gut behaupten könne, dies sei die entscheidende Größe. Denn je mehr Einwohner ein Land habe, desto mehr terroristische Gruppen ließen sich auf seinem Territorium feststellen. Ein zweiter Einwand lautete, man dürfe den Öffentlichkeitseffekt von Terrorismus nicht mit dem Phänomen als solchem verwechseln. Wie man inzwischen wisse, habe es auch im ehemaligen Ostblock Sabotageakte und gewaltsame Anschläge gegeben, von denen aber nichts an die Öffentlichkeit gelangt sei. Der Unterschied zwischen Demokratien und autoritären politischen Systemen liege weniger in der Häufigkeit terroristischer Aktionen als darin, dass diese von den Medien in Demokratien sofort aufgegriffen und publik gemacht würden. Autoritäre Regime könnten genau dies verhindern.

Sicher gibt es auch unter autoritären und sogar unter totalitären Regimen passiven Widerstand und Sabotageaktionen; ob sie freilich nach Zahl und Effektivität die terroristischen Anschlagsserien in einigen westlichen Demokratien erreichen, ist eine offene, eher abschlägig zu beantwortende Frage. Vor allem wird man jedoch Zweifel daran anmelden müssen, inwieweit Gewaltaktionen noch als »terroristisch« einzustufen sind, die von vornherein ohne Anspruch auf Publizität durchgeführt werden, die also keine übergreifende Botschaft enthalten, sondern ausschließlich zähen Widerstandswillen dokumentieren.

Ernst nehmen muss man hingegen die Argumente gegen die Fallen und Schwächen einer allein auf quantitative Daten gestützten Sozialforschung. Man kann aber Eubank und Weinberg bescheinigen, dass sie mit großer methodischer Sorgfalt zu Werke gegangen sind und nichts unversucht gelassen haben, um die eigenen Ergebnisse kritisch zu überprüfen. Diese sind so eindeutig, dass es schwerfallen dürfte, sie prinzipiell in Zweifel zu ziehen. Sie lassen sich zudem unschwer durch zusätzliche qualitative Fallstudien abstützen. Die beiden Autoren haben dies selbst mittels einer zeitlichen Längsschnittstudie über Italien getan. Hierin haben sie schlüssig nachgewiesen, dass genau die Regionen, die seit jeher im Modernisierungsprozess führend waren und als erste eine zivile Gesellschaft hervorgebracht haben, zugleich besonders anfällig für den Faschismus und in jüngerer Zeit für den Linksterrorismus waren. Als ein weiteres Beispiel, das zum Beleg der Thesen von Eubank und Weinberg herangezogen werden kann, lässt sich der Übergang Spaniens zur Demokratie nach Francos Tod anführen. Allgemein wurde damals mit einem Rückgang des Terrorismus gerechnet, da dessen Hauptgrund, der Widerstand gegen das diktatorische Regime, entfallen war. Doch genau das Gegenteil war der Fall, die Zahl der terroristischen Anschläge nahm über mehrere Jahre hinweg rasch und kontinuierlich zu.

Es spricht also einiges dafür, dass Eubank und Weinberg mit dem Kern ihrer Aussage recht haben: Demokratien sind besonders anfällig für Terrorismus, und zwar im Wesentlichen aus drei Gründen: erstens, weil sie günstige Entstehungsvoraussetzungen für terroristische Gruppen bieten; zweitens, weil sie aufgrund der herrschenden Meinungs- und Pressefreiheit einen idealen öffentlichen Resonanzraum für Anschläge darstellen; und drittens, weil ihre Strafverfolgungsorgane, die Sicherheitsdienste und Gerichte, weniger hart gegenüber Terroristen durchgreifen, als dies in autoritären Regimen üblich ist.

Das erste Argument ist hierbei vielleicht das gewichtigste. Entgegen der gängigen Annahme, demokratische Institutionen und gewaltsame Selbsthilfe würden sich gegenseitig ausschließen, hat die neuere Forschung nachgewiesen, dass dies weder logisch noch historisch der Fall ist. Die Einführung demokratischer Wahlen hat, geschichtlich betrachtet, häufig nicht zu einer Verringerung gewaltsamer Auseinandersetzungen, sondern zu deren quantitativer und qualitativer Steigerung beigetragen. Denn die damit verbundene soziopolitische Mobilisierung breiter Bevölkerungsschichten verlief nicht nur in friedlichen Bahnen. Zwischen Terrorismus und demokratischen Verhältnissen lässt sich eine direkte und eine indirekte Verbindung erkennen. Terroristische Gruppen profitieren direkt und unmittelbar zunächst von den Grund- und Freiheitsrechten, die rechtsstaatliche Demokratien ihren Bürgern einräumen:

- Diese schützen die Privatsphäre des Einzelnen und legen damit der Polizei und Justiz beträchtliche Hindernisse bei ihrer Tätigkeit in den Weg.
- Sie garantieren die individuelle Freizügigkeit; jedermann kann sich frei, ohne Kontrollen bewegen.
- In ihnen ist das Assoziationsrecht fest verankert; jeder kann mit anderen zusammen für beliebige Zwecke innerhalb des legalen Rahmens eine Vereinigung gründen.
- Sie verbürgen das Recht auf politische Opposition gegen die jeweilige Regierung.

All dies sind beträchtliche Vorteile für Individuen und Gruppen, die, mit den bestehenden Verhältnissen unzufrieden, auf deren Veränderung hinarbeiten. Demokratien tolerieren derartige Bestrebungen nicht nur, sondern ermuntern sie zusätzlich. Denn sie erzeugen ein politisches Klima, in dem jeder seine Interessen und Ideen frei artikulieren kann. Dabei ist es zunächst zweitrangig, ob eine Gruppe langfristig eine gewaltsame Systemveränderung im Auge hat oder nicht. Indem demokratische Systeme die Bildung von Gruppen unterschiedlichster Zielsetzungen akzeptieren, nehmen sie zugleich in Kauf, dass einige irgendwann terroristische Züge entwickeln. Darin liegt der zweite Aspekt indirekter Förderung von Terrorismus durch Demokratien. Terroristische Organisationen können zwar prinzipiell auch unter Diktaturen entstehen, es handelt sich dabei jedoch um ein äußerst risikoreiches Unterfangen, da Diktaturen jeden Widerstand im Keim gewaltsam zu ersticken suchen. Entsprechend will dieser Schritt vom Einzelnen gründlich durchdacht, wollen schicksalhafte Überlegungen angestellt sein, bevor eine entsprechende Entscheidung getroffen wird. Demgegenüber gleichen Protestbewegungen in Demokratien breiten Schleusen, die, teilweise auch einem Modetrend folgend, alle anziehen, die irgendwie mit der bestehenden Lage unzufrieden sind. Ob das einzelne Mitglied der Bewegung in deren Abschwungphase dazu bereit ist, seine Hoffnungen auf tiefgreifende politische Veränderungen aufzugeben, oder sich der Gruppe der Unentwegten anschließt, die im Untergrund weiterkämpfen, hängt oft, wie Friedhelm Neidhardt für die RAF und Donatella della Porta für die Roten Brigaden nachgewiesen haben, in hohem Maße vom Zufall und der Dynamik der Ereignisse ab. Höchst selten wird dafür das Für und Wider des in seinen letzten Konsequenzen meist nicht durchschauten anfänglichen Schritts abgewogen.

Auch die öffentliche Resonanz der Gewalttaten ist in rechtsstaatlichen Demokratien ungleich größer als in anderen politischen Systemen. Es ist nicht dasselbe, ob ein terroristischer Anschlag in einem befriedeten demokratischen Gemeinwesen verübt wird, in dem das Alltagsleben in geordneten Bahnen verläuft und jedes außergewöhnliche Ereignis aufgrund der hohen Kommunikationsdichte sofort registriert und weitergegeben wird, oder aber in Gesellschaften mit chronischen Konflikten wie etwa der Kolumbiens oder Pakistans. Hier erregt ein isolierter Gewaltakt keinerlei Aufmerksamkeit mehr, es muss sich schon um veritable Massaker handeln, damit die nationale und internationale Öffentlichkeit davon Notiz nimmt.

Als Drittes schließlich können Terroristen sowohl vor als auch nach ihrer Verhaftung von Seiten der politischen Instanzen und Strafverfolgungsbehörden in demokratischen Staaten mit größerer Fairness und Nachsicht rechnen als unter Diktaturen. Dass in Demokratien im Unterschied zu Diktaturen die Menschenrechte in der öffentlichen Diskussion einen hohen Stellenwert genießen, reicht als Erklärung allein allerdings nicht aus. Nicht von ungefähr spricht Noemi Gal-Or von einer eigentümlichen Toleranz, die westliche Demokratien im Umgang mit terroristischen Organisationen und deren Mitgliedern lange Zeit an den Tag gelegt haben. Erst in jüngster Zeit zeichnet sich vor allem aufgrund der Gefahr, die der islamistische Terrorismus für alle westlichen Gesellschaften darstellt, insoweit ein Meinungsumschwung ab. Eines der Motive für diese Nachgiebigkeit bestand darin, dass die Regierung den Kontakt zu einer terroristischen Organisation nicht abreißen lassen wollte, in der Hoffnung, die Gemäßigten von der Aussichtslosigkeit einer Fortführung des Kampfes überzeugen zu können. Steht hinter den Terroristen ein breiter Bevölkerungssektor, was sowohl beim ethnischen als auch beim religiösen Terrorismus der Fall sein kann, so geht die Regierung möglicherweise aus wahltaktischen Gründen nicht allzu hart gegen die Extremisten vor. Es ist sogar denkbar, dass ein gewisses Interesse daran besteht, Terrorismus als gemeinsames Negativ- und Feindbild zu erhalten, das den Zusammenhalt einer ansonsten von Zerfallstendenzen bedrohten parteipolitischen Koalition verbürgt. Wie immer die Begründungen für die nicht mit letzter Konsequenz betriebene Verfolgung von Terroristen lauten mögen, letztlich tragen sie alle dazu bei, dass diese in Demokratien weniger abgeschreckt werden als in Diktaturen.

Transformation kollektiver Protestbewegungen

Wenden wir uns nun der genaueren Analyse der Transformation kollektiver Protestbewegungen in ihr terroristisches »Ausfallprodukt« am Beispiel Deutschlands und Italiens zu, so muss man zunächst drei Phasen einer Protestbewegung unterscheiden. Die erste ist der Protestauftakt, in der spielerisch neue Formen politischer Aufmüpfigkeit und Provokation erprobt werden. Es folgt die eigentliche Massenmobilisierungsphase, in der die Bewegung auf dem Höhepunkt ihrer Popularität steht und großen Zulauf erfährt. Danach kommt die Abschwungphase, die durch eine Konsolidierung und Institutionalisierung der Protestbewegung oder durch allgemeine Desillusionierung geprägt sein kann. Die letztere Variante, die für sämtliche sozialrevolutionären Bewegungen der 1960er und 1970er Jahre kennzeichnend war, ist in diesem Zusammenhang besonders interessant, denn sie wirft das Problem einer angemessenen Enttäuschungsverarbeitung auf. In Deutschland beispielsweise hatte der Niedergang der Außerparlamentarischen Opposition (APO) zur Folge, dass sich ein Großteil der Aktivisten der Nachwuchsorganisation der SPD anschloss. Andere flüchteten sich in die exklusiven Zirkel und Organisationen der sogenannten K-Gruppen, kommunistischer Gruppen jedweder Spielart. Wieder andere zogen sich überhaupt aus dem politischen Geschehen zurück, und einige wenige gingen in den Untergrund, um das nicht mehr für reformierbar gehaltene System fortan mit Gewalt zu bekämpfen.

Die Entscheidung, in die Illegalität abzutauchen, mag im Einzelfall situative und zufallsbedingte Faktoren enthalten haben, sie kann jedoch auch als der Versuch verstanden werden, angemessen auf die neue Lage zu reagieren. Nachdem die Massenmobilisierung als wichtigstes Druckmittel, den revolutionären Absichten Gehör zu verschaffen, entfallen war, blieben nicht allzu viele Möglichkeiten, die weitreichenden politischen Ziele unter den veränderten Rahmenbedingungen weiterzuverfolgen. Warum einige der Aktivisten, anstatt den langen Marsch durch die Institutionen einzuschlagen, den scheinbar kürzeren der terroristischen Gewalt wählten, lässt sich folgendermaßen begründen:

- Bei den Straßenschlachten im Rahmen der Protestdemonstrationen waren neue Fähigkeiten (*skills*) gefordert worden und zutage getreten. Die Gemeinschaft der Protestierenden wie auch der Einzelne hatten beobachtet und erlebt, wer mutig oder ängstlich, reaktionsschnell oder langsam, stark, geschickt, erfinderisch etc. war, kurzum: wer der neuen Situation gut und wer ihr kaum gewachsen war.
- Eng damit zusammen hing eine weitere Erfahrung, die in unserer Gesellschaft meistens heruntergespielt wird, gilt hier doch, wie der bekannte Kriegshistoriker und -theoretiker van Creveld betont, Gewalt als Tabuthema: der Spaß am Kampf und die Freude an der körperlichen Auseinandersetzung, Gefühle, die so alt sind wie der Krieg selbst. Manch einer verspürte ein ihm bis dahin unbekanntes Lustgefühl, wenn er eine Fensterscheibe zersplittern hörte oder sah, wie sich ein Polizist unter einem Steinwurf ängstlich wegduckte.
- Aus den häufigen Konfrontationen mit Polizeikräften bei Demonstrationen, Protestaufmärschen und dergleichen resultierte eine neue Einstellung zur Politik und zum Staat. Ähnlich wie in den 20er und frühen 30er Jahren des 20. Jahrhunderts, als sich rechts- und linksradikale Verbände fast täglich in Straßenschlachten gegenübergestanden hatten, bildete sich ein neues Verständnis

von Politik heraus. Ordnungswahrung und Friedensstiftung als deren Sinngehalt wurden ausgelöscht und durch die Vorstellung vom ständigen Ringen und Konflikt einschließlich des Gewalteinsatzes ersetzt.

Es war für den Umschlag von Protestaktionen in Terrorismus von eminenter Wichtigkeit, wie der Staat und seine Sicherheitsorgane auf die provokativen Akte der Protestierenden reagierten. Insoweit gab es je nach Situation und politischer Tradition beträchtliche Unterschiede. Es lassen sich indessen einige typische Verhaltensschematismen nennen, die im Ergebnis zu einer weiteren politischen Marginalisierung der Aktivisten beitrugen und sie damit der Versuchung, in die Illegalität abzutauchen, näher brachten, anstatt sie mit dem Staat und der Gesellschaft auszusöhnen.

- Erstens zählte hierzu das in der Kriminalsoziologie unter den Fachterminus »Etikettierung« gefasste Ausgrenzungsverhalten durch die Sicherheitsbehörden. Dadurch, dass man Jugendliche aus der Protestszene als Sympathisanten oder Unterstützer der Terroristen abstempelte, drängte man sie in genau die Rolle hinein, von der man sie eigentlich hätte fernhalten sollen. Ein allzu weit gefasster Begriff des »Verdächtigen« erwies sich oft als Bumerang für den Sicherheitsapparat.
- Zweitens wird aus allen betreffenden Ländern berichtet, dass es Schlüsselereignisse harten polizeilichen Durchgreifens gab, die auf die Protestteilnehmer eine Schockwirkung ausübten. Sie hatten den jähen Eindruck, nun werde es ernst mit der Konfrontation, der Staat habe definitiv seine demokratische Maske fallen gelassen und sich in eine reine Repressionsmaschinerie verwandelt. Bei den empfindlichen Deutschen genügte dazu der unglückliche Tod Benno Ohnesorgs und die schwere Verwundung Rudi Dutschkes, in anderen Ländern bedurfte es massiverer staatlicher Gewaltaktionen. Der Effekt derartiger Zuspitzungen bestand in jedem Fall darin, dass die jugendlichen Rebellen die Überzeugung gewannen, der Staat selbst verzichte auf jegliche rechtsstaatliche, demokratische Legitimierung seines Vorgehens.

- Schließlich gibt es nicht wenige Fälle, in denen Aktive der Protestbewegungen schlicht aus Angst, von der Polizei verfolgt und eingesperrt zu werden, in den Untergrund gingen. Nachdem man sich einige kleinere Delikte hatte zuschulden kommen lassen und die Polizei einem auf den Fersen war, schien es am ratsamsten, gänzlich unterzutauchen und sich den Gewaltaktivisten in der Illegalität anzuschließen, anstatt passiv abzuwarten, bis man von der Polizei gefasst würde.

Wenn hier von Verhaltensschematismen die Rede ist, so soll nicht der Eindruck erweckt werden, es wäre für die staatlichen Sicherheitskräfte ein Leichtes gewesen, aus diesen Perzeptions- und Reaktionszwängen auszubrechen und eine Konflikteskalation zu vermeiden. Friedhelm Neidhardt hat am Beispiel der deutschen Terroristen überzeugend gezeigt, wie ein zirkulärer Prozess die gegenseitige Konfrontation anheizen kann, ohne dass dies von den Akteuren eigentlich beabsichtigt ist: »Eskalationen sind Prozesse zirkulärer Interaktionen, bei denen sich alle Beteiligten in Richtung wachsender Abweichung stimulieren. Jeder Schritt der einen Seite erfährt positiven Feedback durch die andere. Es ereignen sich Reiz-Reaktionssequenzen, mit denen der Konflikt in sich verstärkende Turbulenzen trudelt. Dabei ist es schwierig, vielleicht prinzipiell unmöglich, den Anfang des Prozesses festzustellen und den eigentlich Schuldigen zu fixieren, denn für jedes Tun der einen Seite lassen sich auslösende Bedingungen der anderen Seite behaupten.«

Diese Art einer sich selbst tragenden Dynamik verstärkte sich nach der Bildung von Untergrundorganisationen, sie war aber bereits im Vorfeld der Interaktionen zwischen den Protestgruppen und den Sicherheitskräften angelegt. Zwischen beiden Seiten entwickelte sich eine kognitive Dissonanz. Was für die eine Seite die Ursache des sich hochschaukelnden Gewaltprozesses war, stellte sich für die andere Seite bereits als dessen Folge dar und umgekehrt.

In diesem Zusammenhang kam, wie Donatella della Porta richtig anmerkt, auch einer makrogesellschaftlichen Variable, nämlich der politischen Kultur eines Landes, eine gewisse Bedeutung zu. In Ländern wie England, den Niederlanden, Schweden oder selbst den USA, die auf eine langjährige Tradition demokratischer Konfliktaustragung und -bewältigung zurückblicken konnten, reagierten beide Seiten gelassener auf die Provokationen durch Kontrahenten. Solche Traditionen fehlten dagegen in den Staaten Italien und Deutschland mit einer noch nicht allzu lang zurückliegenden faschistischen Vergangenheit. Hier sahen nicht nur die Sicherheitskräfte allzu schnell das Staatswesen durch die Protestunruhen in seinen Grundfesten bedroht, sondern auch die studentische Gegenseite diagnostizierte voreilig bei jeder energischen staatlichen Reaktion ein Wiederaufleben des faschistischen Erbes. Man verzieh sich nichts und blieb in der Eskalationsspirale gefangen.

Andererseits verlief der Prozess, der vom Niedergang der Protestbewegung für einige Gruppen in den Terrorismus führte, weder geradlinig, noch kann man ihm im Nachhinein einen Determinismus unterstellen. Vor allem auf der sozialen Mikroebene waren viele Zufälle und eine situativ begrenzte Dynamik im Spiel. Manche fanden sich im Untergrund wieder, weil sie eine enge Freundin oder einen Verwandten hatten, die zum harten Kern der Gewaltaktivisten zählten. Auf der Mesoebene der organisatorischen Verflechtungen darf man die Schärfe der Grenzlinie, die das Protestlager von den Terroristen trennte, nicht zu hoch gewichten. Beiderseits der Linie gab es Dogmatiker und Pragmatiker, Tauben und Falken. Manche Individuen, aber auch Gruppen bewegten sich bewusst in einer schwer definierbaren Zwischenzone der Semilegalität, die mehrere künftige Optionen offenhielt.

Als ein zusätzlicher wichtiger Aspekt darf die internationale Lage nicht übersehen werden. Eine der auffälligsten Tatsachen, auf die der Forscher beim Studium der terroristischen Gruppen und Bewegungen der zweiten Hälfte des 20. Jahrhunderts stößt, ist, dass diese Gruppen fast in der ganzen westlichen Staatenwelt schlagartig in den Jahren 1969/1970 auf den Plan traten. Man könnte darüber spekulieren, ob sich dies mit einem bestimmten Reifestadium der kapitalistischen Entwicklung oder des Modernisierungsprozesses in diesen Ländern erklären lässt. Da es sich jedoch um sehr unterschiedliche Gesellschaften mit keineswegs einheitlichem sozioökonomischem Entwicklungsniveau und vergleichbaren politischen Kulturen handelte, liegt es näher, »grenzüberschreitende« Mode- und Nachahmungseffekte für dieses gleichzeitige Einsetzen von Gewaltanschlägen verantwortlich zu machen. Wenngleich schwer gewichtbar und operationalisierbar, sollte man die Bedeutung der Imitation für die Erklärung der terroristischen Wellen seit den späten 1960er Jahren auf keinen Fall unterschätzen.

»Laufzeit«

Da bislang die Gemeinsamkeiten und Verschränkungen zwischen kollektivem Protest und Terrorismus betont wurden, soll zum Abschluss auf einen wesentlichen Unterschied aufmerksam gemacht werden. Er betrifft ihre Lebensdauer oder »Laufzeit«. Soziale Protestbewegungen wirken in der Regel kurz- oder allenfalls mittelfristig, dagegen erweisen sich terroristische Organisationen unter Umständen als sehr langlebig. Absolut wie relativ betrachtet haben die meisten terroristischen Gruppen, die im Zusammenhang mit Protestbewegungen entstanden sind, diese deutlich überlebt. Dies lässt sich aus einem wichtigen, bislang noch nicht erwähnten Merkmalsunterschied zwischen den beiden Formen militanter politischer Opposition erklären, nämlich der Offenheit beziehungsweise Geschlossenheit ihrer Organisation und ihres Vorgehens. Protestbewegungen sind offene Formationen (*inclusive organizations*), das macht sie flexibler, allerdings auch abhängiger von ihrer Umwelt und damit verwundbarer. Terroristische Organisationen sind vergleichsweise geschlossener (*exclusive organizations*), was ihnen eine größere Überlebensfähigkeit sichert, die allerdings mit der begrenzten Fähigkeit, auf veränderte Umweltreize zu reagieren, erkauft ist. Auf diesen Punkt wird in Kapitel 10 nochmals zurückzukommen sein.

9. Lebensgeschichten von Terroristen

Wie die letzten Kapitel gezeigt haben, ist Terrorismus ein vielgestaltiges, komplexes Phänomen. Es gibt weder nur *eine* terroristische Situation noch *die* terroristische Bewegung. Gibt es *den* Terroristen?

Mit dieser Frage befassen sich die folgenden zwei Kapitel. Zunächst werden einige terroristische Lebensläufe nachgezeichnet, wobei sich zeigen wird, dass diese nicht nur sehr unterschiedlich verlaufen sind, sondern je nach Beobachterperspektive auch unterschiedliche Ausdeutungen erfahren können. Das darauf folgende Kapitel wirft die prinzipielle Frage auf, ob es zum Terrorismus prädisponierte Typen der Persönlichkeit gibt.

Der baskische Etarra Javier

Javier Aranceta wurde im Juli 1944 im Dorf Elgueta in der Provinz Guipúzcoa geboren. Er war das zweite von neun Kindern. Diese Kinderzahl war lange Zeit in der Gegend nichts Außergewöhnliches. Mit fünf Brüdern und drei Schwestern wuchs Javier drei Kilometer vom Dorf entfernt auf einem Bauernhof (*caserío*) auf. Der Vater besorgte den Hof und arbeitete daneben in einer kleinen Möbelfabrik in Elgueta sowie als Textilarbeiter im Nachbardorf Vergara. Bis zu seinem 18. Lebensjahr verbrachte Javier sein Leben auf dem Hof. In dieser Zeit arbeitete er bereits als Büchsenmacher in einer Fabrik in Elgueta. Die Schule hatte er mit 15 Jahren verlassen. Für den Militärdienst meldete er sich freiwillig. Das brachte Vorteile. Er kam zu den Fliegertruppen in die kastilische Stadt Valladolid, konnte aber 12 der 18 Monate Dienstzeit zu Hause verbringen. Als 22-Jähriger wechselte er durch Vermittlung seines Vaters in eine kleine Textilfabrik. Mit siebenundzwanzig wurde er Lastwagenfahrer für die Möbelgenossenschaft »Dormicoop« in Elgueta. Das Autofahren interessierte ihn. Javier machte sich daran, Fachliteratur zu studieren, und wurde mit 30 Jahren Lehrer an einer Fahrschule in Durango. Das war sein letzter Beruf. Am 4. April 1976 verhaftete ihn die Polizei an seinem Arbeitsplatz. Die Anklage lautete, er habe als Fahrer an einem Überfall auf Guardia-Civil-Polizisten teilgenommen. Am 23. Juni – nach 80 Tagen Haft im Gefängnis von Zaragoza – wurde Javier nach Zahlung einer Kaution von 50 000 Peseten (etwa 1500 Euro) auf Bewährung freigelassen. Er kehrte nach Elgueta zurück, blieb aber nur eine Nacht zu Hause. Auf Anraten seines Rechtsanwaltes floh er über die Grenze ins südfranzösische Baskenland. Dort wohnte er die vier restlichen Jahre seines Lebens. Von Aktivitäten in dieser Zeit ist nichts bekannt, außer dass er für kurze Zeit in einer Eisenfabrik arbeitete.

In Elgueta nannten die Leute Javier »Trautxiki«, das bedeutet »kleiner Trau«. Trau ist der Name seines Onkels. Trautxiki war in seinem Dorf sehr beliebt, seine Familie geachtet. Sein Bruder Juan María, sein Schwager José Antonio, seine Mutter und viele Einwohner bezeugten, dass Javier fröhlich und leutselig war. »Ein guter Kamerad, wir schätzten ihn«, erklärte eine Arbeitskollegin in der Möbelgenossenschaft, »anständig und freundlich«, hieß es in einer Bar, die er häufig besuchte. Javier war stämmig und zupackend, einer, der gern Stimmung machte, gerne etwas unternahm und bei Spielen um den Sieg kämpfte. Trautxiki gehörte zu den Initiatoren des Baus der »Ikastola« von Elgueta, einer Privatschule, in der in baskischer Sprache unterrichtet wird. Er half bei der Finanzierung und organisierte Tombolas. Die baskische Sache lag ihm am Herzen. Seine andere Leidenschaft galt der Jagd und den Bergen. In die Ferne zog es Trautxiki nicht. Die weiteste Reise führte ihn mit seinem Schwager ins benachbarte Galizien. Das Ausland kannte er nicht. Bis zu seiner Festnahme mit 31 Jahren lebte er bei seinen Eltern. »Seinen Lohn gab er immer mir«, berichtete seine Mutter.

Javier las selten, ideologische Literatur schon gar nicht. Er gehörte keiner Partei an, sondern war einfach *abertzale*, Patriot. Zu Hause wurde ausschließlich Baskisch gesprochen. »Er war einfach entschlossener als wir«, sagte sein Bruder. Bei der Festnahme Javiers fand die Polizei keinerlei Hinweis darauf, dass er ein »legales« Mitglied der ETA militar war. Die Brüder und Eltern wussten ebenfalls nichts davon. Seine Verschwiegenheit war total. Sie vermuteten, dass Trautxiki während des Militärdienstes durch einen anderen baskischen Soldaten für die ETA gewonnen worden war.

Während der Haft wurde Trautxiki von der Polizei gefoltert. Man riss ihm Barthaare aus, hängte ihn an den Armen auf, tauchte seinen Kopf bis kurz vor dem Ersticken in schmutziges Wasser und simulierte eine Erschießung. In den Verhören gestand Trautxiki, dass er im Wald bei Elgueta ein Waffenarsenal angelegt hatte.

Nach seiner Freilassung wurde er ein *liberado*, ein Untergetauchter. Er erhielt von den ETA-Leuten, die mit ihm lebten, einen neuen Beinamen: Lepomotz. Das bedeutet »Kurzhals«. Seine Familie besuchte ihn jenseits der Grenze regelmäßig, alle ein bis zwei Monate. »Wir brachten ihm, was er brauchte, Hemden, Hosen, Konserven, Zucker, Wein, Kartoffeln«, erzählte seine Mutter. Sie versuchte ihn zur Rückkehr nach Elgueta zu bewegen. Sein Kommentar: »Ich bleibe hier, was ich tue, tue ich für die Befreiung des Baskenlandes.« Im Herbst 1979 wurde die Lage schwieriger. Die französische Regierung erneuerte die Aufenthaltsbewilligung nicht. Der Status des politischen Flüchtlings wurde für die Basken abgeschafft. Einige ETA-Leute wurden in Südfrankreich von unbekannten Agenten erschossen. Lepomotz tauchte unter. Die Familie sah ihn zum letzten Mal Weihnachten 1979.

Am 24. April 1980 wurde Javier Aranceta, 35 Jahre alt, bei einem Überfall auf einen Polizisten erschossen.

Quelle: Werner Herzog: »Javier – der verschwiegene Patriot«, in: Peter Waldmann (Hrsg.): Beruf Terrorist: Lebensläufe im Untergrund, *München 1993, S. 39–41*

Das RAF-Mitglied Rolf

Rolfs Vater war gestorben, als der Junge sieben Jahre alt war. Der Vater war ein bekannter Künstler gewesen, allgemein geschätzt, respektiert und »geliebt« von allen, die ihn kannten. Er war ein sanftmütiger Mensch von einer »zarten Natur«. Die ganze Familie wusste um seine Gebrechlichkeit und war ihm gegenüber nachsichtig. Die Bedeutung seiner Karriere, seine körperliche Kondition, zahlreiche Unwägbarkeiten hinderten ihn an einer engen Beziehung zu seiner Familie. Rolfs Haltung gegenüber dem Vater war respektvoll, aber distanziert.

Rolfs Mutter, eine berufstätige Frau, war zwölf Jahre jünger als ihr Mann. Obwohl sie eine liebevolle, zugleich allerdings beherrschende Frau war, ließen ihr die berufliche Tätigkeit und die Ansprüche des Mannes nur wenig Zeit für die Kinder. Die Hauptbezugsperson während der Kindheit war für Rolf ein Familienfreund, ein Rechtsanwalt, der sich für den Jungen interessierte.

Nach dem Tod seines Vaters übernahm Rolf einen Großteil der Verantwortung für die Familie. Er kümmerte sich um die beiden Schwestern und sorgte dafür, dass seine Mutter sich nach ihrem anstrengenden Arbeitstag zu Hause ausruhen konnte. Er schien ein sehr gewissenhafter, tiefreligiöser Junge zu sein, der sich mit Gleichaltrigen gut verstand und wegen seines Humors geschätzt wurde.

Als Rolf zwölf Jahre alt war, heiratete seine Mutter ein zweites Mal. Der Stiefvater, ein Akademiker mit liberalen Ansichten, bemühte sich, von seinem neuen Sohn akzeptiert zu werden. Aber Rolf veränderte in besorgniserregender Weise seine Haltung. Er fühlte sich von seinem Stiefvater verdrängt, war weniger fürsorglich gegenüber seiner Mutter und den Geschwistern und wurde eigensinniger. Er schien unruhig und unzufrieden zu sein und hatte Mühe, seine Aufmerksamkeit Routinetätigkeiten zuzuwenden. Andererseits verfolgte er hartnäckig alle Ziele, die ihm wichtig waren. Wenn man ihn kritisierte, wurde er heftig. Mit seiner Widerspenstigkeit verursachte er oft Spannungen in der Familie.

Seine Noten in der Schule ließen nach, und seine religiösen Überzeugungen wurden schwächer. Da er im Theater aufgewachsen war, begann er zu schauspielern und Charaktere nachzuahmen, denen er selbst später gleichen sollte: junge Rowdys, die beim Drogenhandel erwischt oder bei terroristischen Akten verfolgt wurden und starke Beachtung fanden. Er wollte ein großer Schauspieler werden, da er jedoch an seinen Fähigkeiten zweifelte, nahm seine Begeisterung für die Bühne bald wieder ab. Dann folgte der Einstieg in die Drogenszene, zum Kummer seiner Eltern wurde er wegen Besitzes von Haschisch festgenommen.

In seiner späten Jugend wuchs Rolfs Interesse für soziale Fragen. Zunächst unterstützte er finanziell einige seiner bedürftigen Freunde, es dauerte aber nicht lange, bis er sich radikalen Gruppen anschloss und an Studentenprotesten gegen den Vietnam-Krieg teilnahm. Es gab heftige Diskussionen mit seinem Stiefvater, der Rolfs extremistische Ansichten ablehnte. Um seinen Eltern sein politisches Engagement nahezubringen, brachte Rolf einen Antikriegsfilm nach Hause, in dem er eine der Hauptrollen spielte. Seine Eltern lachten über das Niveau des Filmes und kritisierten, dass ihr Schauspieler-Sohn sich von der »billigen« linken Propaganda beeindrucken ließ. Von da an fühlte sich Rolf noch mehr von den »bürgerlichen« Maßstäben seiner Eltern abgestoßen; er warf seinem Stiefvater vor, den Überlegenen zu spielen und kein Verständnis für alternative Wertvorstellungen aufzubringen.

Rolf war 17 Jahre alt, als er sein Zuhause verließ und den regulären Kontakt mit der Familie abbrach. Er engagierte sich zunehmend in radikalen Antikriegsbewegungen und eröffnete in Stuttgart eine kleine Druckerei, die er »Fantasia« nannte. Er druckte Pamphlete für radikale Organisationen und spezialisierte sich auf die Veröffentlichung von Untergrundmaterial für die extreme Linke.

Nach Aussage seiner Familie wurde einer der Verteidiger der Baader-Meinhof-Gruppe auf den jungen Mann aufmerksam und beauftragte ihn damit, das Verfahren des berühmten Stammheim-Prozesses gegen die vier bekannten RAF-Mitglieder Andreas Baader, Ulrike Meinhof, Gudrun Ensslin und Jan-Carl Raspe auf Band aufzunehmen. Er wurde Zeuge des Plädoyers der Verteidigung vor Gericht und ihres Angriffs auf das »System«, was seine Bewunderung für die Gruppe erhöhte. Es bedurfte keiner großen Ermunterung von Seiten Dritter, um ihn zu einem »aktiven« Mitglied der zweiten RAF-Generation werden zu lassen. Zunächst arbeitete er als »Kurier«. Er stellte Botschaften zu, sammelte Geld für die Prozessvertretung der RAF-Mitglieder, druckte in seiner Werkstatt subversives Material und protestierte gegen die »Isolationsfolter« der eingesperrten Terroristen.

Rolfs Familie war über die obskuren Tätigkeiten ihres Sohnes besorgt. Sie war sich aber des Ausmaßes seiner Verstricktheit nicht bewusst und ließ sich von Sympathisanten der extremen Linken auch immer wieder beruhigen. Gleichwohl war die Familie nicht gänzlich überrascht, als eines Tages im November 1977 ihr Haus von schwer bewaffneter Polizei umstellt wurde, um nach Beweismaterial gegen Rolf zu suchen, der nach einer Schießerei mit der Polizei festgenommen worden war. Doch alles, was sie fand, war eine Büchersammlung, Thomas Manns Werke, und Teile von Musikinstrumenten.

Quelle: Leicht gekürzter, vom Verfasser frei übersetzter Text aus: Otto Billig: »The Case History of a German Terrorist«, in: Terrorism, *Vol. 7 (1984), No. 19, S. 1–10*

Die peruanische Terroristin Gladys

Gladys Martínez stammt aus Apurimac in Südperu, wo sie bis zu ihrem 18. Lebensjahr lebte. Geboren wurde sie im Mai 1965 als mittleres von drei Geschwistern. Ihre Eltern waren als Volksschullehrer im Schuldienst in der Provinzhauptstadt der verarmten Region tätig. Ihr älterer Bruder ist Geschäftsmann in Apurimac geworden, während die jüngste Schwester ebenfalls Lehrerin an einer kleinen Volksschule in der Nähe Apurimacs wurde.

Gladys wuchs in einem Elternhaus auf, das als völlig unpolitisch zu bezeichnen ist. Die Eltern, insbesondere die Mutter, haben einen starken indianischen Einschlag und sprechen untereinander oft Quechua. Sie leben in sehr bescheidenen Verhältnissen. Das Lehramt ist in ganz Lateinamerika eine schlecht bezahlte Tätigkeit, dessen Sozialprestige und Lohnniveau gleichermaßen niedrig sind.

Gladys Erinnerungen an ihr Elternhaus sind wesentlich bestimmt von der besonderen Bedeutung, die die Eltern Erziehungsfragen zuschrieben, sowie von den Illusionen, die sie sich über die durch eine gute Ausbildung wachsenden Zukunftschancen machten. Die Eltern scheuten keine Entbehrungen, um dem älteren Bruder ein Universitätsstudium zu ermöglichen. Obwohl abzusehen war, dass der Bruder den Hochschulabschluss nicht schaffen würde, bestanden die Eltern darauf, ihn finanziell zu unterstützen. Zugleich versagten sie der begabteren Gladys eine vergleichbare Förderung, was Gladys überaus kränkte. Bis zu ihrem 18. Lebensjahr lebte Gladys in der provinziellen Enge von Apurimac, einer der ärmsten Regionen Perus. Im Elternhaus wurde ihr das übliche Vorurteil der Berglandbewohner gegenüber Lima und der Küstenregion vermittelt: Der relative Wohlstand der Hauptstadt sei auf die Ausplünderung des Hinterlandes zurückzuführen. Dieses Vorurteil dürfte die vorpolitische Grundmatrix von Gladys' späterer politischer Einstellung gewesen sein.

1983 ging Gladys nach Huancavelica, um die Fachhochschule für Lehrerausbildung in der gleichnamigen Provinzhauptstadt zu besuchen. Diese Bildungseinrichtung, an der vorwiegend Jugendliche aus der unteren Mittelschicht studierten, war damals die Hochburg des Sendero Luminoso (Leuchtender Pfad). Gladys, eine anpassungsfähige und gruppenorientierte junge Frau, übernahm nach und nach die an der Fachhochschule kursierenden gesellschaftlichen Leitideen und Zukunftsvisionen, die in starkem Maße vom Sendero Luminoso geprägt waren. Doch waren es weniger die intellektuellen Inhalte des von der Guerillaorganisation propagierten Gesellschafts- und Politikverständnisses als vielmehr die sich mit dem Sendero verbindende emotionale Atmosphäre, die Gladys in ihren Bann zog. Der Maoismus und Ruralismus des Sendero stellte eine einfache Lösung für die Frustrationen, Sehnsüchte und Erwartungen der provinziellen unteren Mittelschicht in Aussicht, eine Lösung, die den Vorurteilen der Berglandbewohner Rechnung trug und die Animositäten gegen Lima und dessen großstädtische moderne Kultur verstärkte. Dabei ging der Sendero im Hochschulbereich insofern sehr geschickt vor, als er Frauen eine gleichberechtigte Beteiligung an den revolutionären Aktivitäten anbot. Frauen stellten einen Großteil der Mitglieder, waren allerdings in untergeordneten Positionen überproportional vertreten, während die Führungsfunktionen Männern vorbehalten blieben. Gladys fühlte sich sehr wohl in diesem Milieu; sie gehörte zunächst einem Freundeskreis revolutionärer Studenten an, dann einer Sendero-Sympathisantengruppe und zuletzt der Partei selbst. So geriet sie allmählich, ohne dass es ein politisches Schlüsselereignis gegeben hätte, in die revolutionäre Organisation hinein, in der sie bis 1989 die Funktion einer wichtigen Verbindungsfrau ausübte.

Dabei spielte die Tatsache, dass Gladys' Freund ebenfalls Sendero-Mitglied war, eine wichtige Rolle. Sie kannte den jungen Mann seit ihrem 15. Lebensjahr. Auch er hatte den Lehrerberuf gewählt, sich rasch politisiert und wie viele seiner Studienkollegen dem Leuchtenden Pfad angeschlossen. Gladys folgte allen diesen Schritten. Ihr Studium konnte sie nicht beenden, weil der Sendero sie zunächst mit der Beschaffung von Informationen aus dem Hochschulbereich beauftragte und dann mit einigen parteiinternen Funktionen betraute. Dazu gehörten vornehmlich die Aufrechterhaltung der Verbindungslinien zwischen den Provinzen Apurimac, Huancavelica und Ayacucho sowie die Bespitzelung von Ämtern, Behörden und Hochschulen. Die meisten dieser Tätigkeiten übte Gladys zusammen mit ihrem Verlobten aus, der einen großen Einfluss auf sie hatte. Als Frau erregte sie weniger Misstrauen, zumal Gladys nach außen immer eine angepasste, gehorsame und scheinbar völlig unpolitische Haltung an den Tag legte.

Im Februar 1989 führte die peruanische Regierung eine groß angelegte Razzia an den Universitäten durch, bei der ihr vertraulich-konspiratives Material des Leuchtenden Pfades in die Hände fiel. Darunter befanden sich Listen von Parteimitgliedern, die legalen Beschäftigungen in der öffentlichen Verwaltung oder in der Privatwirtschaft nachgingen. Gladys hatte zuletzt eine Stelle im staatlichen Erziehungssystem in Huancavelica. Sie leistete keinen Widerstand, als sie gefangen genommen wurde. Im Frauengefängnis von Lima, wo sie auf unbestimmte Zeit eingesperrt wurde, organisierte sie eine Gruppe ethnisch-regionaler Zugehörigkeit, nicht nach politisch-ideologischer Orientierung; die Frauen befassten sich mit der Erziehung von Kleinkindern, deren Muttersprache Quechua ist. Gladys macht weiterhin einen unpolitischen Eindruck. Ihr einzig nennenswertes gesellschaftspolitisches Engagement besteht in der Ablehnung der Lebensweise, die mit Lima und der Küstenregion verbunden ist, und in der Hinwendung zu den Werten und Traditionen der indianisch-andinischen Zivilisation des Berglandes.

Quelle: Rekonstruktion eines Lebenslaufes durch H. C. F. Mansilla aufgrund von Zeitungsberichten und -nachrichten aus Lima vom 1.4.–11.4.1989

Der Dschihadist Jamal

Jamal geriet nach dem Großanschlag vom 11. März 2004 in Madrid als einer der Hauptverdächtigen in die Schlagzeilen der Presse. Es stellte sich durch einen Zufall heraus, dass die Mobiltelefone, mit denen die in Rucksäcken verstauten Sprengladungen in einem Vorortzug zur Explosion gebracht worden waren, aus seinem Handyladen stammten.

Dabei hätte ihm kaum einer derjenigen, die ihn kannten und mit ihm öfter zu tun hatten, die Mitwirkung an einem derartigen Großverbrechen mit 191 Toten und unzähligen Verletzten zugetraut. »Ein normaler Bursche«, »ein netter Kerl«, »gutaussehend, aufgeschlossen und modern«, so lauteten die Urteile über ihn. Er fiel damit auf, dass er Markenkleidung trug, auf sein lockiges Haar achtete und auch eine Vorliebe für teure Uhren hatte. Insgesamt, so die Nachbarn und Bekannten, habe er keineswegs wie ein typischer Islamist gewirkt. Er habe zwar regelmäßig gebetet, doch auch Sport getrieben und Diskotheken besucht, also die Vorzüge des westlichen Lebensstils durchaus zu schätzen gewusst. Wie reimt sich das mit seiner Teilnahme an einem Megaanschlag zusammen?

Jamal wurde 1973 in Tanger geboren, der einst bedeutenden marokkanischen Küstenstadt, die mittlerweile verarmt ist und eines der Haupttore für Migranten aus ganz Afrika zum nur 20 Kilometer entfernten Eldorado Europa beziehungsweise Spanien ist. Auch Jamals geschiedene Mutter schloss sich 1983 mit ihrem Sohn und zwei Töchtern diesem Strom an. Ihr Weg führte sie nach Madrid, wo sie im Viertel Lavapiés Wohnung und Arbeit fand. Aus ärmlichen Verhältnissen stammend, brachte es die Familie in Madrid zu einem bescheidenen Wohlstand. Die Verbindung zum heimatlichen Tanger und zum Vater riss jedoch nicht ab. Vor allem in den Sommerferien fuhr Jamal mit seiner Mutter regelmäßig nach Marokko. Als er knapp über 20 Jahre alt war, pendelte Jamal eine Zeitlang sogar ständig zwischen der alten und der neuen Heimat hin und her. Offenbar fiel es ihm nicht leicht, den Kontrast zwischen dem traditionellen islamischen Milieu und der modernen Weltstadt Madrid zu verkraften.

Rein äußerlich hatte er keine Schwierigkeiten, sich an das großstädtische Milieu anzupassen. Er verzichtete auf einen formellen Schulabschluss und arbeitete etwa ab dem 14. Lebensjahr im Kleinhandel. Das Geschäft für Früchte, das er mit der Familie betrieb, lief gut. Jamal war im Viertel beliebt und wurde geschätzt, da er nicht kleinlich war, sondern Spaniern und Marokkanern gleichermaßen Kredit gewährte, wenn sie nicht bar bezahlen konnten. Später eröffnete er mit seinem älteren Halbbruder ein Call- und Handy-Center mit dem programmatischen Namen »Das neue Jahrhundert«. Erneut erwies er sich als geschäftstüchtig und geschickt. Der Laden genoss einen guten Ruf als Reparaturbetrieb für Handys. Allerdings wurde von manchen Nachbarn das rege Treiben, das stets um das Center herrschte, auch damit erklärt, dass Jamal und sein Geschäftspartner es mit den Gesetzen nicht genau nahmen, sondern auch gestohlene Ware ankauften und wieder verkauften.

Der inzwischen etwa 25-jährige Jamal hatte innerlich eine Entwicklung durchgemacht, wie sie für junge, in den Westen ausgewanderte Muslime nicht untypisch zu sein scheint. Als er etwa 20 Jahre alt war, geriet er in eine tiefe Sinn- und Existenzkrise. »Seine Gefühle fuhren dauernd Achterbahn«, so drückte es ein damaliger Freund aus. Dies war zugleich die Zeit, in der sich seine Besuche in Tanger häuften. Oft hielt er sich wochenlang in Marokko auf, wo er sich einen dichten Bart sprießen ließ, den er, nach Madrid zurückgekehrt, wieder abrasierte. Offenbar führte er nicht nur physisch, sondern auch psychisch eine Art Doppelleben: Die westliche Lebensart hielt er nur noch als äußere Fassade aufrecht, während er sich innerlich gänzlich dem Islamismus verschrieb. Wann diese Schwenkung genau vollzogen wurde, lässt sich nicht rekonstruieren. Die Eröffnung des Handyladens, auch die Geschäfte am Rande der Legalität deuten auf einen Entwicklungssprung und darauf hin, dass Jamal zu diesem Zeitpunkt der westlichen Gesellschaft bereits sehr distanziert gegenüberstand. Klar erkennbar ist, dass für diese »Bekehrung« charismatische Vorbilder und fundamentalistische Geistliche, sowohl in Madrid als auch in Tanger, eine maßgebliche Rolle spielten.

Jamals Hinwendung zum Islamismus hatte nur begrenzt mit einem intensiveren Studium des Korans und einer vertieften Religiosität zu tun. Ein Gefährte aus jener Zeit berichtet, Jamal und seine Gesinnungsgenossen hätten wenig Ahnung vom Islam gehabt, die Religion habe ihnen primär als Kontrastfolie zum abgelehnten Westen gedient; beispielsweise galt ihnen das Tragen von Krawatten als unvereinbar mit den Vorschriften des Korans. Alle trugen das Bild Osama bin Ladens auf dem Display ihres Handys und träumten davon, nach Afghanistan zu gehen. Ein alter Afghanistan-Kämpfer, den Jamal regelmäßig in einem Café bei seinem Geschäft traf, übte großen Einfluss auf ihn aus.

Immer wieder suchte er in ganz Europa Prediger auf, die seine radikalen Auffassungen teilten. Dabei ging es nicht um lokale Missstände, etwa die Situation der Muslime in Spanien oder Frankreich, sondern, ähnlich wie bei anderen islamistischen Gruppen in der Diaspora, um die Botschaft Bin Ladens, den globalen Dschihad: die angebliche Unterdrückung der Muslime durch den imperialistischen Westen und deren heldenhaften Widerstand, beispielhaft demonstriert durch die Intifadas in Israel und das Nachspiel zum Irak-

Krieg. Bis nach Norwegen reiste Jamal, um aus berufenem Munde die islamische Anklage gegen den Westen zu hören.

Gleichzeitig blieb er seiner Familie gegenüber stets der liebevolle und fürsorgliche Sohn und Bruder. Der Vater beteuerte, Jamal habe ihm bei seinen Besuchen stets Geschenke gebracht und ihn zudem finanziell unterstützt. Auch um die Mutter und die Schwestern kümmerte er sich. Als die jüngere Schwester im Jahr 2000 in Madrid heiratete, richtete er in einer eigens dazu gemieteten Villa eine moderne Hochzeit in großem Stil für sie aus und schenkte ihr einen teuren Fernsehapparat.

Zu diesem Zeitpunkt stand er schon in engem Kontakt zu islamistischen Gewalttätern und schmiedete möglicherweise bereits selbst terroristische Pläne. Seine Zeit verbrachte er mit einer kleinen Gruppe verschworener Freunde zwischen dem Geschäft, marokkanischen Bars und Restaurants und dem Besuch einer der kleinen Hinterhofmoscheen des Viertels. Im Jahr 2002 erstmals der Mitgliedschaft einer Al-Qaida-Zelle verdächtigt, wird seine Madrider Wohnung durchsucht; dabei wurde einiges an belastendem Material gefunden, jedoch nicht genug, um ihn einzusperren. 2003 wurde er in Casablanca unmittelbar vor dem Anschlag, der 45 Tote zählte, gesehen. Die auf ihn aufmerksam gewordene marokkanische Polizei verständigte die spanische Polizei, die dem Verdacht aber keine Bedeutung beimaß. Erst nach dem Anschlag vom 11. März, als zahlreiche Indizien auf seine Beteiligung an dem Verbrechen hindeuteten, wurde Jamal festgenommen.

Quelle: Rekonstruktion des Lebenslaufes von Jamal durch den Verfasser aufgrund von deutschen, französischen und spanischen Zeitungsberichten nach dem 11.3.2004

Die hier vorgestellten Kurzbiografien zeigen nicht nur ganz unterschiedliche Lebensschicksale, sondern sind auch in sehr unterschiedlicher Weise abgefasst. Die Autoren – der erste ein Journalist, der zweite ein Psychologe, der dritte und vierte Sozialwissenschaftler – setzen die Akzente jeweils anders. Die Geschichte von Javier ist das Ergebnis einer Recherche vor Ort, ohne dass ein Interpretationsversuch unternommen wird. Im Fall von Rolf wird ein kausaler Zusammenhang zwischen der Wiederverheiratung der Mutter und der Hinwendung des Jugendlichen zum Terrorismus suggeriert; im Falle von Gladys wiederum soll die traditionelle Spannung zwischen der Metropole Lima und dem peruanischen Berg- und Hinterland der ausschlaggebende Faktor für den Anschluss der jungen Frau an den Sendero gewesen sein. Die »Bekehrung« Jamals wird in Verbindung gebracht mit seiner Überforderung durch den kulturellen Bruch, den die Abwanderung aus einem traditionellen islamischen Milieu in eine moderne säkularisierte Großstadt für ihn bedeutete. Ganz unabhängig von der Frage, inwieweit diese Erklärungen zutreffen, bleibt festzuhalten, dass nicht nur die Lebenswege von Terroristen unterschiedlich verlaufen, sondern dass sie auch ganz unterschiedliche Ausdeutungen erfahren können.

10. Die Suche nach der terroristischen Persönlichkeit

Der Versuch herauszufinden, ob es eine terroristische Persönlichkeit gibt, gliedert sich in mehrere Abschnitte. Zunächst wird ein Blick auf die Bemühungen geworfen, das Profil eines Durchschnittsterroristen herauszuarbeiten. Dann wird geprüft, ob es zum Terrorismus disponierte Persönlichkeiten gibt. Es folgen Überlegungen, die Entscheidung für eine terroristische Laufbahn ganz unpathetisch als spezifische »Rolle« oder einen zeitlich begrenzten Beruf zu begreifen. Daran schließen sich Ausführungen zum Radikalisierungsprozess junger Muslime in der westlichen Diaspora und den besonderen Zügen von Selbstmordattentaten an. Das Kapitel schließt mit einigen Bemerkungen zu den Opfern des Terrorismus.

Der statistische Durchschnittsterrorist

Ein naheliegender Ansatz, das Profil des »typischen Terroristen« zu ermitteln, besteht in der Sammlung sozialstatistischer Daten. Gerade in jüngster Zeit macht man wieder häufig von dieser Methode Gebrauch: Die Kriminalpolizei der westlichen Länder greift häufig zum Mittel der Erstellung von Persönlichkeitsprofilen und der Sammlung typischer Verdachtsindikatoren, um aus der Vielzahl der im Westen lebenden Muslime diejenigen herauszufiltern, die eventuell einen Anschlag verüben könnten. Schon in den 1970er Jahren unternahmen zwei nordamerikanische Forscher, Charles A. Russell und Bowman M. Miller, den Versuch, auf diesem Weg das Porträt eines fiktiven Durchschnittsterroristen zu entwerfen.

Sie werteten alle verfügbaren Unterlagen über 18 terroristische Organisationen im Nahen Osten, in Europa und Lateinamerika sowie in Japan aus. Das Resultat ihrer insgesamt 350 Terroristen erfassenden Untersuchung lautet:

> »Man kann ein zusammengesetztes Bild zeichnen, in das die überwiegende Mehrzahl der Terroristen aus den hier untersuchten 18 Stadtguerillagruppen hineinpasst. Es handelt sich großenteils um alleinstehende Männer zwischen 22 und 24 Jahren (mit Ausnahmen), die eine Universitätsausbildung, teils mit Abschluss, absolviert haben. Weibliche Terroristen nehmen, mit Ausnahme der westdeutschen Gruppen und gelegentlicher Führungspositionen in einigen anderen Organisationen, eher unterstützende als ›operationale‹ Funktionen wahr. Überwiegend stammen diese städtischen Terroristen aus wohlhabenden urbanen Mittelschichtfamilien, die häufig ein beträchtliches Sozialprestige genießen. Wie ihre Eltern haben viele der älteren Terroristen eine medizinische oder rechtliche Ausbildung erhalten, sind zum Ingenieur, Lehrer oder etwas Ähnlichem ausgebildet worden und haben diesen Beruf möglicherweise ausgeübt, bevor sie eine terroristische Laufbahn einschlugen. Unabhängig davon, ob sie sich bereits als Universitätsstudent oder erst später dem Terrorismus zuwandten, ist festzustellen, dass die meisten während ihres Hochschulaufenthaltes mit einer anarchistischen oder marxistischen Weltsicht vertraut gemacht oder für terroristische Aktionen gewonnen wurden.«

Auch spätere Studien kommen kaum zu wesentlich differenzierteren Schlussfolgerungen. Meist heißt es, Terroristen seien im Regelfall unverheiratet, zwischen 20 und 25 Jahren alt und kämen aus einem städtischen, nicht einem ländlichen Sozialmilieu. Als Begründung für die Tendenz gerade junger Menschen, ihre Ideen mit Gewalt durchsetzen zu wollen, wird eine besondere Begeisterungsfähigkeit der Heranwachsenden, gepaart mit Überheblichkeit (*hybris*) besonders der akademisch gebildeten Jugend angeführt. Außerdem wird darauf verwiesen, dass terroristische Aktivitäten früher oder später die Hingabe der ganzen Person verlangten, ein umfassendes Engagement dieser Art jedoch nur von Menschen zu erwarten sei, die, wie Studenten, über ihre Zeit frei verfügen können und keine festen sozialen Verpflichtungen, etwa durch die Gründung einer Familie, übernommen haben.

Wie Fernando Reinares differenzieren wir im Folgenden zwischen verschiedenen Teilkategorien von Terroristen, etwa zwischen einfachen Mitgliedern und Führern von Untergrundorganisationen, zwischen Mittelschicht- und Unterschichtterroristen oder zwischen männlichen und weiblichen Angehörigen terroristischer Gruppen. Während für den durchschnittlichen Untergrundkämpfer das Engagement in einer terroristischen Gruppe eine meist kurzfristige, ungefähr zwei bis vier Jahre dauernde Übergangsphase in seinem Leben darstellt, widmet ihm der terroristische Führer seine ganze Existenz. Unter Umständen tut sich hier die Chance einer interessanten Alternative zu einem bürgerlichen Lebensweg auf, in jedem Fall ist es für Führer in jeder Hinsicht wesentlich schwieriger, in ein »normales« Leben zurückzukehren, als für gewöhnliche Mitglieder. Führer sind im Allgemeinen, wie bereits Russell und Miller feststellten, auch deutlich älter als der Durchschnitt. Ob sie sich in ihren Fähigkeiten und ihrem psychologischen Profil von anderen Mitgliedern unterscheiden, ist mangels einschlägiger Untersuchungen schwer zu sagen, jedoch zu vermuten. Dabei ist nicht zu vergessen, dass sich das Tätigkeitsspektrum innerhalb dieser Organisationen keineswegs auf die Planung und Durchführung blutiger Anschläge beschränkt, sondern wesentlich breiter ist. Entsprechend vielfältig sind die im Untergrund geforderten Führungsqualitäten.

Mittelschichtterrorismus und Unterschichtterrorismus unterscheiden sich, wie bereits in Kapitel 6 gezeigt wurde, nicht nur hinsichtlich ihrer ideologischen Ausrichtung, sondern auch in der Einbettung in ihr soziales Umfeld und ihre »Bezugsgruppe(n)«, für die die Anschläge verübt werden. Ausgehend von freilich nicht unumstrittenen Erkenntnissen der Kriminologie (Marvin E. Wolfgang/Franco Ferracuti u. a.) ist festzustellen, dass im sozialen Unterschichtmilieu die Anwendung von Gewalt verbreiteter und »natürlicher« ist als in einem mittelständischen Milieu, wo der Einsatz körperlichen Zwangs als »primitiv« gilt und bereits das Kleinkind lernt, seine Bedürfnisse und Wünsche verbal zu artikulieren. Aufgrund der überlegenen Gewaltkompetenz von Unterschichtangehörigen kommt es innerhalb der terroristischen Organisationen nicht selten zu einer Arbeitsteilung zwischen primär mit Planungs- und Führungsaufgaben befassten Mittelschichtkadern und den für das Gewaltgeschäft zuständigen Unterschichtmitgliedern. Aus diesem Grunde ist es um die längerfristigen Überlebens- und Erfolgschancen einer terroristischen Organisation schlecht bestellt, wenn es ihr nicht gelingt, in den ländlichen beziehungsweise städtischen Unterschichten oder wenigstens den unteren Mittelschichten Fuß zu fassen. Als Beispiele relativ erfolgreicher Organisationen in diesem Sinne können die IRA und die ETA gelten, während die nordamerikanischen Weathermen oder der frankokanadische FLQ der späten 1960er Jahre Gegenbeispiele für rein studentisch rekrutierte und deshalb kurzlebige terroristische Gruppen abgeben.

Besondere Aufmerksamkeit in der Literatur haben die Terroristinnen gefunden, wahrscheinlich weil es mit dem üblichen Verständnis von Weiblichkeit schwer vereinbar ist, dass Frauen zur kaltblütigen Durchführung extremer Gewalttaten fähig sein sollen. Dabei fehlt es seit den russischen Anarchistinnen nicht an Beispielen dafür, dass weibliche Terroristen ihren männlichen Genossen keineswegs an Zähigkeit, Entschlusskraft und Nervenstärke in kritischen Situationen nachstehen. Das Interesse, das den Terroristinnen entgegengebracht wurde, hat mehrere wichtige empirische Befunde zutage gefördert:

- Frauen erregen weniger Verdacht, können als Mitglied einer Untergrundorganisation sich folglich leichter tarnen, sich ungezwungener bewegen und freier agieren als Männer, beispielsweise wenn es gilt, eine konspirative Wohnung anzumieten.
- Frauen finden im terroristischen Aktionsplan vor allem in helfenden und unterstützenden Rollen Verwendung, etwa als Spitzel, Lockvogel, Kurier oder Transporteur, was teils ihrem Selbst-

verständnis zu entsprechen scheint, teils funktionale Gründe hat. Dies schließt jedoch nicht aus, dass man Frauen auch in anderen Funktionen, bis hin zu Führungspositionen, begegnet.

- Aufgrund ihrer konsensorientierten Nachgiebigkeit und Verständnis einübenden Erziehung trennt Frauen ein breiterer Graben von politischer Gewalt als die meisten Männer. Sie müssen einen weiteren Weg zurücklegen, bis sie schließlich zu einer terroristischen Gruppe stoßen. Das bedeutet zugleich, dass es sich häufig um eine bewusstere Entscheidung als bei Männern handelt.
- Solche Entscheidungen sind in modernen Industriegesellschaften, in denen der weibliche Emanzipationsprozess weit fortgeschritten ist, eher zu erwarten als in einem traditionellen Sozialmilieu. Aus diesem Grund ist es nicht erstaunlich, wenn der Frauenanteil an den sozialrevolutionären terroristischen Organisationen, etwa in Deutschland oder in Italien, signifikant über jenem in ethnisch-nationalistischen, religiösen und rechtsradikalen Gewaltorganisationen liegt. Doch wie aus der Biografie der Peruanerin Gladys und zahlreichen Beispielen des Einsatzes von Frauen durch den LTTE auf Sri Lanka hervorgeht, kann auch in Übergangsgesellschaften der Anteil von Terroristinnen beträchtlich sein. Insgesamt betrachtet beginnen sich durchweg die geschlechtsspezifischen Profile zu lockern, beispielsweise ist bei den ethnisch-nationalistischen Verbänden über die Jahre hinweg ein allmählicher Anstieg des Anteils weiblicher Mitglieder zu beobachten. Die von tschetschenischen Rebellen verübten Anschläge mit den verheerendsten Folgen wurden zum Teil von Frauen ausgeführt (»Schwarze Witwen«).
- Die Präsenz von Frauen beeinflusst stark das emotionale Klima in terroristischen Untergrundorganisationen; sowohl generell als auch speziell aufgrund der affektiven Spannungen und Bindungen, auch der erotischen Anreize, die sich daraus insbesondere für männliche Gruppenmitglieder ergeben.

Ist der sozialstatistische Ansatz geeignet, um zu einem besseren Verständnis der Terroristen zu gelangen? Die Antwort muss zweideutig ausfallen. Einerseits ist der Erklärungswert von Untersuchungen wie der von Russell und Miller als bescheiden einzuschätzen. Ihr Porträt eines fiktiven Terroristen lässt nicht nur offen, warum von der Unzahl junger Männer, auf welche die von ihnen genannten Merkmale zutreffen, nur einige wenige die terroristische Laufbahn einschlagen. Es verfälscht darüber hinaus die wahren Verhältnisse dadurch, dass es Mittelwerte angibt, die in der Realität auf keine einzige konkrete Organisation zutreffen. So beziehen sich Angaben wie »Frauen stellen durchschnittlich knapp 10 Prozent aller Terroristen« auf den Mittelwert zwischen rechtsradikalen, ethnisch-nationalistischen und religiösen Organisationen, in denen der entsprechende Prozentsatz darunter, und sozialrevolutionären Organisationen, in denen er deutlich darüber liegt. Trügerische Generalisierungen dieser Art fallen hinter den Erkenntnisstand zurück, der mit der Differenzierung zwischen verschiedenen Strukturformen des Terrorismus bereits erreicht worden ist.

Andererseits darf man der sozialstatistischen Methode nicht jegliches Verdienst absprechen. Dieses liegt zunächst paradoxerweise vor allem im Umkehrschluss, welche sozialen Gruppen offenbar für ein terroristisches Engagement nicht in Frage kommen. Klammert man Kinder und Alte aus, so gelangt man beispielsweise zu der Feststellung, dass eine auf dem Land oder in einer Kleinstadt lebende verheiratete Frau von etwa 45 Jahren mit noch unmündigen Kindern gegen die Anfechtung, Terroristin zu werden, in besonderer Weise geschützt ist. Zweitens wird der sozialstatistische Ansatz umso interessanter, je mehr er davon absieht, ein allgemeingültiges Terroristenprofil konstruieren zu wollen, und sich stattdessen auf Teilkategorien wie die Führer terroristischer Organisationen, weibliche Mitglieder, Migranten oder Selbstmordattentäter konzentriert. Unter Berücksichtigung solcher Differenzierungen und vor allem in Verbindung mit den herausgearbeiteten unterschiedlichen Strukturtypen des Terrorismus kann die Auswertung sozialstatistischen Datenmaterials durchaus wertvolle Erkenntnisse erbringen.

Gibt es die zum Terrorismus disponierte Persönlichkeit?

Weil terroristische Anschläge schockierend und für die meisten Menschen unverständlich sind, gelten ihre Urheber, die Terroristen, oft als anomal. Die Suche nach den psychischen Besonderheiten, durch die sich Terroristen von normalen Personen unterscheiden, hat zwei Wege eingeschlagen: Entweder man unterstellt ihnen, geistig gestört, psychisch krank zu sein. Oder ihnen wird ein besonderer Fanatismus zugeschrieben; sie gelten zwar als zurechnungsfähig, sollen jedoch eine spezifische, tendenziell pathologische Persönlichkeitsstruktur aufweisen. Die empirische Datenlage in Bezug auf psychische Anomalien von Terroristen ist relativ dünn. Doch bereits die wenigen vorliegenden Ergebnisse lassen ernsthafte Zweifel an der Richtigkeit der beiden Hypothesen aufkommen.

Die Behauptung, Terroristen litten unter geistigen Störungen (*mental illness*), unterläuft die im 2. Kapitel angestellten Überlegungen zum rationalen Kern, der in der terroristischen Strategie steckt, oder relativiert sie zumindest in erheblichem Maße. Häufig werden traumatische Kindheitserfahrungen für die spätere Hinwendung des Jugendlichen zum Terrorismus verantwortlich gemacht. Terroristen gelten als paranoid, als neurotisch oder als Psychopathen. Nun ist nicht auszuschließen, dass diese psychischen Krankheitssymptome auf einige Terroristen zutreffen, doch verallgemeinern lassen sich derartige Befunde nicht. Alle Forscher, die sich längere Zeit intensiv mit Terroristen beschäftigt haben, kommen zu dem Schluss, es handle sich um durchaus normale, sich der Konsequenzen ihrer Handlungen bewusste und zu deren Kontrolle fähige Personen. Dieses Urteil wird durch den Psychologen Wilfried Rasch bestätigt, der den harten Kern der ersten Generation der RAF untersucht hat. Er hat keinerlei Anzeichen geistiger Verwirrung oder mangelnder Zurechnungsfähigkeit entdecken können. Die Untersuchten hätten mit klaren Zielvorstellungen, Zähigkeit und Hingabe ihre Gewaltkampagnen betrieben, das heißt, sie wiesen Züge auf, die für Psychopathen gänzlich untypisch seien.

Maxwell Taylor greift in diesem Zusammenhang einen bereits von anderen Forschern geäußerten Gedanken auf: Die Abstempelung als »geistig krank« oder »verrückt« sage eher etwas über gesellschaftliche Verdrängungseffekte und Abwehrbedürfnisse im Umgang mit Terroristen als über diese selbst aus. Mit dem Etikett »krank« würden die Gewalttäter in den Bereich des gänzlich Außergewöhnlichen und Unerklärlichen verwiesen, über den Gedanken zu machen sich nicht lohne und für den niemand verantwortlich sei. Auf diese Weise werde der unbequemen Frage ausgewichen, wie es zur Entstehung terroristischer Gruppen gekommen sei und was deren Existenz für die jeweilige Gesellschaft bedeute.

Kaum ergiebiger waren andere Versuche einer psychologischen Kategorisierung von Terroristen: als besonders zornig und ungeduldig, depressiv, von Angstvorstellungen oder Männlichkeitswahn besessen. Besonders häufig werden sie als fanatisch charakterisiert. Dabei handelt es sich nicht um einen psychologischen Fachterminus, sondern um eine alltagsweltliche Zuschreibung. Fanatische Menschen haben oft besonders rigide Überzeugungen; sie schließen ungern Kompromisse, setzen konsequent in die Tat um, was sie für richtig halten, und lassen sich dabei auch durch erhebliche äußere Widerstände nicht beirren. Wer fanatisch für eine Sache eintritt, dem sagt man nach, dass er oft keine Nuancen mehr sehe, sondern zur Schwarz-Weiß-Malerei neige und nur noch Freund oder Feind kenne. Fanatiker fällen nicht nur Urteile, sondern haben eine Tendenz zu Vorurteilen. Diese und andere Züge rücken sie in die Nähe der sogenannten autoritären Persönlichkeit, die von Theodor W. Adorno und seinen Mitarbeitern in der Nachkriegszeit als ein für den Faschismus besonders empfänglicher Menschentypus beschrieben wurde.

Es lässt sich nicht abstreiten, dass manche Terroristen diesem Bild des Fanatikers weitgehend entsprechen. Doch lässt sich das Klischee keineswegs auf alle Terroristen anwenden. Umgekehrt gilt, dass viele Fanatiker nicht zu Terroristen geworden sind. Der britische Anthropologe Frank Burton, der sich in der 1970er Jahren sechs Monate lang in einem Belfaster Viertel aufgehalten und eng mit IRA-

Leuten zusammengelebt hat, kam zu dem Schluss, es sei unmöglich, sie alle über einen Kamm zu scheren. Unter den IRA-Mitgliedern, denen er begegnete, waren alle Intelligenzstufen vertreten. Manche waren religiös, andere wieder nicht, die einen witzig und redselig, andere verschlossen. Er sei besonders oft bei Jüngeren einer Kombination von Bildungsmangel und Draufgängertum, Autoritarismus und Fanatismus begegnet, doch ließen sich diese Züge nicht verallgemeinern. Gerade bei IRA-Volontären, die sich durch besondere Risikofreude und Härte auszeichneten, habe er Anflüge von Nachdenklichkeit, Sensibilität, ja gelegentlicher Niedergeschlagenheit beobachtet. Vor allem dürften der Idealismus und die Hingabebereitschaft, verbunden mit einem Schuss Romantik, als Motiv für den IRA-Beitritt nicht unterschätzt werden.

Wie man es auch dreht, nichts spricht dafür, dass es für die gesuchte terroristische Psyche eine Entsprechung in der Realität gibt. Sowenig es nur *eine* den Terrorismus begünstigende gesellschaftliche Konstellation, nur *einen* Strukturtypus der terroristischen Organisation und nur *einen* Weg in den Terrorismus gibt, so wenig sinnvoll ist es anzunehmen, nur *ein* bestimmter Personentypus sei für diese extreme Form der Gewaltanwendung geeignet und ansprechbar. Aus Unverständnis hält ein Großteil der öffentlichen Meinung dennoch an der Vorstellung fest, bei Terroristen handle es sich um Fanatiker oder Verrückte. Aber auch viele Sozialwissenschaftler, die es besser wissen müssten, jagen weiterhin der Chimäre einer besonderen psychischen Disposition zum Terrorismus nach.

Aus unserer Sicht erklärt sich dies aus den Lebensbedingungen westlicher Sozialwissenschaftler: Die meisten von ihnen wohnen und arbeiten in Ländern und Regionen, in denen der Staat ein weitgehendes oder vollständiges Gewaltmonopol durchgesetzt hat. Dieser befriedete Zustand lässt die eigenmächtige Gewaltanwendung durch Einzelne oder Gruppen zu einem erklärungsbedürftigen Ausnahmetatbestand werden. Dabei wird leicht vergessen, dass der zentraleuropäische Staat Jahrhunderte benötigt hat, um seinen Bürgern den Selbstverteidigungsreflex abzugewöhnen, und Europa keineswegs repräsentativ für andere Großregionen ist. Bereits an seinen Rändern, in Korsika, Sizilien, Irland, der Türkei, hat sich eine Tradition gewaltsamer Selbsthilfe erhalten, ganz zu schweigen von Lateinamerika, Afrika oder dem Nahen Osten, wo es dem Staat nie gelungen ist, den gesellschaftlichen Gruppen das Recht und die Möglichkeit, ihre Konflikte notfalls gewaltsam auszufechten, definitiv zu entziehen.

Wie anthropologische Untersuchungen und psychologische Experimente, aber auch die Bürgerkriegserfahrungen in Jugoslawien oder Algerien zeigen, liegt die Hemmschwelle, die den Einzelnen davon abhält, gewalttätig zu werden, bei vielen Menschen wesentlich niedriger, als den meisten Forschern lieb sein dürfte. Es bedarf keiner abnormen Persönlichkeitsstruktur, um sie zu überspringen, unter Umständen nicht einmal besonderer Hassgefühle oder sonstiger emotionaler Anreize. Es kann reichen, dass die herkömmliche Tabuisierung von Gewaltanwendung entfällt, die entsprechenden moralischen und rechtlichen Kontrollen sich lockern und keinerlei ernsthafte Sanktionen zu befürchten sind. Dabei ist zu vermuten, dass der Übergang zu eigenmächtiger Gewaltanwendung und eventuell sogar zu Gewaltexzessen desto reibungsloser und unbelasteter von Skrupeln vonstattengeht, je stärker er durch moralische Rechtfertigungsformeln eingerahmt ist und je mehr Sozialisationsinstanzen bereitstehen, die bei der Einübung der ungewohnten gewaltsamen Verhaltensmuster behilflich sind.

Stimmen diese Annahmen, dann verschiebt sich die ganze Problematik. Es erübrigt sich in diesem Fall, nach den pathologischen Wurzeln der Entwicklung Einzelner oder ganzer Gruppen zum Terrorismus zu suchen. Stattdessen wird man zum einen nach Mechanismen gelockerter Sozialkontrolle sowie versteckter oder offener Legitimierung aufständischer Gewaltpraktiken Ausschau halten und zum anderen im Einzelfall nach den Vorbildern, Sozialisationsprozessen und konkreten Umständen fragen müssen, die das Einschwenken auf eine terroristische Laufbahn nahelegen beziehungsweise -legten.

Terrorist als Beruf

Der bereits zitierte Psychologe Maxwell Taylor schlägt an einer Stelle seiner äußerst lesenswerten Studie vor, Terrorismus als einen »Job« wie jeden anderen zu betrachten. Man unterstelle bei der Wahl anderer Berufe keinen latent wirksamen psychologischen Determinismus, warum greife man dann beim Terroristen auf diese Erklärung zurück? Man könnte Taylor entgegnen, weil der Terrorist im Unterschied zu »normalen« Berufen außergewöhnlich großen Schaden anrichtet. Doch würde das sein Argument, das unseres Erachtens in die richtige Richtung zielt, nicht entkräften. Zur Erklärung, warum jemand Terrorist wird, können Soziologie und Politikwissenschaft einen im Vergleich zur Psychologie ebenso großen, wenn nicht größeren Beitrag leisten. Deshalb folgen wir Taylors Vorschlag, terroristische Aktivitäten ganz unpathetisch als »Rolle« oder »Beruf« zu begreifen. Menschen können sich dazu entschließen, Bankkaufmann, Ingenieur oder Künstler zu werden. Welche Motive veranlassen sie dazu, sich im Neben- oder Hauptberuf, kurz- oder längerfristig für eine terroristische Laufbahn zu entscheiden?

Zunächst ist hierfür von Bedeutung, wie die terroristische Rolle in einer Gesellschaft definiert ist. Denn davon wird entscheidend abhängen, ob ein Jugendlicher sich für diese Rolle interessiert oder nicht. Diese Rollenbestimmung dürfte von Gesellschaft zu Gesellschaft variieren. Es ist auch nicht unwichtig, ob in einer Gesellschaft terroristische Organisationen bereits existieren, ob es sich also um ein eingespieltes Rollenmuster handelt oder dieses erst, unter Nachahmung fremder Vorbilder, gewissermaßen erfunden werden muss. Immerhin lassen sich einige wiederkehrende Rollenmerkmale erkennen:

- Terroristen, im Regelfall eine winzige Minderheit, nehmen eine ausgesprochene Außenseiterrolle ein, stehen in jedem Fall am Rande der Gesellschaft, gleichgültig, ob sie diese angreifen oder gegen eine überlegene Macht verteidigen.
- »Terrorist« ist im Unterschied zu »Guerillero« in unserer Zeit ein negativ besetzter Begriff. Fallweise kann diese negative Bewer-

tung zwar dadurch abgemildert werden, dass man von Seiten der engeren Bezugsgruppe Verehrung und Bewunderung erfährt. Nichtsdestoweniger gehört man einer weltweit geächteten Minderheit an.

- Terrorist sein bedeutet, abgesehen vom rechtsradikalen Terrorismus, ein hohes Maß an Opferbereitschaft; wer sich auf diese Rolle einlässt, muss damit rechnen, dass ihm ein umfassendes Engagement abverlangt wird, das auch die eventuelle Hingabe des eigenen Lebens einschließt.
- Terrorismus impliziert schließlich Gewaltanwendung. Zwar existiert innerhalb dieser Gruppen eine Arbeitsteilung – nicht jedes Mitglied ist unmittelbar an den Anschlägen beteiligt –, doch nach außen hin ist dies sekundär. Wer sich einer terroristischen Organisation anschließt, bringt damit zugleich sein Einverständnis für die Übernahme der Verantwortung von Gewalttaten zum Ausdruck.

Je nach historischer Situation und Gesellschaft dürfte dieses allgemeine Rollenbild eine mehr oder weniger große Zahl junger Menschen anziehen. Vorherzusagen, welcher oder welche dieser potenziellen Aspiranten schließlich faktisch zu einer terroristischen Gruppe stoßen werden, ist nicht leichter als die Prognose, wer aufgrund eines vagen Vorwissens und einer gewissen Sympathie für ausgefallene Berufe wie Spion, Börsenmakler oder Bildhauer schließlich tatsächlich diesen Beruf ergreifen wird. Eine ganze Reihe von Selektionsmechanismen spielt hier eine Rolle:

- Gibt es in der betreffenden Gesellschaft kulturelle Muster und Prägeformen, die potenziellen Terroristen als Vorbilder dienen können? Gibt es Ideologien mit totalitären Elementen, die zu bedenkenloser Gewaltanwendung einladen? Existiert die Figur des Widerstandskämpfers und Helden, der sein Leben in jungen Jahren für die Gemeinschaft hingibt? Sind Ehr- und Rachevorstellungen verbreitet, müssen Kränkungen gesühnt werden?
- Hat sich die Großgruppe, der der potenzielle Gewaltaktivist angehört, je dem staatlichen Anspruch auf alleinige Gewaltaus-

übung gebeugt? Handelt es sich um eine Demokratie oder eine repressive Diktatur, einen unabhängigen Staat oder ein Kolonialregime?

- Welcher sozialen Schicht und Altersgruppe gehört der Kandidat für eine terroristische Laufbahn an? Ist es ein Mann oder eine Frau?
- Wie steht es mit dem politischen Engagement der Eltern? Gibt es innerhalb der engeren oder weiteren Verwandtschaft Vorbilder für eine militante politische Widerstandsrolle? Welches politische Klima herrscht an der Ausbildungsstätte, wie verhält sich der nähere Freundeskreis, entwickelt der Gewaltaspirant Fähigkeiten, die ihm die Wertschätzung potenzieller Gewaltgenossen sichern?
- Welche situativen Faktoren herrschen vor? Nimmt etwa der repressive Druck in einem kritischen Moment zu, oder kommt jemand durch die Sicherheitskräfte zu Schaden, der dem »Kandidaten« nahesteht. Es ist denkbar, dass dieser sich wegen kleiner Vergehen in eine Außenseiterposition gedrängt sieht, die ihm scheinbar keine andere Wahl lässt, als »unterzutauchen«, oder dass er diesen Schritt aus Solidarität mit einem Freund/einer Freundin vollzieht.
- Stellen bestimmte Aufnahmekriterien von terroristischen Organisationen einen möglichen Filter dar? Terrorgruppen können durchaus wählerisch sein. Beispielsweise ist von der palästinensischen Hamas bekannt, dass sie über lange Zeit freiwillige Selbstmordkandidaten nicht akzeptiert, sondern diese selbst ausgewählt und für ihre Mission vorbereitet hat.

Der Weg in eine terroristische Gruppe stellt sich demnach als ein mehrstufiger Prozess dar. Auf jeder Stufe kann der potenzielle Kandidat für eine solche Laufbahn ausscheren und die Entwicklung abbrechen, freilich den Faden auch wieder aufnehmen, um später oder auf Umwegen doch noch ins terroristische Milieu einzutauchen.

Radikalisierungsprozess

In jüngerer Zeit wurde intensiv der Frage nachgegangen, ob es typische individuelle Entwicklungssequenzen gibt, welche die aufgezeigten Selektionsstufen verbinden und erklären oder zumindest nachvollziehbar machen, warum ein »normaler« junger Mensch schließlich zu einem Gewalttäter wird. Vor allem der alarmierende Befund, dass um einer Verbesserung ihrer materiellen Situation willen nach Europa eingewanderte Muslime (beziehungsweise ihre Nachkommen) sich im Namen fundamentalistischer Glaubensüberzeugungen gegen die Aufnahmegesellschaft und die westliche Zivilisation insgesamt wenden, war Anlass für zahlreiche Untersuchungen und Analysen.

Dabei muss man zur Kenntnis nehmen, dass die Entstehung nationalistischer beziehungsweise religiöser Erneuerungsbewegungen im Exil oder in der Diaspora nichts Ungewöhnliches ist, sondern ein in der Geschichte wiederkehrendes Phänomen. Man denke nur an die Bedeutung des ägyptischen Exils und später der babylonischen Gefangenschaft für das Judentum. Auch zahlreiche nationalistische Strömungen hatten ihren Ursprung in nationalen Rand- und Exilgruppen. Wie in Kapitel 7 ausgeführt wurde, resultiert aus dem Schwebezustand zwischen zwei Welten und Identitäten eine existenzielle Unzufriedenheit, die als eine mögliche Reaktion die Flucht in das starre System eines orthodoxen Glaubenskorsetts nahelegt. Die entsprechende individuelle Entscheidung hat meistens eine längere Vorgeschichte. Ihr geht nicht selten eine Entwicklungsphase voran, in welcher der muslimische Student im Westen oder der in einer muslimischen Familie Aufgewachsene sich nach Kräften in die westliche Gesellschaft zu integrieren, ihren Leistungsmaßstäben zu entsprechen suchte und subtile Vorurteile und Diskriminierungen, denen er ausgesetzt war, ignorierte. Aber dann gelangte er an einen Punkt, an dem er mit seiner bisherigen Lebensweise nicht mehr zufrieden war und von einer tiefen Unruhe ergriffen wurde. Bezeichnenderweise geschieht dies überwiegend im jugendlichen Alter, das dem bekannten Entwicklungspsychologen

Erik H. Erikson zufolge durch das Identitätsproblem geprägt und überschattet ist. Der jugendliche Migrant oder Migrantenabkömmling sieht sich vor die prinzipielle Frage gestellt, wer er eigentlich ist und was er mit seinem Leben anfangen will; und er begreift plötzlich, dass er dieses Problem nicht dauerhaft durch eine möglichst reibungslose Anpassung an die Aufnahmegesellschaft lösen kann. Die Experten des Police Department von New York sprechen in diesem Zusammenhang von einer »kognitiven Öffnung« des muslimischen Jugendlichen. Strukturell in seiner hybriden Situation angelegt, kann der latente Identitätskonflikt aufgrund unterschiedlicher Ereignisse und Erfahrungen offen ausbrechen, etwa bei Verlust des Arbeitsplatzes, der Blockierung sozialer Aufstiegschancen oder durch den Tod eines nahen Angehörigen. Die Infragestellung des bisherigen Lebensweges geht mit einer Persönlichkeitskrise einher, welche die Empfänglichkeit des zutiefst verunsicherten Jugendlichen für die Suche nach einem religiösen Halt steigert. Diese Suche mündet oder kann zumindest münden in eine religiöse Bekehrung und »Neugeburt«.

Dem aufgezeigten Entwicklungsprozess liegt keinerlei Zwangsläufigkeit zugrunde, er verläuft auch nicht unbedingt linear, mit den typischen Momenten einer zeitlichen Zuspitzung der Krise und einer anschließenden kathartischen Wende, sondern kann sich über mehrere Lebensstationen hinziehen, bis schließlich die Sinnkrise zum beherrschenden, den Anschluss an eine fundamentalistische Gruppe diktierenden Thema wird. Bei der Vorbereitung dieses Schritts, welcher der Existenz des Jugendlichen ein neues Ziel und einen neuen Inhalt gibt, kommt nahen Angehörigen und Freunden des jungen Muslim als Vorbild und Berater häufig eine Schlüsselfunktion zu.

Um zu verstehen, wie aus der Hinwendung zu einem orthodox-fundamentalistischen Zweig des Islam eine radikale Gesinnung wird, die auch vor der Anwendung von Gewalt zur Durchsetzung der eigenen Glaubenswahrheiten nicht zurückschreckt, müssen zwei zusätzliche Faktoren in Rechnung gestellt werden. Der erste ist das, was Sageman *the global link* nennt: Die gelegentliche Anfeindung und Benachteiligung, die der Migrant mit muslimischem Hintergrund in der Aufnahmegesellschaft erfährt, würden allein nicht ausreichen, um sich in eine fanatische Ablehnung gegenüber dem Westen und seiner neuen Heimat hineinzusteigern. Die Erlebnisse persönlicher Diskriminierung werden indes verstärkt und bestätigt durch Bilder und Informationen aus Fernsehen und Videofilmen, in denen einzelne Muslime oder ganze muslimische Bevölkerungsgruppen als von den Westmächten, vor allem den USA, bedrängt, verfolgt und ungerecht behandelt dargestellt werden. Erst beides zusammen, der angebliche Verfolgungsdruck, der global auf dem Islam lastet, und Diskriminierungserfahrungen vor Ort, erzeugen jene Stimmung der Wut und Empörung, die zu einem militanten Engagement auf Seiten der in Not geratenen Glaubensgenossen drängt.

Für die Verfestigung dieser Gefühlslagen und das definitive Einschwenken auf einen radikalen Kurs ist bedeutsam, dass der frisch Bekehrte inzwischen Anschluss bei anderen militanten Islamisten gesucht und gefunden hat. Das New York Police Department hat die damit entstandene neue Situation als Indoktrinierungsstadium bezeichnet. Von den gleichen Ressentiments und dem gleichen religiösen Fanatismus erfüllt, bestätigen sich die Mitglieder der radikalisierten Gruppe gegenseitig ständig in ihren Sichtweisen und Überzeugungen. Das heißt, der Einzelne liefert sich mit seinem Anschluss an eine Gruppe Gleichgesinnter neuen Konformitätszwängen und einer zunehmenden Einengung seines Denkens und seiner Handlungsmöglichkeiten aus (vgl. Kap. 11). So unterschiedlich der Werdegang des Einzelnen bis zum Anschluss an ein radikales Netzwerk oder eine radikale Zelle verlaufen sein mag, so sehr sorgt der von diesen Gruppen ausgehende Einschmelzungs- und Nivellierungseffekt anschließend dafür, dass er zu einen kaum mehr individuell fassbaren Bestandteil der Gemeinschaft wird. Erst jetzt kommt es zu der seelischen Deformation, die viele Psychologen bereits im Vorfeld der Annäherung an eine extremistische Gruppe zu erkennen glauben.

Selbstmordattentäter

Während Psychologen beim gewöhnlichen Terroristen häufig nach psychischen Krankheitssymptomen und frühkindlichen Sozialisationsschäden gesucht haben, die seinen Aggressivitätsüberschuss erklären sollen, verläuft die Argumentation beim Selbstmordattentäter gerade umgekehrt. Man fragt, wie der jedem Menschen eigene Selbsterhaltungstrieb ausgeschaltet oder weitgehend gelähmt werden kann. Für diesen als widernatürlich betrachteten Zustand wurden Mechanismen wie starke religiöse Indoktrinierung, das Bewusstsein trübende Verhaltens- und Gebetsrituale sowie die Hochstilisierung der »Belohnung im Jenseits« verantwortlich gemacht, denen ein ausgeprägtes Element der Fremdbeeinflussung bis hin zur Manipulation eines Individuums gemeinsam ist.

Nun ist nicht zu bezweifeln, dass terroristische Organisationen sich teilweise fragwürdiger Methoden bedienen, um junge Menschen so abzurichten, dass sie zur lebenden Bombe werden. Organisationen, auch terroristische, verfolgen stets Ziele in dieser Welt und haben ein Interesse daran, sich gegenüber Konkurrenten zu behaupten und gegenüber Gegnern durchzusetzen. Es wurde bereits darauf hingewiesen, dass sich hinsichtlich der Präzision und Zerstörungskraft kaum eine von Terroristen eingesetzte Waffe mit einem Selbstmordterroristen messen kann. Ein gutes Beispiel liefert der Vergleich der ersten Intifada von 1987 bis 1993 mit der zweiten Intifada ab 2000 in Israel. Kamen während der ersten Intifada, als die palästinensischen Widerstandsorganisationen sich mit »gewöhnlichen« terroristischen Aktionen begnügten, auf einen getöteten Israeli etwa sieben getötete Palästinenser, so glichen sich während der zweiten Intifada, als die Zahl der palästinensischen Selbstmordattentate in die Höhe schnellte, die Verluste auf beiden Seiten weitgehend an. Wer in einem bewaffneten Kampf das eigene Leben hingibt, liefert damit einen kaum überbietbaren öffentlichen Beweis für dessen Legitimität und stärkt zugleich als »leuchtendes«, zur Nachahmung einladendes Beispiel die Moral und den Zusammenhalt der Gruppe. Das kann sogar – wie etwa im Libanon in den

1980er Jahren – so weit gehen, dass zwei Widerstandsorganisationen in einen regelrechten Wettstreit miteinander treten, welche von ihnen mehr Selbstmordattentäter aufzubieten vermag.

Auf der anderen Seite gibt es jedoch Fakten und Daten, die vor einer Überschätzung des manipulativen Elements bei dieser Extremform militanten Engagements warnen lassen. Erstens sind sowohl aus Israel als auch aus Tschetschenien nicht wenige Fälle bekannt, in denen Einzelne, ohne Ab- oder Rücksprache mit der Gewaltorganisation, diesen letzten Schritt getan haben. Zweitens sind Selbstmordanschläge keineswegs auf Gruppen mit religiösem Hintergrund und entsprechenden Heilsversprechungen im Jenseits beschränkt. Mehr als die Hälfte der rund 300 Selbstmordanschläge, die weltweit von 1983 bis 2000 verübt wurden, gingen auf das Konto der primär ethnisch-nationalistischen LTTE auf Sri Lanka, weitere 20 wurden von der kurdischen PKK ausgeführt. Drittens beweisen die jüngst von Leonhard Weinberg und anderen erhobenen Daten über den Konflikt zwischen Israelis und Palästinensern, dass man die Verführungs- und Fremdbeeinflussungsthese erheblich relativieren muss. Die Forscher fanden heraus, dass Selbstmordterroristen im Vergleich mit »gewöhnlichen« Terroristen keineswegs besonders jung und unerfahren sind. Vielmehr entschließen sich zu diesem letzten Schritt eher bereits kampferprobte »Veteranen«, die überdurchschnittlich alt sind. Die Autoren folgern daraus, dass der Anschlag den Höhepunkt und das bewusste Ende einer »militärischen Karriere« darstellt, die durch wachsenden Hass auf den Feind und einen sich steigernden Rachedurst gekennzeichnet ist.

Diesen Befunden entsprechend sollte man vorsichtig mit der Annahme sein, Selbstmordanschläge seien Fälle sui generis, die eine spezielle, vom »normalen« Terrorismus abweichende Erklärung erheischen. Dagegen spricht nicht zuletzt die Häufung von Selbstmordattentaten in bestimmten Regionen und Phasen (beispielsweise in jüngster Zeit im Irak und in Pakistan beziehungsweise Afghanistan). So innovativ und einzigartig sich die Kombination aus Täter- und Opferrolle in taktischer Hinsicht auch ausnimmt, ist man doch gut beraten, zu ihrer Entschlüsselung auf die bewährten methodischen Instrumente des Verstehens und Erklärens im Sinne Max Webers zu rekurrieren, also zu fragen, welche individuellen Motive, Sozialisationsprozesse, Gruppeneinflüsse sowie nicht zuletzt kulturellen Muster diese Form des radikalen Engagements unserem Verständnis erschließen können.

Zunächst zu den individuellen Beweggründen: Dieselbe Untersuchung, die das etwas überdurchschnittliche Alter und die Kampferfahrung der Selbstmordattentäter herausstellt, führt weiter aus, es handle sich dabei überwiegend um Männer aus den ärmeren sozialen Schichten, die eine religiöse Erziehung genossen hätten und unverheiratet seien. Dies entspricht historischen Studien zu derselben Problematik, die bestätigen, dass vor allem ledige, arme und religiöse Muslime zum freiwilligen Märtyrertod bereit sind. Die nicht zu unterschätzende, vielleicht sogar ausschlaggebende Belohnung, die dem Gläubigen für diesen heroischen Akt im Jenseits winkt, gewinnt zusätzlich an Attraktivität, wenn man bedenkt, was er mit seiner Tat eintauscht: Anstelle eines Lebens in Anonymität, ohne die Chance eines sozialen und beruflichen Aufstiegs, ständig konfrontiert mit der Unterdrückung und Demütigung des eigenen Volkes, eröffnet sich ihm die Chance, sich mit einem Mal einen Namen zu machen und sowohl im Gedenken der Angehörigen als auch im kollektiven Gedächtnis einen herausgehobenen Platz einzunehmen.

Neben dieser individuellen ist die soziale Dimension eines Selbstmordanschlags von Bedeutung. Er verhilft nicht nur dem Märtyrer selbst zu Ruhm und Ansehen, sondern im Glanze seines heroischen Todes kann sich auch die ganze Sippe sonnen. Unter Umständen kommt sie sogar in den Genuss einer Hinterbliebenenrente. Generell geht zudem von Selbstmorden eine merkwürdige soziale Ansteckungswirkung aus. Es ist bekannt, dass bestimmte spektakuläre Formen, sich das Leben zu nehmen (etwa indem man sich vor einen fahrenden Zug wirft), regelmäßig Nachahmer finden, weshalb die Presse nur zurückhaltend darüber berichtet. In von inneren Konflikten zerrissenen Ländern, etwa in jüngster Zeit im Irak, in Afghanistan und in Pakistan, kann unter Umständen eine regelrechte

Abb. 15: Zahl der Selbstmordattentate pro Jahr 1993–2008

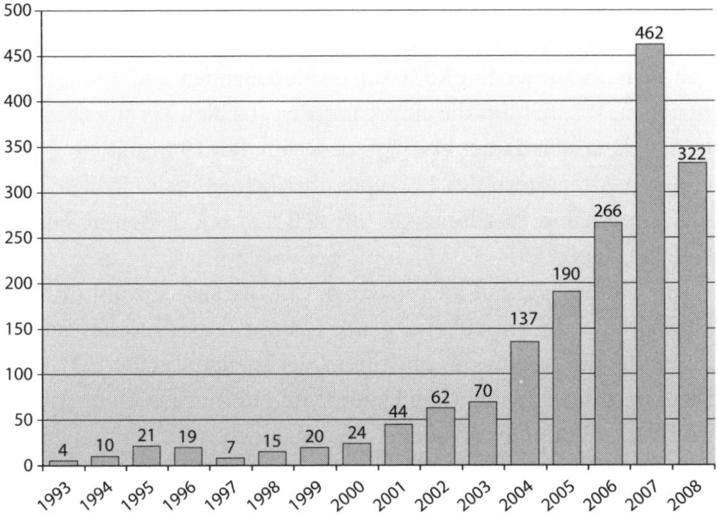

Quelle: Chicago Project on Security and Terrorism (CPOST) (http://cpost.uchicago.edu/search.php)

Selbstmordanschlags-Epidemie ausbrechen, die zahllose Todesopfer fordert und über Jahre hinweg anhält.

Doch in einem noch direkteren Sinn kommt die soziale Komponente gerade bei Selbstmordattentaten mit islamistischem Hintergrund zum Tragen, handelt es sich dabei doch oft um Kollektivanschläge. Man denke etwa an den 11. September 2001 oder die Anschläge zweieinhalb Jahre später in Madrid, als jeweils ganze Gruppen in den Angriff involviert waren und dabei oder anschließend gemeinsam in den Tod gingen. Offenbar einigte sich in beiden Fällen ein enger Kreis von Freunden beziehungsweise Verwandten auf das Projekt, wodurch der Einzelne die Möglichkeit einbüßte, über sein Schicksal zu bestimmen. Fanatische religiöse oder pseudoreligiöse Überzeugungen, in denen sich die Gruppenmitglieder bestärkten, möglicherweise auch charismatische Vorbilder und der Einfluss eines radikalen Imams mögen dazu beigetragen haben, diesen gemeinsamen Entschluss herbeizuführen. Jedenfalls ist davon auszugehen, dass es ab einem bestimmten Punkt – dem *point of no return* – für den Einzelnen mit einer höheren psychischen Belastung verbunden gewesen wäre, einen Rückzieher zu machen, als den Plan bis zur letzten Konsequenz, den eigenen Tod, mit durchzuziehen. Wie nahtlos die eingegangenen sozialen Verpflichtungen griffen, lässt sich daraus ersehen, dass von den 19 unmittelbar beteiligten Attentätern des 11. September keiner auch nur den Versuch unternahm auszuscheren, um sich und sein Leben in Sicherheit zu bringen.

Um die Bereitschaft zu verstehen, mit der sich sowohl in New York als auch in Madrid eine ganze Gruppe in das Los des Selbstmordattentäters schickte, ist drittens der soziokulturelle Faktor zu berücksichtigen. In manchen Ländern und Kulturräumen existieren historische Vorbilder für diese Rolle, in anderen fehlt eine entsprechende Tradition. Zwar begegnet man auch in der Geschichte des Abendlandes mythisch verklärten Einzelfällen, in denen ein heroischer Krieger sein Leben möglichst teuer verkaufte, indem er eine Großzahl von Feinden mit in den Tod nahm. Doch insgesamt überwog hier unter dem Einfluss des Christentums die Figur des passiven Märtyrers, der durch exemplarisches Dulden und Erleiden zum Vorbild für andere wird. Es sei etwa an die *hunger-striker* in Nordirland Anfang der 1980er Jahre erinnert, im Gefängnis einsitzende IRA-Terroristen, die durch einen Hungerstreik erzwingen wollten, als politische Gefangene behandelt zu werden. Bezeichnenderweise übten sie auf Freund und Feind gleichermaßen einen moralischen Druck aus, indem sie sich sozusagen selbst zur Geisel machten. Hingegen gehen im Islam, wie Thomas Scheffler aufgezeigt hat, seit jeher Heldentum und Martyrium eine enge Verbindung ein. Nicht durch das widerstandslose Erdulden von Gewalt, sondern indem man Gewalt unter größten persönlichen Risiken, einschließlich des Opfertodes, dem Feind zufügt und ihm nach Kräften schadet, erwirbt man die berechtigte Aussicht, als ein Märtyrer (*shahid*) unmittelbar ins Paradies einzugehen und als ruhmreiches Vorbild im kollektiven Bewusstsein fortzuleben.

Die Lebenseinstellung, die ein solches Verhalten diktiert, erscheint aus westlich-bürgerlicher Sicht, die der Erhaltung des eigenen Lebens den absoluten Vorrang gegenüber allen anderen Werten zuschreibt, als etwas »von außen« Aufoktroyiertes oder Indoktriniertes. Dabei sollte man jedoch nicht vergessen, dass es Gesellschaften gibt, in denen sich Heldenkult und Märtyrerverehrung nicht nur als Reste vergangener Kulturepochen erhalten haben, sondern die aktuellen Lebensbedingungen so frustrierend und entwürdigend sind, dass manchen Jugendlichen der freiwillige Heldentod, zumal wenn er an eine religiöse Mission geknüpft ist, als attraktive Alternative erscheint.

Die Opfer

Im Vergleich zur Aufmerksamkeit, die die Terroristen und ihre Operationen erfahren, werden die Opfer terroristischer Anschläge stark vernachlässigt. Im Regelfall verfügen wir nur über die nackten Zahlen, wie viele Tote und Verletzte der Terrorismus in einem bestimmten Land innerhalb eines bestimmten Zeitraums gefordert hat, ohne dass eine Differenzierung nach weiteren Merkmalen wie Alter, Geschlecht etc. erfolgt. Der mit einer weiteren statistischen Aufschlüsselung verbundene Aufwand steht offenbar in keinem Verhältnis zum davon für die Verhinderung weiterer Anschläge zu erwartenden Ertrag. Vermutlich macht sich hier unter anderem bemerkbar, dass es keinen institutionellen Gegenpart zu der mit staatlichen Gewaltübergriffen befassten Organisation amnesty international gibt, keine Organisation, die auf die Opfer der aufständischen Gewalt und die Betreuung ihrer Angehörigen spezialisiert ist. So bleibt es denn, was Umfang und Ausmaß der von terroristischen Anschlägen verursachten »Humankosten« betrifft, bei der trivialen Feststellung, dass die Opfer, entsprechend der willkürlichen Vorgehensweise der Terroristen in den meisten Ländern, über die gesamte Palette sozialer Altersgruppen und Schichten streuen.

Im Folgenden soll kurz auf drei qualitative Aspekte der Opfersituation hingewiesen werden. Der erste betrifft die bedrohliche Wirkung eines angekündigten Anschlags, die beiden anderen beziehen sich auf dessen Folgen. Der Verfasser kennt mehrere Menschen, die ein- oder mehrmals Drohbriefe von terroristischen Gruppen erhalten haben. Diese ziehen regelmäßig eine beträchtliche Einschränkung des Freiheits- und Bewegungsspielraums nicht nur für den Betreffenden selbst, sondern für die gesamte Familie nach sich. Hinzu kommt die psychische Belastung, die es bedeutet, unter dem Damoklesschwert eines möglichen Angriffs auf sich und die Seinen leben zu müssen. Nachbarn und Bekannte gehen unter Umständen auf Distanz, um nicht ins Visier der Terroristen zu geraten oder zufällig in einen Anschlag involviert zu werden. Sicherheitsvorkehrungen, von speziellen Alarmanlagen über den ständigen Wechsel des Aufenthalts und der Fahrtrouten bis hin zu Begleitschutz, sind aufwendig, lästig und letztlich von begrenztem Nutzen. Sie vermögen vor allem an dem »Belagerungszustand«, in den eine Anschlagsdrohung den Betroffenen und seine Familie versetzt, nur wenig zu ändern, verstärken ihn sogar eher noch. Auf dem Höhepunkt der RAF-Kampagne in den 1970er Jahren lebte der damalige Präsident des Bundeskriminalamtes Horst Herold in keiner geringeren sozialen Abschottung und Isolierung als die Terroristen selbst.

Der zweite Aspekt betrifft die Reaktionen der Hinterbliebenen, der engeren Freunde und Bekannten sowie der Öffentlichkeit auf terroristische Morde. Sie reichen von stiller Trauer über Anklage und Empörung bis hin zu Dialogangeboten und Bitten, die Terroristen mögen ihr mörderisches Treiben einstellen. Vor allem dann, wenn Anschläge, etwa Geiselnahmen, elementaren humanitären Kriterien hohnsprechen oder Menschen serienweise umgebracht werden, haben sich Menschen zu Protest- und Friedensdemonstrationen zusammengefunden, um ihrem Unmut Luft zu machen und ein Ende der barbarischen Gewalt zu verlangen. In Spanien gingen nach brutalen ETA-Anschlägen Hunderttausende auf die Straße, um durch demonstratives Schweigen ihren Abscheu zu bekunden. Dort entstand auch ein eigener, für die Opfer des Terrorismus eintretender Verband und gab sich die Bewegung für Frieden und Dialog mit den Rebellen eine dauerhafte, institutionelle Form. Die ETA hat sich von diesen Protesten und Gesprächsangeboten bislang allerdings nicht sonderlich beeindrucken lassen. Eine gründliche Analyse dessen, was Opfermobilisierungen und Friedensdemonstrationen zur Beendigung der Gewalt leisten können, steht noch aus. Doch die bisherigen Erfahrungen stimmen eher skeptisch. Terroristische Organisationen, auf die Sprache der Gewalt geeicht, haben kein Ohr für versöhnliche Klänge. Fremdes Leid lässt sie kalt, erst wenn sie selbst in ernste Bedrängnis geraten, sind sie eventuell zu Zugeständnissen bereit.

Von daher, dies als dritter Aspekt, ist nicht verwunderlich, wenn Angehörige der Opfer aus Wut und Enttäuschung über die Hilflosigkeit des Staates bisweilen selbst zur Tat schreiten und Eigenjustiz üben. Die Gefahr, dass aus Opfern »Täter« werden, ist besonders groß in Ländern wie Kolumbien, in denen die Staatsgewalt zu schwach ist, um die Bürger zu schützen und die allgemeine Sicherheit zu gewährleisten. Hier schossen wiederholt Milizen aus dem Boden, die auf eigene Faust gegen die marxistischen Rebellen, aber auch gegen Kriminelle vorgingen und mit brutalsten Mitteln Ordnung zu schaffen suchten. Es ist jedoch auch nicht ausgeschlossen, der Fall Israel beweist es, dass innerhalb eines fest etablierten Staates die Sicherheitskräfte in die Rolle des Rächers schlüpfen, der jeden terroristischen Anschlag mit einem gezielten Gegenschlag beantwortet. Hat die Auseinandersetzung einmal diesen Punkt erreicht, so ist es äußerst schwierig, den Gewaltprozess zu drosseln. Er wird durch das subtile antagonistische Zusammenspiel beider Seiten in Gang gehalten, von denen jede behauptet, nur auf die Provokation der Gegenseite zu antworten. Auf diese Weise sichern sich die Gewaltakteure eine Dominanz und Kontrolle über die restlichen Gruppen der Gesellschaft, einschließlich der politischen Führungsgremien, die Friedensbemühungen nur wenig Platz lässt.

11. Die Eskalationsschraube von Isolierung und Radikalisierung

Der rationale Gehalt von Terrorismus darf nicht unterschätzt werden, sonst verkennt man dessen politische Bedeutung und Tragweite. Das hat vor allem das 2. Kapitel über das strategische Kalkül der Terroristen gezeigt. Es gibt aber auch eine dunkle, irrationale Seite terroristischer Gewaltfeldzüge. Sie tritt umso deutlicher hervor, je länger diese andauern. Kaum ein Autor, der nach einiger Beschäftigung mit dem Thema nicht auf diesen schwer nachvollziehbaren Zug von Terrorismus gestoßen wäre. Manchmal heißt es, seine unbeabsichtigten Wirkungen würden über die beabsichtigten Wirkungen die Oberhand gewinnen oder das Mittel der Gewalt korrumpiere die ursprünglichen politischen Zwecke. Manchmal ist von der Umkehrung der terroristischen Logik die Rede, von der Implosion oder schlicht der unbezähmbaren Eigendynamik terroristischer Gewalt. Gemeint ist stets dasselbe: dass ab einem bestimmten Zeitpunkt in der Entwicklung terroristischer Organisationen die Gewaltanschläge nicht mehr den angeblich verfolgten politischen Zielen dienen, sondern sich gleichsam verselbständigen und die Organisationen in eine selbstzerstörerische Konfrontation mit den staatlichen Sicherheitskräften treiben.

»Verselbständigung der Gewalt« ist freilich eine Metapher, die noch offenlässt, wie dieser Prozess konkret aussieht und warum er immer in ähnlicher Weise verläuft. Hier ist die Forschung vor allem in den späten 1980er und 1990er Jahren ein gutes Stück vorangekommen. Die Zahl der einschlägigen Untersuchungen ist zwar noch gering, sie lassen aber den Schluss zu, dass das Phänomen der »Inversion« primär mit den spezifischen Bedingungen des bewaffneten

Kampfes im und aus dem Untergrund heraus zusammenhängt oder, wie Martha Crenshaw es etwas allgemeiner ausdrückte, mit der *psychology of small, radical, illegal conspiracies.* Was es mit dieser »Psychologie kleiner, radikaler, illegaler Verschwörergruppen« auf sich hat, soll im Folgenden näher erläutert werden.

Ausgangspunkt ist die Frage nach den Rahmenbedingungen der Situation in der Illegalität und im Untergrund, aus der sich bestimmte Verhaltensprämissen für die Terroristen ergeben. Es folgt ein Abschnitt über die Schlüsselrolle der Ideologie für diese Gruppen. In einem weiteren Abschnitt wird der Militarisierungsprozess genauer nachzuzeichnen sein. Am Schluss erfolgt eine kurze Evaluierung der ungewollten gesellschaftlichen und politischen Auswirkungen terroristischer Gewalt, deren Akteure die anfänglich proklamierten Ziele nur in den seltensten Fällen erreichen.

Illegalität und Untergrund

Die Existenzbedingungen im Untergrund variieren nach folgenden Gesichtspunkten: dem terroristischen Strukturtypus; der Einbettung einer terroristischen Organisation in ihr engeres und weiteres soziales Umfeld; dem Ausmaß des Verfolgungsdrucks von Seiten der staatlichen Sicherheitskräfte sowie den Ausweichmöglichkeiten auf andere Länder, in denen sich die Terroristen relativ ungezwungen bewegen können. Wir konzentrieren uns in diesem Kapitel vor allem auf die sozialrevolutionären terroristischen Gruppen in Deutschland und Italien, die vergleichsweise am gründlichsten untersucht worden sind. Doch lassen sich die angestellten Überlegungen, wie gelegentliche Seitenblicke auf andere Organisationen zeigen werden, weitgehend generalisieren; sie dürften mit wenigen Einschränkungen sogar auf die Gruppen des sogenannten transnationalen religiösen Terrorismus zutreffen.

Das Leben in der Illegalität, wie es sowohl von Aussteigern aus der terroristischen Szene als auch in Interviews mit terroristischen Häftlingen beschrieben wird, ist durch eine Reihe von Belastungsfaktoren gekennzeichnet. Dazu gehört die ständige Angst, entdeckt, womöglich sogar getötet zu werden, weiterhin die selbstauferlegte Verpflichtung, durch Anschläge die revolutionäre Botschaft zu verbreiten, und der Zwang, für den eigenen und den Lebensunterhalt der Gruppe sowie die sonstigen, zum Teil beträchtlichen finanziellen Aufwendungen aufkommen zu müssen. Vor allem die ununterbrochenen Bemühungen um Tarnung und einen Anschein der Unauffälligkeit, die Verwischung eventueller Spuren und die Täuschung der Sicherheitsdienste haben in ihrer Tragweite für die Gruppe als Ganzes wie auch für jedes einzelne Mitglied erhebliche Konsequenzen: Die Gruppe darf nicht allzu groß werden, um überschaubar zu bleiben; sie muss alle überflüssigen Kontakte zur Außenwelt kappen, die der Polizei Hinweise auf ihren jeweiligen Unterschlupf liefern könnten; sie ist auf klare Regeln, einheitliche Beschlüsse, ein einheitliches Kommando sowie auf die ständige Selbst- und Fremdkontrolle eines jeden Mitglieds angewiesen, um Verdachtsmomente, die sich für Dritte ergeben könnten, von vornherein auszuschließen.

Die doppelte Herausforderung von sozialer Kontrolle und individuellem Bewährungszwang erklärt die hybride Struktur vieler dieser Organisationen, die Kombination von Hierarchie und Vertikalität einerseits, hochgradiger Fragmentierung andererseits. Außerdem hat diese Konstellation intensive Konformitäts- und Solidaritätserwartungen zur Folge, denen sich der Einzelne ausgesetzt sieht. Das gilt vor allem für den »Vollzeitterroristen«, der keiner regulären Beschäftigung mehr nachgeht. Nachdem er die Beziehungen zur Außenwelt abgebrochen hat, ist er auf den Untergrundverband als ausschließliche Bezugsgruppe verwiesen. Die Kampfgefährten werden zu seiner Familie, sie bilden seine Berufs- und Freizeitgruppe in einem. Die Terroristen befinden sich im Untergrund, so Roland Gaucher in Bezug auf die russischen Anarchisten, wie auf einem eigenen Planeten. Ihr Zusammenhalt wird durch den Tod oder sonstigen Verlust eines Genossen im Zweifel zusätzlich verstärkt, da die Verbleibenden sich noch enger zusammenschließen.

Donatella della Porta hat in diesem Zusammenhang von *greedy institutions*, dem terroristischen Verband als einer »gierigen Institution« gesprochen. In der Tat sind die Möglichkeiten für die Mitglieder einer terroristischen Gruppe, dieser den Rücken zu kehren oder eigenständige Meinungen zu äußern, begrenzt. Angesichts ihrer gefährdeten Lage wittert die Gruppe in jeder individuellen Regung Anzeichen für Verrat, der mit scharfen Sanktionen geahndet wird. Aber auch in kognitiver und affektiver Hinsicht trägt die Gruppe dafür Sorge, dass jede Tendenz zur Abweichung bereits im Keim erstickt wird. Die ständige Berieselung mit bestimmten Wahrnehmungsschablonen führt dazu, dass dem einzelnen Mitglied alternative Formen der Realitätssicht nach und nach als abwegig erscheinen. Da die Genossen im sozialrevolutionären, ethnischen oder religiösen Kampf zudem für den Einzelnen die einzige Quelle emotionaler Zuwendung und sozialer Akzeptanz bilden, kann er es sich gar nicht leisten, auf diese wichtige Stütze seines persönlichen Gleichgewichtes zu verzichten.

Die Entindividualisierung der Mitglieder geht einher mit zunehmender Abhängigkeit von der Gruppe und uneingeschränkter Hingabe. Die Gruppe duldet kein gesondertes Privatleben ihrer Angehörigen, keine Geheimnisse oder Hobbys, keine heimlichen Liebesbeziehungen. Ihre Kontrolle ist allumfassend. Sie stellt eine totale Institution im wörtlichen Sinne dar.

Wenn dem Einzelnen kaum noch Zeit und Gelegenheit bleibt, sich von der Gemeinschaft innerlich zu distanzieren und ein eigenständiges Urteil zu bilden, so liegt dies auch an der permanenten Hektik des Untergrundlebens. Hier scheint es allerdings kulturell bedingte Unterschiede zu geben. Bei den islamistischen Verbänden gilt Geduld als Tugend, dagegen waren beispielsweise die italienischen Terroristen pausenlos mit der Planung oder Durchführung irgendwelcher Aktivitäten beschäftigt. Kam es dabei zu Zusammenstößen mit der Polizei, wurden Einzelne verfolgt und vorübergehend festgenommen oder leisteten irgendwie Widerstand, so war dies dem Prestige in der Gruppe überaus förderlich. Je mehr »Fronterfahrung« ein Mitglied aufwies, je härter und draufgängerischer es sich im »bewaffneten Kampf« erwies, desto höher rangierte es in der internen Hierarchie. Auch von inhaftierten ETA-Angehörigen wissen wir, dass diejenigen in der informellen Rangordnung der Gefangenen den größten Respekt genießen, die am meisten Anschläge durchgeführt, das heißt also Menschen umgebracht haben.

Etwas widersprüchlich sind die Informationen über die emotionale Atmosphäre in diesen Gruppen. Einerseits wird aus Italien und Argentinien berichtet, hier habe ein einzigartiger Geist der Brüderlichkeit und gegenseitigen Hilfsbereitschaft geherrscht. Das Wissen darum, dass jeder für jeden einstehen müsse, habe zusammen mit der gemeinsamen Verpflichtung auf höhere Ideale den menschlichen Beziehungen eine besondere Qualität verliehen, die das normale Alltagsleben nicht bieten könne. Ähnliches ist von den russischen Anarchisten des 19. Jahrhunderts zu erfahren, bei denen allerdings die »revolutionäre Intimität« enge affektive Bindungen zwischen einzelnen Mitgliedern ausschloss. Dem stehen andererseits die Berichte deutscher Aussteiger aus der terroristischen Szene gegenüber, die ein eher nüchternes Bild von der Untergrundrealität zeichnen. Danach hätten konkrete Überlebenszwänge, aber auch alsbald aufbrechende Konflikte innerhalb der Gruppe die Illusion von der Geburt eines neuen Menschen und uneigennütziger Solidarität als Nebenresultat des gemeinsamen Kampfes gegen den Kapitalismus schon nach kurzer Zeit zerstört. Vor allem hätte die rasch einsetzende Militarisierung des Denkens und Handelns nur wenig Spielraum für sozialemanzipatorische Experimente gelassen. Doch auch die deutschen Informanten stellen an keiner Stelle das übergreifende Solidaritätsgebot in Frage, das für die Gruppe insgesamt wie auch für das Verhalten jedes einzelnen Mitglieds gegolten habe. Manche Aktionen, etwa der Hungerstreik der in Stammheim einsitzenden RAF-Spitze, hätten weniger darauf abgezielt, die Öffentlichkeit zu beeindrucken, als vielmehr darauf, eine Lockerung des gruppeninternen Zusammenhaltes zu verhindern. Es war die »Angst vor dem Freund«, wie es ein ehemaliges RAF-Mitglied ausdrückte, die nicht zuließ, dass man den Kampf abbrach und dem Verband den Rücken kehrte.

Aus der distanzierten Warte ist festzustellen, dass der jeweilige Grad der sozialen Isolierung einer Gruppe nach dem Abtauchen in die Illegalität die entscheidende Variable war, die deren weitere interne Entwicklung bestimmte. Erst aufgrund der sozialen und politischen Isolierung, die im Falle der deutschen RAF besonders ausgeprägt war, kommt es zur Auslieferung des Einzelnen an die terroristische Zelle, ist er ihren Interessen und Handlungsimperativen untergeordnet. Bei ethnisch-nationalistischen und religiösen terroristischen Bewegungen, die einen begrenzten territorialen Rahmen nicht überschreiten, erlangt die Organisation keine absolute Macht über den Einzelnen, da hier eine gewisse Anbindung an bestimmte soziale Trägerschichten erhalten bleibt. Dagegen dürften beim transnationalen islamistischen Terrorismus, dessen Netzwerke jegliche soziale Bodenhaftung verloren haben, ebenfalls starke Konformitätszwänge greifen.

Die Schlüsselrolle der Ideologie

In der Literatur wird unterstrichen, dass das Abdriften einer Gruppe in die Illegalität häufig mit dem Aufbau alternativer Sinnwelten verbunden ist, durch die sich die Untergrundkämpfer von der Mehrheitsgesellschaft abgrenzen. Manche Autoren vergleichen diesen Prozess mit der Entstehung religiöser Sekten, die ebenfalls durch ein bestimmtes Glaubenssystem zusammengehalten werden. Andere wollen darin einen neuen Gruppentypus erkennen, dessen Grundlage die gemeinsame ideologische Überzeugung der Gruppenmitglieder ist.

Besonders deutlich lässt sich die Schaffung alternativer Sinn- und Glaubenswelten bei sozialrevolutionären terroristischen Gruppen beobachten. In Kapitel 6 wurde darauf hingewiesen, dass sozialrevolutionärer Protest, wie er sich in den 1960er Jahren artikulierte, nicht auf vermehrte politische Unterdrückung oder sonstige Missstände zurückzuführen war, sondern primär einem Bewusstseinswandel vieler Intellektueller entsprang, ihrer Wiederentdeckung des Marxismus und Anarchismus. Diese ideologische Orientierung erfuhr im Untergrund eine zusätzliche Verstärkung. Als außerordentlich kreativ erwies sich die RAF, die eine ganze Reihe von »Texten« – Erklärungen, Positionspapiere, Rechtfertigungsschreiben – entwarf. Deren Adressat war nur in zweiter Linie die deutsche Öffentlichkeit. Primär richteten sie sich an den engeren Kreis der Gesinnungsgenossen und Kampfgefährten. Ihnen sollte der Rücken gestärkt und sollten alle aufkommenden Zweifel an der Richtigkeit des eingeschlagenen Weges genommen werden. Die RAF-Spitze versuchte nicht nur, Überzeugungsarbeit zu leisten, sondern schuf darüber hinaus auch eine eigene Sprache, eigene Riten und Symbole. Im Grunde zielte sie auf die Erzeugung einer Gegenkultur zur herrschenden bürgerlichen Kultur ab, in die der Einzelne integriert und von der er abhängig gemacht werden sollte.

Was den ideologischen Gehalt ihrer Aussagen betrifft, so sollen hier deren Inhalte, die ein krauses Gemisch aus Marxismus, Anarchismus und blindem Aktivismus darstellen, im Einzelnen nicht entschlüsselt werden. Interessanter erscheint es, die charakteristischen Züge ihrer Argumentationsweise hervorzuheben. Dazu zählt beispielsweise der hohe Abstraktionsgrad der Aussagen, die nur selten auf konkrete Verhältnisse Bezug nehmen. Dank dieser Abstraktheit der Behauptungen ist jeder empirische Gegenbeweis ausgeschlossen. Der Sinn dieser Immunisierung gegen die Empirie erschließt sich durch den beabsichtigten Zweck dieser Texte: Sie waren nicht dafür gedacht, noch Unentschlossene für die Bewegung zu gewinnen, sondern den bereits vollzogenen Schritt in den Untergrund zu rechtfertigen und unwiderruflich zu machen.

Um den Terroristen ihren entbehrungsreichen Einsatz als lohnend erscheinen zu lassen, werden sie mit der ihnen zugesprochenen Funktion, Avantgarde beziehungsweise moralische Elite des Volkes zu sein, entschädigt. Die schmeichelhafte Selbsteinschätzung als Helden und Märtyrer, die allgemeine Bewunderung verdienen, ist ein fester Bestandteil von Untergrundideologien. Wir begegnen ihr bereits bei der russischen Narodnaja Volja im 19. Jahrhundert und erneut bei sämtlichen Grundformen des gegenwärtigen Terrorismus. Sie ist der Denkweise der Terroristen sozusagen immanent, die auf der Annahme beruht, kleine Gruppen Auserwählter müssten die Initiative in Form von Gewaltbotschaften ergreifen, um die Mächtigen unter Druck zu setzen und die Massen wachzurütteln. Bezeichnenderweise erfährt dieses elitäre Selbstbewusstsein keinen Rückschlag, sondern eine Bestätigung, wenn die erhoffte breite Volkserhebung ausbleibt. Dies wird nicht selten als zusätzlicher Beweis dafür genommen, dass die Gewaltaktivisten ihrer Zeit weit voraus und die angesprochenen Bevölkerungsgruppen noch nicht reif für den revolutionären Umbruch sind. Insofern hält die vorteilhafte Selbstwahrnehmung zugleich den erforderlichen Trost für den Fall bereit, dass andere den Elitestatus der Terroristen nicht anerkennen wollen.

Das heroische Selbstverständnis schließt nicht aus, dass die Untergrundkämpfer sich gleichzeitig als eine Gruppe politisch Verfolgter betrachten, die allein aufgrund ihrer deutlichen Unterlegenheit gegenüber der Staatsmacht bereits Sympathie und Unterstützung verdiene. Auch hier zeigt sich: Es geht nicht um eine konsequente Begründung der eigenen Position, sondern um die Rechtfertigung und emotionale Unterfütterung eines bereits vollzogenen existenziellen Schrittes. In diesem Sinne ist es nicht erstaunlich, dass auch die Einstellung dieser Gruppen zum Staat, vor allem zum demokratischen Staat, ambivalent ist. Auf der einen Seite berufen sie sich auf dessen Rechtsstaatlichkeit und schöpfen, vor Gericht gestellt, die Rechte eines Angeklagten voll aus. Dies hindert sie aber auf der anderen Seite nicht daran, den Staatsvertretern stets die übelsten Absichten zu unterstellen, sie als Inkarnation des Bösen und rücksichtsloser Unterdrückung zu kennzeichnen.

Die Tendenz zur Schwarz-Weiß-Malerei, zur manichäistischen Stilisierung des Konflikts, ist so gut wie allen terroristischen Organisationen eigen. Sie tritt umso deutlicher hervor, je länger eine Gewaltkampagne anhält. Zunehmend geht das Differenzierungsvermögen hinsichtlich verschiedener Fraktionen des Regierungslagers oder Teilen des staatlichen Sicherheitsapparates verloren, und auch die Schattierungen zwischen den verschiedenen Flügeln der Opposition verwischen sich. Aus der Perspektive der Gewaltaktivisten, die den Kontakt zur sozialen Realität weitgehend verloren haben, reduziert sich das breite Spektrum gesellschaftspolitischer Kräfte und Konflikte auf eine einzige Schlüsselachse: ihre Konfrontation mit dem Staatsapparat beziehungsweise dem zum Erzfeind hochstilisierten Gegner. Wer in diesem Konflikt nicht für sie Partei ergreift, hat sich automatisch für die Gegenseite entschieden; intermediäre Stellungnahmen, Zwischenlösungen gibt es nicht, die Nation, möglicherweise die ganze Welt zerfällt in zwei Hauptlager, das der »Guten«, dem die Gewaltaktivisten angehören, und das Gegenlager der »bösen Feinde«. Wer das nicht begreifen will, gilt als Feigling, Abtrünniger, Verräter etc.

Hat die Auseinandersetzung diesen Polarisierungsgrad erreicht, dann wird die anfängliche Provokationsstrategie oft durch die Kriegsformel ergänzt oder überdeckt, an der fortan unter erheblichen Opfern, bis hin zur Selbsttötung, festgehalten wird. Anfang der 1980er Jahre hat sich bekanntlich eine Reihe von IRA-Häftlingen zu Tode gehungert, um bei der britischen Regierung die Anerkennung des Kriegsgefangenenstatus durchzusetzen. Für terroristische Verbände hat die Behauptung, man befinde sich im Krieg mit der eigenen Staatsgewalt oder einem Drittstaat, mehrere augenfällige Vorteile:

- Sie kommt erstens einer Selbstaufwertung dieser Gruppen gleich. Denn die Bezeichnung Krieg enthält die Vermutung, die beiden Kriegsparteien seien vergleichbar, wenn nicht gleichwertig. Es handelt sich somit um eine Beschwörungsformel, die den Mitgliedern die Vorstellung eines Waffengangs von historischer Tragweite suggerieren soll, an dem sie an vorderster Front teilnehmen dürfen.
- Zweitens wird mit ihr genau jener Polarisierungsdruck erzeugt, auf den es die Terroristen abgesehen haben. Die Kriegsmetapher bildet die operationale Umsetzung ihrer dichotomischen Weltsicht. Auf diese Weise hoffen sie, noch schwankende Individuen und Gruppen in ihr Lager herüberziehen zu können, eine Hoffnung, die sich freilich meist als trügerisch erweist.
- Drittens bedeutet sie die Freigabe und Legitimierung massiver Gewaltanwendung. Auf deren Rechtfertigung sind vor allem ter-

roristische Verbände angewiesen, die in modernen, demokratisch verfassten Industriegesellschaften operieren, in denen der Staat das ausschließliche Recht auf Gewaltausübung beansprucht. Dort ruft eigenmächtige Gewaltanwendung durch gesellschaftliche Gruppen erhebliche Widerstände hervor, die es zu neutralisieren gilt. An den Rändern Europas angesiedelte ethnisch-nationalistische Protestbewegungen oder terroristische Organisationen in anderen Erdteilen haben insoweit geringere Skrupel.

Wenngleich die ideologische Überhöhung der eigenen Rolle als Herausforderer des Staatsapparates bei sozialrevolutionären terroristischen Gruppen in besonders ausgeprägter, fast karikaturesker Schärfe zu beobachten ist, ist sie keineswegs auf diese beschränkt. Auch bei ethnisch-nationalistischen und religiösen terroristischen Organisationen lassen sich vergleichbare Tendenzen beobachten, sofern sie nicht durch eine stärkere Verankerung in einem breiteren sozialen Umfeld abgebremst werden. Je weiter der Kampf indes fortschreitet, desto klarer zeigt sich auch bei ihnen die Neigung, sich von ihrer sozialen Basis abzukoppeln, den Konflikt sowie ihre eigene Rolle sakral zu überhöhen. Dies ist nicht zuletzt eine Folge der Eigendynamik des Militarisierungsprozesses, dem sich kaum eine dieser Gruppen entziehen kann.

Der Militarisierungsprozess

Der Rückgriff auf die »Kriegsformel« ist der wichtigste Ausdruck einer generellen Tendenz zur äußerlichen und innerlichen Militarisierung terroristischer Gruppen. Für die zunehmende Dominanz militärischer Denk- und Verhaltensmuster gibt es zahlreiche Belege. So wird von deutschen und italienischen Ex-Terroristen stets die besondere Faszination hervorgehoben, die vom Besitz einer Waffe ausgeht. Eine Pistole in der Tasche mache einen zu einem anderen Menschen, erzeuge ein bislang unbekanntes Machtgefühl, lasse alles Denken nur um diese Schusswaffe kreisen. Aus Argentinien ist zu erfahren, dass an die Stelle der locker gegliederten Guerillaverbände nach und nach eine straffe militärische Hierarchie trat. Der kameradschaftliche Gruß unter Gleichgestellten wich formalisierten Ehrbezeugungen gegenüber »militärischen Vorgesetzten«, was viele Guerilleros erzürnte. Das Umschwenken von einer politischen zu einer militärischen Denkweise schlägt sich auch in der Lektüre dieser Gruppen nieder. Die Kenntnis der Werke des afroamerikanischen Arztes Frantz Fanon, der Gewalt als Mittel seelisch-geistiger Befreiung aus Kolonialismus und Knechtschaft anpries, ist ohnedies obligatorisch. Hinzu kommt das Studium klassischer Kriegstheoretiker, etwa Carl von Clausewitz' *Vom Kriege*, aber auch moderner Handbücher des Guerilla- und Antiguerillakampfes, beispielsweise die Handlungsanleitung zur Stadtguerilla des Brasilianers Carlos Marighela. In Deutschland befassten sich die Untergrundkämpfer intensiv mit den Aufsätzen des damaligen Leiters des Bundeskriminalamtes Horst Herold, um sich auf die Denkweise der Sicherheitsbehörden einstellen zu können.

Für die wachsende Fixierung der terroristischen Verbände weg von der politischen auf die militärische Auseinandersetzung bieten sich mehrere Erklärungen an. Ein Grund liegt in der Beschränkung ihrer legalen Handlungsmöglichkeiten. Einer Organisation außerhalb der Legalität bleibt der Weg zu normalen Geschäften weitgehend versperrt. Um sich die erforderlichen Mittel für ihren Unterhalt zu verschaffen, hat sie keine andere Wahl, als zu kriminellen Methoden wie Raub, Erpressung, Entführung etc. zu greifen oder in wirtschaftlichen Grauzonen – Drogen, Glücksspiel, Prostitution – zu operieren, wo Gewalt zur Erfüllung von Vereinbarungen zur Regel gehört. Eine weitere Erklärung dürfte in der Interessenlage der Gruppenführer und Organisationsspitzen zu finden sein. Mögen einfache Organisationsmitglieder den Kampf im Untergrund als ein Experiment oder eine risikoreiche Übergangsphase in ihrem Leben auffassen, so fällt den Leitfiguren der terroristischen Szene die Entscheidung, sich wieder auf einen bürgerlichen Lebenszuschnitt einzulassen, weit schwerer. Innerlich wie äußerlich sind sie so tief in die Konfrontation verstrickt, dass sie allen Grund haben, diese bis zum bitteren Ende durchzufechten und auch die anderen Mitglieder mitzuziehen.

Den gewichtigsten Grund dürfte allerdings die immer stärkere konfliktive Verklammerung mit dem jeweiligen Feind, insbesondere den Sicherheitsdiensten des angegriffenen Staates, liefern. Auf die zirkulären Verursachungsketten derartiger Konfliktsituationen wurde schon bei der Analyse der Eskalierungstendenzen politischer Protestbewegungen hingewiesen. Derselben zirkulären Logik begegnen wir nunmehr in potenzierter Form bei der Dauerauseinandersetzung zwischen Polizei, Militär und Geheimdiensten auf der einen und den Terroristen auf der anderen Seite. Jede Seite sieht im Gegenüber den Angreifer und nimmt für sich in Anspruch, der reagierende Teil zu sein. Jede Seite versucht sich mit der Denkweise des Gegners vertraut zu machen, um gegen Überraschungsschläge gewappnet zu sein. Und jede Seite erfindet immer raffiniertere Methoden, um die Gegenseite in technologischer und logistischer Hinsicht »auszutricksen«. Während sich die Kontrahenten immer stärker ineinander verbeißen, gerät ihnen das soziopolitische Umfeld ihres Zweikampfes zunehmend aus dem Blick. Zugleich nähern sie sich in Stil und Denkweise einander an, ohne dass ihnen dies bewusst ist. Eines der Hauptprodukte dieses Annäherungsprozesses ist der Doppelagent, der *agent provocateur*, der das Vertrauen beider Seiten genießt, aber beide Seiten täuscht. Seit dem berühmten russischen Doppelagenten Azev, der Anfang des 20. Jahrhunderts aufflog, haben Geheimdienste immer wieder mit mehr oder weniger Erfolg versucht, Vertrauensleute in Untergrundorganisationen einzuschleusen.

Wenn die Mobilisierung terroristischer Gruppen im Zeichen des bewaffneten Kampfes eine bestimmte Schwelle überschritten hat, lässt sie sich in ihrer Eigendynamik kaum mehr aufhalten oder rückgängig machen. Jerrold M. Post hat überzeugend dargelegt, dass dann selbst schärfste staatliche Gegenmaßnahmen keinerlei Abschreckungseffekt mehr erzielen. Terroristen werden hierdurch lediglich in ihrer Auffassung bestärkt, einem gnadenlosen Feind gegenüberzustehen, dem Zugeständnisse zu machen sinnlos sei.

Posts Ausführungen bestätigen auf einer sozialemotionalen Ebene nochmals, was hier im Zusammenhang mit dem terroristischen Kalkül ausgeführt wurde. Ziel dieses Kalküls ist, den Staat aus seiner Reserve herauszulocken und zu möglichst harten Unterdrückungsmaßnahmen zu provozieren. Im Falle eintretender staatlicher Repressionen lassen die Terroristen keinerlei Bereitschaft zum Einlenken erkennen, sondern schließen sich noch enger zusammen und beantworten Gewalt mit Gegengewalt. Nur in den seltenen Fällen, in denen die engste Anhängerschaft rebelliert und den Gewaltaktivisten die weitere Gefolgschaft verweigert, sind Einsicht und Mäßigung denkbar. Im Übrigen neigen terroristische Gruppen dazu, sich gegen jegliche Falsifizierung ihrer Strategie zu immunisieren, das heißt, dass alle Versuche einer äußeren Beeinflussung ab einem bestimmten Stadium ihrer Entwicklung ins Leere gehen. Was immer unternommen wird, ob Politiker Verhandlungsbereitschaft signalisieren oder mit härteren Maßnahmen drohen, der Effekt ist weitgehend derselbe. Entweder als Zeichen der Schwäche beziehungsweise Heuchelei oder als Beweis von Starrheit und Unnachgiebigkeit interpretiert, werden beide Reaktionen die Terroristen im Zweifel darin bestärken, ihren Kampf fortzusetzen.

Der Prozess zunehmender Militarisierung lässt sich an der Entwicklung der Gewaltformen und dem Anstieg der Schadenskurve ablesen. Allgemein gilt, dass weiche durch zunehmend härtere, symbolisch gemeinte durch gezielt zerstörerische Gewaltakte abgelöst werden. Die Zahl der Toten und Verletzten steigt so lange an, bis externe Faktoren, vor allem erfolgreiche Gegenmaßnahmen der Sicherheitskräfte, die weitere Gewaltexpansion aufhalten. So verlief die Entwicklung in den meisten dem Verfasser bekannten Fällen, etwa in Deutschland, Italien, den USA, Kanada, in Argentinien, Chile und Peru, in Nordirland, im Baskenland, in Tschetschenien und in Israel. Eine bemerkenswerte Ausnahme stellt der Fall der schiitischen Organisation Hisbollah im Libanon dar, die den Radikalisierungsimpuls zu kontrollieren imstande war und mittlerweile einen Gutteil ihrer ursprünglichen aggressiven Militanz zurückgenommen hat.

Der generelle Trend lässt sich am Beispiel der baskischen ETA gut veranschaulichen: Der Widerstand der ETA gegen die Franco-Diktatur setzte in den frühen 1960er Jahren mit Demonstrationen und Propagandaaktivitäten für ein unabhängiges Baskenland ein; an deren Stelle traten 1967 Sachzerstörungen, die zwar bereits eine Gefährdung von Menschenleben einschlossen, konkret jedoch niemand zu Schaden kommen ließen; 1968 folgte der erste Mord an einem als besonders brutal geltenden Polizisten; die darauffolgenden Jahre brachten eine Fortsetzung des selektiven Terrorismus gegen ausgesuchte Vertreter des Regimes; nach Francos Tod, insbesondere ab 1977, dehnte sich das Opferspektrum auf immer weitere Kreise aus. Hand in Hand mit der qualitativen Steigerung ging eine kontinuierliche quantitative Zunahme der Mordanschläge, die nach Francos Tod nur kurz unterbrochen wurde, um dann Ende der 1970er Jahre Spitzenwerte zu erreichen. Erst die effizientere Zusammenarbeit von spanischen und französischen Sicherheitsbehörden ab 1981 setzte diesem Eskalationsprozess ein Ende.

Auch in den internen Konflikten spiegelt sich die zunehmende Gewaltfixierung der Gewaltorganisationen wider; sie prägt sowohl die

Abb. 16: Opfer des ETA-Terrorismus

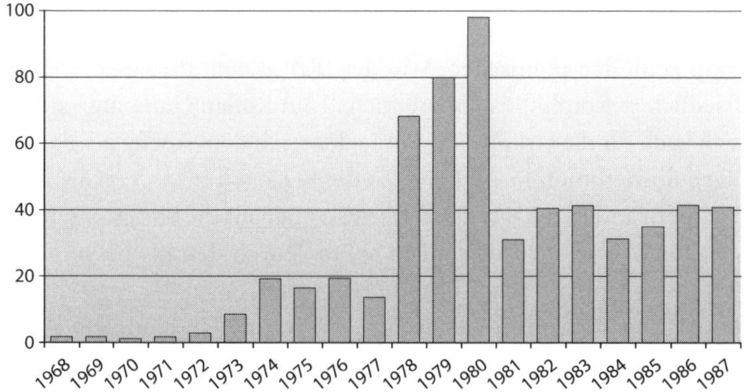

Quelle: Eigene Grafik auf der Basis von R. P. Clark: The Basque Insurgents. ETA, 1952–1980, *Madison 1984, S. 123, und F. Domínguez Iribarren:* ETA: Estrategia Organizativa y Actuaciones, 1978–1992, *Zarautz 1998, S. 220*

Form, in der die Konflikte ausgetragen werden, als auch deren Ergebnis. Was die Form betrifft, so ist vor allem auf die außerordentliche Härte hinzuweisen, die kennzeichnend ist für innere Richtungskämpfe. »Verräter« und »Abtrünnige« werden keineswegs schonender behandelt als äußere Feinde, eher noch gnadenloser. Die Freund-Feind-Dichotomie wird ohne Abstriche auf interne Rivalen und Gegner übertragen, was zur Folge hat, dass sie im harmloseren Fall aus dem Verband ausgestoßen, doch nicht selten auch »hingerichtet« oder still liquidiert werden. Es gibt keine terroristische Organisation, die nicht eine interne Gewaltepisode dieser Art in ihrer Geschichte aufzuweisen hätte.

Hinsichtlich des Ergebnisses von Konkurrenzkämpfen im Untergrund fällt auf, dass sehr häufig der militantere, eskalationsorientierte Flügel der Hardliner siegt und damit den weiteren Kurs der Organisation vorgibt. Es seien nur die zwei Beispiele der nordirischen IRA und al-Qaida angeführt. Die IRA zerfiel Anfang der 1970er Jahre in einen primär politisch orientierten, auf eine friedliche sozialistische Revolution hinarbeitenden Flügel, die »official« IRA, und einen gewaltorientierten Flügel, die »provisional« IRA. Obwohl Erstere das numerische Übergewicht hatte und laut Satzung die formelle Vertretungskompetenz für die Organisation beanspruchen konnte, gelang es den »Provos« rasch, das Gesetz des Handelns an sich zu reißen. Es sollte mehr als 25 Jahre dauern, bis sich über Sinn Fein, den politischen Arm der IRA, erneut die Chance einer friedlichen Konfliktlösung eröffnete. Laut Rohan Gunaratna stellte sich auch für die Gruppe um Bin Laden nach dem Abzug der damaligen Sowjetunion in Afghanistan die Frage, ob man den Guerillakampf in anderen Regionen fortsetzen oder auf die blutige Strategie des Terrorismus einschwenken sollte. Durch den bis heute nicht geklärten Mord an Scheich Abdullah Assam, einen der engsten ersten Weggefährten Bin Ladens, der die Tötung Unschuldiger strikt ablehnte, wurde der Weg für die zweite Alternative frei.

Aufgrund ihrer Militarisierung, der einseitigen Fixierung auf Gewalt, die ursprünglich nur Mittel für einen politischen Zweck sein sollte, laufen die Terroristen Gefahr, sich ihrer Anhängerschaft allmählich zu entfremden. Zumindest wird die Beziehung zunehmend ambivalent: Bei offenkundig ungerechten Maßnahmen des herausgeforderten Staates greifen noch die alten Solidaritätsbande, sind Sympathisanten und Unterstützer zum Schulterschluss mit den Rebellen bereit. Doch im Übrigen betrachten sie deren Treiben mit wachsender Skepsis, sei es, dass sie in blinder Gewaltanwendung keine Annäherung an ihre politischen Ziele erkennen können, sei es, dass sie die Nachteile aus den repressiven Reaktionen der Sicherheitskräfte leid sind. Die Terroristen ihrerseits, zunehmend unempfindlich gegenüber solchen Signalen von außen, setzen in aller Regel ihren gewaltsamen Kurs fort. Auf diese Weise erhält sich die Dynamik von Isolierung und Radikalisierung bis zur eventuellen Zerstörung oder Selbstauflösung dieser Gruppen.

Das Ende terroristischer Feldzüge

Die Literatur zur Frage, wo Terrorismus an seine Grenzen stößt, wie und warum er endet, ist spärlich. Da es nicht nur eine einzige Form der Beendigung terroristischer Feldzüge gibt, und auch nicht nur eine Variable, die dafür den Ausschlag gibt, gestaltet sich eine Untersuchung darüber auch einigermaßen schwierig. Fest steht, dass terroristische Organisationen, wenn sie einmal ihr prekäres Anfangsstadium überwunden haben, oft zählebige Gebilde darstellen. Vom Verfasser wurde eine Untersuchung über die Lebensdauer von 55 bekannten terroristischen Gruppen in Amerika, Europa und im Nahen Osten durchgeführt, wobei unterschiedliche Quellen herangezogen und miteinander verglichen wurden. Ihr Resultat war, dass mehr als die Hälfte der erfassten Organisationen über zehn Jahre lang existierte. Ist eine gewisse Lebensdauer überschritten, erhöht sich für eine Gruppe die Chance, noch wesentlich »älter« zu werden. Nicht wenige der erfassten Gewaltverbände konnten sich 20 Jahre oder noch länger behaupten.

Nach Martha Crenshaw, eine der wenigen, die darüber gearbeitet haben, hängt das Ende einer terroristischen Kampagne und Organisation von drei Faktoren ab: von der Reaktion der Regierung(en) auf den Terrorismus, der von der terroristischen Organisation gewählten Strategie, die ihr weitere Anhänger zuführen oder diese verprellen kann, und von den organisatorischen Ressourcen der Terroristen, worunter nicht nur Finanzmittel und Personalkapazität, sondern auch ihr Zusammenhalt und die Kohärenz der Vorgehensweise zu verstehen ist. Crenshaw unterstreicht dabei besonders, dass keiner dieser Faktoren für sich den Ausschlag gibt, sondern es auf ihr Zusammenwirken ankommt. Beispielsweise ist eine von der Regierung konsequent verfolgte Linie der Härte und Unnachgiebigkeit nicht eo ipso erfolgsträchtiger als ein Mix aus Konzessionen und repressiven Reaktionen. Ausschließliche Gegengewalt wird nur bereits geschwächte Organisationen möglicherweise zum Einlenken bringen. Eine Spaltung der Terroristen kann deren Selbstbewusstsein erschüttern, aber auch eine vermehrte Radikalität der Splittergruppen zur Folge haben. Angesichts der zahlreichen Faktoren und Kombinationsmöglichkeiten lassen sich laut Crenshaw keine Patentrezepte aufstellen, sondern allenfalls exemplarische Wege aufzeigen, wie es im Einzelfall gelungen ist, eine terroristische Kampagne zu stoppen. Im Übrigen sei schon viel geleistet, wenn es gelinge, Warnschilder zu errichten, welche Methoden und Vorgehensweisen zu meiden sind, weil sie sich eher kontraproduktiv auswirken.

Grob gesprochen lassen sich drei Formen der Beendigung terroristischer Feldzüge unterscheiden: die militärische Niederlage der Terroristen durch Tötung oder Gefangennahme ihres Führers (*decapitation*) oder die Zerschlagung der Organisationsstrukturen; die freiwillige Auflösung des Gewaltverbandes; dessen Transformation in eine andere Art von Organisation. Dass terroristische Gruppen durch die Inhaftierung oder Eliminierung ihres Führers außer Gefecht gesetzt werden, kommt relativ selten vor, denn die meisten Verbände haben dieser Möglichkeit durch die Einrichtung eines kollektiven Leitungsstabes vorgebeugt. Indes hat es vereinzelt solche Fälle gegeben; zu nennen ist etwa die peruanische Guerillabewegung »Der leuchtende Pfad«, die nach der Gefangennahme ihres charismatischen Führers Abimael Guzmán (1992) jegliche Schlagfähigkeit einbüßte. Umfassende militärische Niederlagen drohen Terroristen paradoxerweise vor allem dann, wenn sie sich besonders stark fühlen und aus der Deckung wagen. Das war in Argentinien und Uruguay in den 1970er Jahren der Fall, als die »Stadtguerilleros« zum offenen Angriff auf die Regierungen dieser Länder übergegangen sind. Auch al-Qaida fiel, jedenfalls was die Installationen der Organisation in Afghanistan betrifft, der Überschätzung der eigenen Kräfte zum Opfer. Allerdings ist ein militärischer »Sieg« über den Terrorismus oft mit der Preisgabe wesentlicher rechtsstaatlicher Rechte und Garantien erkauft. Sowohl in Argentinien als auch in Uruguay wurde der Sieg von Militärregimen bewerkstelligt, welche die Menschenrechte mit Füßen traten und die Gesellschaft mit einer beispiellosen Repressionskampagne überzogen. Terroristische Gruppen in einem demokratischen Staat mit rein polizeilichen Mitteln so weit in Bedrängnis zu bringen, dass sie sich geschlagen geben, dürfte äußerst schwierig sein.

Bisweilen geben terroristische Gruppen jedoch aus eigenen Stücken den Kampf auf. Dies geschieht in den seltensten Fällen, weil das angestrebte Ziel im Wesentlichen erreicht ist; weit häufiger ringen sich die Führer zu dem Entschluss durch, weil sie Schwierigkeiten der Nachwuchsrekrutierung haben oder ihre Gefolgschaft abbröckelt und sich langsam auflöst. Eines der wenigen Beispiele für die Erreichung des gesteckten Ziels war der südafrikanische ANC, dessen *raison d'être* 1990 mit der Aufhebung der Apartheid entfiel. Anfällig für Enttäuschungsreaktionen, die ein Schrumpfen der Gefolgschaft und Rekrutierungsengpässe nach sich ziehen, sind vor allem von utopischen Zukunftskonstruktionen geprägte Bewegungen, etwa die sozialrevolutionären Bewegungen der 1960er Jahre. Eine solche Desillusionierung griff beispielsweise bei den Roten Brigaden in Italien nach der Tötung des entführten Regierungschefs Aldo Moro Platz, die einen Aufschrei öffentlicher Empörung auslöste und dazu führte, dass sich viele Mitglieder von der Organisation distanzierten; diese legte kurz darauf die Waffen nieder. David Rapoport hat in diesem Zusammenhang von einem zyklischen Verlauf der vier sukzessiven Wellen des Terrorismus – der anarchistischen, der antikolonialistischen, der marxistischen und der religiösen – gesprochen, welche die jüngere europäische Geschichte geprägt hätten. Jede Welle sei in eine Aufschwungphase und eine Abschwungphase zerfallen. Auf eine Generation, die glaubte, ihre Überzeugungen und Ideen mit gewaltsamen Mitteln durchsetzen zu dürfen und zu müssen, folgte regelmäßig die nächste Generation, welche die utopischen Träume der Väter nicht mehr teilte und schon gar nicht bereit war, deswegen in den Untergrund zu gehen. Was den ethnisch-nationalistischen Terrorismus und generell Gewaltbewegungen betrifft, die um ein Stück Territorium kämpfen, so wird man allerdings an der Zweigenerationentheorie Rapoports Abstriche vornehmen müssen. Denn hier, man denke etwa an die IRA und die ETA, überwiegt die Kontinuität zwischen den Generationen und können etliche Jahrzehnte vergehen, bevor sich eine gewisse Kriegsmüdigkeit bei den Rebellen einstellt und ihr Rückhalt in signifikanten Segmenten der Minderheitsbevölkerung abbröckelt.

Bleiben als dritte Alternative Zwischenlösungen, die weder auf eine »Enthauptung« oder Zerschlagung noch auf eine Selbstauflösung der terroristischen Verbände, sondern auf deren Transformation hinauslaufen. Hier öffnet sich ein breites Spektrum von Möglichkeiten, wobei eine zentrale Frage ist, ob das Charakteristikum einer Durchsetzung mit dem Mittel der Gewalt beibehalten oder aufgegeben wird. Im ersteren Fall ist sowohl die Verbreiterung der terroristischen Bewegung in eine revolutionäre Front – Beispiel: der antikoloniale Befreiungskampf des algerischen FLN gegen die französische Besatzungsmacht ab 1958 – als auch deren Abstieg zu einer kriminellen Bande denkbar. Interessanter in diesem Kontext erscheinen jene Fälle, in denen terroristische Gruppen, meist nach langwierigen Verhandlungen, auf die künftige gewaltsame Infragestellung der bestehenden Ordnung verzichten und ihre Ziele mit friedlichen Mitteln innerhalb des legalen Rahmens verfolgen. Der Preis für ihr Einlenken ist meistens eine großzügige Handhabung der Amnestieparagrafen von Seiten der staatlichen Behörden sowohl gegenüber inhaftierten als auch den noch im Untergrund befindlichen Terroristen. Als Beispiel bietet sich die Waffenniederlegung der kolumbianischen Stadtguerillaorganisation M-19 unter der Regierung Barco Ende der 1980er Jahre an. In den hochentwickelten Industrieländern, in denen der Staat die ungeteilte Souveränität beansprucht, ist im Grunde kein Platz für derartige Kompromisslösungen, weshalb sich hier derartige Konflikte oft endlos in die Länge ziehen. Man denke etwa an das Nachspiel zum Karfreitagsabkommen in Nordirland, an die Schwierigkeiten, eine befriedigende Lösungsformel für das Baskenland in Spanien zu finden oder die dauerhaften Probleme, die Frankreich mit den Autonomiebestrebungen auf Korsika hat.

Was bleibt?

Was bleibt von der Erbschaft terroristischer Gruppen und Bewegungen, was bewirken sie letztlich? Von den anfänglich proklamierten Zielen der Terroristen, so lässt sich zusammenfassend konstatieren, bleibt im Verlauf der terroristischen Kampagne nur wenig übrig. Dies gilt insbesondere für die sozialrevolutionären terroristischen Gruppen in den Industrieländern. Hinsichtlich des ethnisch-nationalistischen Terrorismus, der besonders zäh ist, und des religiösen Terrorismus, der, bezogen auf die Moderne, ein neueres Phänomen darstellt, wird man sich mit definitiven Urteilen noch zurückhalten müssen. Dennoch sprechen manche Indizien dafür, dass sich auch hier häufig die ursprünglichen Absichten verflüchtigen. Insgesamt jedenfalls kommt den nicht intendierten Folgen von Terrorismus kaum eine geringere Bedeutung zu als den intendierten. Die augenfälligste Konsequenz aus der Eigendynamik ist, wie schon gesagt, die Verselbständigung des Mittels Gewalt gegenüber den damit verfolgten politischen Zielen und, eng damit verbunden, die zunehmende Konzentration der Terroristen auf den Gruppenerhalt. Daneben kommt es allerdings durchaus zu weiteren nicht beabsichtigten Effekten von Terrorismus, zu Auswirkungen auf die Wirtschaft und die politische Kultur.

Betrachtet man die Gesellschaften, die von terroristischen Gruppen oder ganzen Bewegungen heimgesucht wurden, im Nachhinein, so hat man Mühe, dem Terrorismus eine positive Seite abzugewinnen. Dies gilt sowohl für seine kurzfristigen als auch für die mittel- und langfristigen Folgen. Abgesehen vom Schmerz und Kummer, der durch terroristische Anschläge bei den Opfern und ihren Angehörigen erzeugt wird, sind ihre wichtigsten sozialpsychologischen Auswirkungen Gefühle des Hasses, des Misstrauens, der Angst und der Schadenfreude. Oft führen sie zur Aufkündigung solidarischer Bindungen – können im Einzelfall allerdings auch solche Bindungen stiften – und zur sozialen Isolierung der Bedrohten. Der »Idealismus« und Enthusiasmus der Gewaltaktivisten, wenn er denn überhaupt als etwas Positives zu betrachten ist, wiegt keinesfalls diese Negativeffekte auf der sozialpsychologischen Ebene auf.

Wo Terroristen erfolgreich am Werke sind, da flieht im schlimmsten Fall das Kapital, fliehen die Manager und Ingenieure, die Freiberuflichen und alle, die Vermögen oder ein gutes Einkommen haben und somit erpressbar sind. Der Wohlstand der betreffenden Regionen leidet Schaden. Ähnliches gilt für die Rechtskultur: Es besteht die Gefahr der Aushöhlung rechtsstaatlicher Garantien, um die Verfolgung und Festnahme von Gewaltaktivisten zu erleichtern; klassische Schutzrechte des Angeklagten, wie das des nicht kontrollierten Kontaktes mit dem Anwalt, können missbraucht werden und in Misskredit geraten.

Die negativen Auswirkungen auf die politische Kultur und die politische Landschaft sind ebenfalls nicht unerheblich. Es kommt zu überflüssigen politischen Frontbildungen, und die Frage, wie mit dem Terrorismus und den Terroristen umzugehen sei, nimmt unnötig viel Zeit in Anspruch und lenkt die Aufmerksamkeit von anderen dringlichen politischen Problemen ab. Unter Umständen können die Gewaltanschläge durch einzelne Politiker manipulativ missbraucht werden, etwa indem man dem Gegner Sympathien für die Terroristen unterstellt oder deren Gefährlichkeit künstlich aufbauscht, um von inneren Spannungen abzulenken und das eigene politische Lager zusammenzuhalten.

Wer die politische Entwicklung der westlichen Staaten seit dem 11. September 2001 verfolgt hat, ist um Anschauungsmaterial für sämtliche hier aufgezählten Effekte nicht verlegen. Die weltweiten Anschläge der islamistischen Gruppen hatten einen politischen Rechtsruck in sämtlichen westlichen Ländern – und nicht nur hier – zur Folge, mit all den nachteiligen Konsequenzen, die sich daraus für die rechtsstaatlichen Institutionen und das demokratische Meinungsklima ergeben. Wenn man in den Anstrengungen, die in die Modernisierung und Effizienzsteigerung der Sicherheitskräfte investiert werden, nicht einen positiven Nebeneffekt terroristischer Kampagnen sehen will, dann gibt es wohl keinen zu entdecken.

Dieses skeptische bis negative Urteil lässt sich auch auf die mittel- und längerfristigen Auswirkungen terroristischer Kampagnen ausdehnen. Gewiss gab es einige Fälle, in denen terroristische Anschläge der Vorbote umfangreicher politischer Befreiungsbewegungen waren, die zur Gründung eines eigenen Staats und/oder zur Beseitigung eines Unrechtsregimes führten. Sowohl Israel als auch der Palästinenserstaat beziehungsweise die gegenwärtigen Ansätze dazu sind aus ursprünglichen terroristischen Protestaktionen hervorgegangen; und auch die Überwindung des Apartheid-Regimes in Südafrika wäre ohne die flankierende »Hilfe« terroristischer Gewalt schwerlich zustande gekommen. Doch handelt es sich hierbei um Ausnahmen. Hingegen lassen sich zahlreiche Beispiele dafür anführen, dass Terroristen und Stadtguerilleros unfreiwillig zu Steigbügelhaltern für das Militär wurden, das anschließend die Macht ergriff. Man denke nur an die bereits erwähnten Beispiele Argentinien, Chile und Uruguay. Hier trug das allgemeine Chaos, das in den späten 1960er und frühen 1970er Jahren nicht zuletzt durch die terroristischen Verbände geschaffen worden war, dazu bei, dass sich die Streitkräfte mit der stillschweigenden Zustimmung der Bevölkerungsmehrheit der Herrschaft bemächtigten und repressive Regime von bis dato unbekannter Härte errichten konnten. Doch selbst wo mit Unterstützung der Terroristen autokratische Herrscher gestürzt werden konnten, etwa die französischen Kolonialherren Anfang der 1960er Jahre in Algerien oder knapp 20 Jahre später der

Somoza-Clan in Nicaragua, brachte dies dem jeweiligen Land nicht unbedingt Segen. Die aus den terroristischen Kadern sich rekrutierenden Nachfolgeregierungen handhabten die Macht kaum weniger autoritär als ihre Vorgänger. Im Sinne der Pfadabhängigkeitstheorie, die sich in der jüngeren sozialwissenschaftlichen Forschung großer Beliebtheit erfreut, bleiben sie stark auf das Durchsetzungsmittel der Gewalt fixiert, dank dessen sie zu politischem Einfluss gelangt sind. Dass ein Land geläutert, mit gestärkten demokratischen Institutionen aus der Erfahrung von Terrorismus hervorgeht, wie dies in Italien der Fall war, dürfte im internationalen Vergleich eine Ausnahmeerscheinung darstellen.

12. Gegenmaßnahmen

Wie bereits mehrfach erwähnt, erscheint zweifelhaft, dass die Unterscheidung zwischen »altem« und »neuem« Terrorismus sinnvoll ist und die Anschläge vom 11. September 2001 als Schlüsseldatum für den definitiven Übergang von der einen zur anderen Form des Terrorismus zu betrachten seien. Dagegen legen Ausmaß und Kontinuität der Gegenmaßnahmen, die im Anschluss an den 11. September ergriffen wurden, es nahe, bezüglich der Reaktion auf den Terrorismus von einer neuen Ära auszugehen. Für diese Einschätzung spricht allein die Flut von Gesetzen, die auf der Ebene der einzelnen Staaten erlassen wurden, sprechen weiterhin die zahlreichen Konventionen und Resolutionen, die von allen erdenklichen internationalen Organisationen verabschiedet wurden, um die Gefahr des Terrorismus zu bannen. Es dürfte zudem das erste Mal sein, dass als Antwort auf terroristische Anschläge weitab vom betroffenen Land ein Krieg mit erheblichem militärischem Aufwand geführt wurde. Stellt man weiterhin den dadurch ausgelösten Schulterschluss zwischen den politischen Führern der Großmächte USA, Russland und China in Rechnung und berücksichtigt, dass Terrorismus in den letzten Jahren zu einem Dauerthema in den Massenmedien geworden ist, so kommt man zu dem Schluss, dass er inzwischen den Beigeschmack des Modischen und auf Sensationslust Abzielenden hinter sich gelassen hat. Terrorismus ist zu einem Gegenstand geworden, der sowohl aufgrund der erzeugten Bedrohung als auch der getroffenen Abwehrmaßnahmen eines anhaltenden Interesses in der Öffentlichkeit sicher sein kann.

Diese Entwicklung, der sich ganze Bücher widmen, kann hier nicht ansatzweise nachgezeichnet werden. Vielmehr sollen an dieser Stelle einige grundsätzliche Überlegungen zu den Möglichkeiten und

Grenzen der Kontrolle des Terrorismus angestellt werden. Nach einem einleitenden Abschnitt, in dem die wichtigsten Züge des allgemeinen Perzeptions- und Politikwandels seit dem 11. September herausgearbeitet werden, wird zunächst auf die prinzipiellen Schwierigkeiten beim Versuch einer Eindämmung des Terrorismus hingewiesen. Anschließend werden einige unerlässliche Voraussetzungen für eine erfolgreiche Kontrolle des Terrorismus genannt. Schließlich werden mögliche Gegenmaßnahmen, auch vermeidbare Fallen, besprochen, wobei zwischen operativen Maßnahmen und Maßnahmen auf der strukturellen Ebene unterschieden wird.

Perzeptions- und Politikwandel

Die neue Einschätzung des gewaltigen, vor allem dem internationalen Terrorismus zugeschriebenen Drohpotenzials findet ihren Niederschlag in drei signifikanten Einstellungs- und Politikveränderungen. Die erste besteht in einem in der ganzen westlichen Welt zu beobachtenden politischen Rechtsruck. Dieser erstreckt sich auf alle Länder, gleichviel ob sie von bürgerlichen oder eher linksliberalen Parteien regiert werden, und bezieht sich auf die unterschiedlichsten Ebenen dieser Gesellschaften, von breiten Teilen der Bevölkerung, über Wissenschaftler und Politiker bis hin zu internationalen Gremien, wo nationale Vertreter über gemeinsame Maßnahmen beraten. Wer mit einiger Regelmäßigkeit internationale Kongresse besucht, kann nicht überhören, dass die Akzente heute deutlich anders gesetzt werden als vor der Jahrtausendwende: Die traditionelle Balance zwischen dem Schutz der Freiheits- und Grundrechte, auch und insbesondere dem persönlichen Datenschutz einerseits und dem Streben nach individueller und kollektiver Sicherheit andererseits, hat sich klar zugunsten des Sicherheitspols verschoben. Man denke etwa daran, dass Listen international gesuchter islamistischer Terroristen kursieren, die für die Betreffenden beträchtliche rechtliche und materielle Nachteile bedeuten, ohne dass sie etwas gegen die Aufnahme in die Liste unternehmen können; dass die Regierungen von Staaten wie Großbritannien und die USA, die auf eine lange rechtsstaatliche Tradition zurückblicken können, über Jahre hinweg des Terrorismus verdächtige Ausländer für unbestimmte Zeit einsperrten, ohne sie einem Richter vorzuführen; dass in vielen westlichen Staaten, einschließlich der Bundesrepublik Deutschland, ernsthaft über die Wiedereinführung der Folter als Mittel, wertvolle Informationen über geplante terroristische Anschläge zu erhalten, diskutiert wurde. All dies hätte Mitte der 1990er Jahre noch einen allgemeinen Sturm der Entrüstung ausgelöst. Heute dagegen wird die Debatte über diese Themen gelassen hingenommen, stößt die Einschränkung individueller Verteidigungs- und Freiheitsrechte zum Schutz übergeordneter Sicherheitsbelange auf breites Verständnis. Nur Minderheitsgruppen, in Deutschland etwa Teile der Grünen und der FDP, auf internationaler Ebene amnesty international, warnen vor den autoritären Folgen einer Ausweitung staatlicher Machtbefugnisse oder setzen sich aktiv dagegen zur Wehr.

Ein zweiter Trend besteht in der Relativierung und Auflockerung nationaler Grenzen in Bezug auf Sicherheitsfragen. Da al-Qaida, der Hauptbedrohungsfaktor in westlichen Augen, eine transnational operierende Organisation mit regionalen, wenn nicht globalen religiösen Zielen ist, erscheint ein Sicherheitsdenken in nationalstaatlichen Kategorien als überholt. Mit Ausnahme der USA wurde von Bin Laden und seinen Gefährten kein Land speziell ins Visier genommen; die Kampfansage galt generell den »Juden und Kreuzzüglern«, das heißt der individualistisch-rationalen Kultur des Westens und seinem spezifischen Lebensstil insgesamt. Das bedeutet, dass keines dieser Länder sich in Sicherheit wiegen, vor terroristischen Anschlägen gefeit wähnen kann. Die Einheitlichkeit des Bedrohungsszenarios hatte ein deutliches Zusammenrücken sämtlicher westlicher Staaten in Sicherheitsbelangen zur Folge. So wie im transnationalen Kontext sich sämtliche mit Terrorismus befassten Institutionen vermehrt miteinander abstimmen, so wurde auch der Informationsaustausch zwischen den Staaten intensiviert, setzte ein verstärktes Bemühen um die Schaffung internationaler Koordinationsinstanzen ein, die ein konzertiertes Vorgehen gegen die gemeinsame Bedrohung ermöglichen sollen.

Ein dritter Zug ist die Verlagerung der Aufmerksamkeit der Behörden vom terroristischen Akt als solchem hin zu dessen Voraussetzungen und möglichen Folgen. Dabei wird weit über den geläufigen Auftrag der Polizei, präventiv für die Wahrung der öffentlichen Sicherheit und Ordnung zu sorgen, hinausgegangen. Teils unter Zuhilfenahme neuer, eigens zu diesem Zweck verabschiedeter Gesetze, teils unter Ausweitung des bislang üblichen nachrichtendienstlichen Aufgabenspektrums werden die Informationsgewinnung und Möglichkeiten polizeilichen Einschreitens bis weit ins Vorfeld der eigentlichen Planung und Vorbereitung eines Anschlags ausgedehnt. Zur Vorbeugung in diesem Sinn zählt, dass man bereits die Einreise radikaler Islamisten in ein Land zu verhindern sucht oder eine islamistische Zelle im Gründungsstadium zerschlägt. Zugleich wird vermehrt darüber nachgedacht, was *nach* einem terroristischen Anschlag unternommen werden muss, um den Schaden auf das geringstmögliche Ausmaß zu reduzieren. Vor allem werden Zivil- und Katastrophenschutzszenarien für den Fall entworfen, dass Terroristen vor dem Einsatz von Massenvernichtungswaffen nicht zurückschrecken sollten.

Gründe, die die Kontrolle des Terrorismus erschweren

In den folgenden Ausführungen über die Hindernisse bei der erfolgreichen Bekämpfung des Terrorismus wird nicht zwischen unterschiedlich ausgerichteten terroristischen Organisationen und Bewegungen unterschieden. Die genannten Faktoren betreffen den Terrorismus in all seinen Ausformungen.

Zunächst muss man sich vergegenwärtigen, dass sowohl das Wachstum als auch das Schrumpfen einer terroristischen Organisation oder Gruppe nur begrenzt davon abhängt, wie Regierungen und Sicherheitsapparate mit einer terroristischen Herausforderung umgehen. Deren Rolle soll hier keineswegs heruntergespielt werden: In Schlüsselphasen kann ein bestimmter Kurs der Sicherheitskräfte, vor allem der Polizei, den Eskalierungsprozess vorantreiben oder verlangsamen. Doch ist das Verhalten der Regierungsseite und der Polizei in jedem Fall nur einer unter mehreren Faktoren, die den Kurs terroristischer Verbände beeinflussen. Mindestens ebenso ins Gewicht fallen die Kräfteverhältnisse innerhalb des Führungskerns dieser Gruppen und die daraus resultierenden strategischen Entscheidungen; desgleichen die Resonanz, die sie in ihrem engeren sozialen Um- und Bezugsfeld finden (vgl. Kap. 10). Stößt eine terroristische Gruppe beispielsweise bei ihrer Anhängerschaft, die für die Rekrutierung des Nachwuchses zentral ist, auf eine zunehmend reservierte bis ablehnende Haltung, so wird sie dadurch unter Umständen eher zum Einlenken oder zur Selbstauflösung veranlasst als durch Konzessionen oder verschärfte repressive Maßnahmen von Seiten der Regierung. Umgekehrt ist denkbar, dass eine Regierung in ihrem Vorgehen gegen Terroristen zwar keinen Fehler macht, aber doch erfolglos bleibt, weil alle anderen Variablen ein Fortbestehen der Organisation und die Fortsetzung der Gewaltkampagne begünstigen.

Ebenfalls ein Hindernis für den Abbau der terroristischen Bedrohung ist deren eigentümliche Ambivalenz. Ungeachtet ihrer Verdammung durch sämtliche Staatsmänner und Regierungen der entwickelten Welt geht von Terroristen gleichzeitig eine unverkennbare Faszination aus. Dies gilt nicht zuletzt auch für die USA, wo sich hinter der lautstarken Verteufelung im öffentlichen Diskurs unschwer Elemente heimlicher Bewunderung für Individuen und Kleingruppen erkennen lassen, die aus Überzeugung einer Mehrheit die Stirn bieten. Nur wo Terrorismus zu einer Dauerplage geworden und die Opferbilanz sehr hoch ist, wie in Spanien, weicht die ambivalente Haltung der eindeutigen Ablehnung oder gar einem Abscheu gegenüber den Terroristen. *One man's terrorist is another man's freedom fighter* – diese Formel mag manchem abgegriffen und geschmacklos erscheinen. Sie bringt jedoch die uneinheitliche, schwankende Meinung der Weltöffentlichkeit gegenüber dem Terrorismusproblem nur allzu deutlich zum Ausdruck. Immerhin ist es mehr als ein Zufall, dass es bislang, in jüngerer Zeit vor allem aufgrund des Einspruchs der islamischen Länder, nicht gelungen ist, sich innerhalb der UNO auf eine einheitliche Definition von Terrorismus als Unrechts- und Straftatbestand zu einigen. Tatsächlich hängt es häufig von der späteren Karriere eines Gewaltaktivisten ab, ob die Bezeichnung »Terrorist« an ihm hängen bleibt oder geflissentlich vergessen wird. Eine ganze Reihe ehemaliger Terroristen schaffte es, später zum allseits respektierten Politiker und Staatsmann zu mutieren, beispielsweise Menachem Begin, Yassir Arafat, Gerry Adams oder Nelson Mandela.

Was Terrorismus als Gewaltmethode besonders attraktiv macht, ist seine Voraussetzungslosigkeit und zumindest oberflächliche Effektivität. Um einen oder mehrere terroristische Gewaltanschläge durchzuführen, bedarf es keines eigenen Territoriums, auch keiner breiten Anhängerschaft oder komplizierter logistischer Voraussetzungen. Es reicht aus, dass sich ein kleiner Personenkreis zusammenfindet, der sich durch außergewöhnliche Motivation, unbegrenzte Opferbereitschaft und überdurchschnittliche Intelligenz auszeichnet – alle darüber hinaus erforderlichen Ressourcen wie Geld, Waffen, Fahrzeuge sind nicht allzu schwer zu beschaffen und können im Zweifel beim Gegner, den staatlichen Sicherheitskräften, den Banken etc., »entliehen« werden. Von daher wird man alle Erfolgsmeldungen, wie etwa die Festnahme eines bekannten Terroristen oder das Aufdecken einer terroristischen Zelle, mit einer gewissen Skepsis aufnehmen müssen, jedenfalls wenn sie signalisieren sollen, die terroristische Bedrohung sei dadurch verringert worden. Denn was weiß man darüber, wie viele neue terroristische Zellen in der Zwischenzeit schon wieder entstanden sind?

Als Beleg für die beeindruckende Effektivität auch »unkomplizierter« terroristischer Aktionen sei an den sogenannten Schuhbomber Richard Reid erinnert, der im Dezember 2001 ein Flugzeug mit Sprengstoff in den Schuhen zu besteigen versuchte. Seitdem müssen sich täglich Millionen von Menschen an den Sicherheitskontrollen der Flughäfen ihre Schuhe aus- und wieder anziehen, was nicht nur lästig, sondern in gewisser Weise auch demütigend ist. Kann man mit bescheideneren Mitteln einen größeren Effekt erzielen? Freilich handelt es sich dabei um »Effektivität« in einem sehr eingeschränkten Sinn, nämlich im Sinne der Störung eingespielter Abläufe, des Stiftens von Verunsicherung und Verwirrung.

Voraussetzungen für eine erfolgreiche Kontrolle des Terrorismus

Die wichtigste Voraussetzung beim Umgang mit der vom Terrorismus ausgehenden Bedrohung besteht vermutlich darin, dass man sich von der Illusion freimacht, ihn »besiegen«, das heißt gänzlich ausmerzen zu können. Wie die Vergangenheit gezeigt hat, sind hierzu nur Diktaturen in der Lage. Möchte man die demokratisch-rechtsstaatliche Ordnung nicht vollends opfern, wird sich auch in Zukunft schwerlich verhindern lassen, dass terroristische Gruppen in der einen oder anderen Form blutige Anschläge durchführen, um die Aufmerksamkeit auf sich und ihr Anliegen zu lenken. Ihnen mit rein repressiven Mitteln begegnen zu wollen hat sich nicht nur als vergeblich, sondern häufig sogar als kontraproduktiv erwiesen. Deshalb hat sich die Einsicht durchgesetzt, dass nur eine Doppelstrategie der Härte, verbunden mit partiellen Zugeständnissen (eine Politik der »sticks and carrots« wie es im angelsächsischen Sprachgebrauch heißt) längerfristig Erfolg verspricht. Das bedeutet zugleich, dass es wenig Sinn ergibt, Terroristen als Feinde manichäisch zu überhöhen und in die Kategorie des schlechthin Bösen und Verwerflichen einzuordnen. Gegen diese Diabolisierung spricht allein schon die aufgezeigte Ambivalenz des Terrorismus. Stattdessen empfiehlt es sich, ohne diese Gewaltform zu verharmlosen, pragmatisch mit ihr umzugehen und auf die bestmögliche Kontrolle terroristischer Gruppen und Bewegungen sowie auf die Begrenzung der Anschlagsschäden abzuzielen.

Nachdem es beim Umgang mit der terroristischen Herausforderung nicht um Sieg oder Niederlage, sondern um eine mehr oder weniger erfolgreiche Kontrolle der im Untergrund operierenden Gewaltverbände geht, wird man darin weniger eine militärische Angelegenheit als eine Aufgabe der Polizei und der Nachrichtendienste sehen müssen. Das heißt nicht, dass militärisches Einschreiten grundsätzlich unangebracht ist. Erforderlich kann es etwa in weniger entwickelten Ländern wie Kolumbien oder Afghanistan werden, wo terroristische Gruppen Guerillatruppen flankieren, oder auch in demokratischen Industriestaaten, wenn ein akuter interner Notstand eintritt. Prinzipiell jedoch ist das Militär, das für den professionellen Einsatz instrumenteller Gewalt geschult ist, nicht sonderlich geeignet, um dem Terrorismus, einer primär symbolisch und als Botschaft gedachten Form der Gewalt, wirksam zu begegnen. Hierzu bedarf es anderer, das zweiwertige militärische Denken sprengender Methoden und ist es vor allem erforderlich, dass man sich auf die ganz eigene Ratio und Denkweise von Terroristen einlässt.

Diese erschließen sich, wenn man bedenkt, dass es sich beim Terrorismus um die Extremform eines asymmetrischen Gewaltkonflikts handelt, was nichts anderes bedeutet, als dass Terroristen von vornherein darauf verzichten, sich mit dem Gegner, einem Staat oder einer Staatengemeinschaft, mit dessen Waffen zu messen, da sie hoffnungslos unterlegen wären. Bezeichnend für Terroristen ist vielmehr, dass sie aus der Not gewissermaßen eine Tugend machen: Anstatt zu versuchen, mit dem Feind hinsichtlich seiner Kampfressourcen gleichzuziehen, ihm offen Paroli zu bieten, konzentrieren sie sich auf dessen Schwächen und Schwachstellen und münzen ihre eigenen relativen Stärken in Kriegskapital um. Das war es, worauf Bin Laden hinauswollte, wenn er in seinen Video-Botschaften wiederholt den fehlenden Opfermut der US-Amerikaner verhöhnte und ihm die Todesverachtung der gläubigen Muslim-Krieger gegenüberstellte, die begierig sind, für Allah zu sterben. Die eigentümliche Verbindung von eigener Schwäche mit dem unbedingten Willen, dem Feind einen signifikanten, aufsehenerregenden Schaden zuzufügen, nährt eine bestimmte Form destruktiver Fantasie. Diese gilt es zu entschlüsseln, sich nach Möglichkeit in das Denken, die Mentalität der Terroristen hineinzuversetzen, wenn man ihre Anschlagspläne vereiteln will. Für diese Aufgabe sind die Nachrichtendienste weit besser geeignet als die Militärstrategen.

Paradoxerweise werden terroristische Gruppen in Schwächephasen keineswegs ungefährlicher. Denn oft liegt ihnen daran, gerade dann ihre ungebrochene Handlungsfähigkeit zu beweisen. Da ihnen jedoch die Infrastruktur und das erforderliche Personal nicht mehr zur Verfügung stehen, um herausragende, deswegen meist geschützte Vertreter des von ihnen bekämpften Regimes anzugreifen (*selektiver Terrorismus*), vergreifen sie sich an mehr oder weniger willkürlich ausgesuchten, ungeschützten Personen (*Gelegenheitsterrorismus*).

Das Gebot, sich in die terroristische Mentalität und Denkweise hineinzuversetzen, sie zu »verstehen«, beschränkt sich nicht allein auf die eigentlichen Anschläge, sondern erstreckt sich auch auf die Strategie und Entwicklungsdynamik dieser Gewaltverbände. Deren Handlungsprämissen können, wie das Beispiel der sozialrevolutionären Gruppen zeigt, im Laufe der Zeit einem allmählichen Wandel unterliegen. Organisationen, die ursprünglich weitestreichende soziale und politische Umwälzungen proklamiert und verfolgt hatten, mutierten oft zu Verbänden, denen es nur noch um die Selbsterhaltung sowie darum ging, ihre Bedrohlichkeit zu beweisen. Ähnliche Entwicklungstendenzen lassen sich auch bei ethnisch-nationalistischen und religiösen Gruppen, wenngleich nicht in derselben ausgeprägten Form, beobachten. Die Fragen, die sich den Sicherheitsdiensten in diesem Zusammenhang stellen, lauten: Gibt es bereits Anzeichen für solche Regressionstendenzen und, falls ja, wie weit sind sie fortgeschritten? Lassen sie eine Art Waffenstillstand überhaupt noch zu? Wann ist der Wendepunkt erreicht, an dem die Selbsterhaltung dem allmählichen Zerfall der Gruppensolidarität weicht, so dass die Chancen steigen, einzelne Mitglieder aus dem Verband herauszulösen?

Es gilt, mit anderen Worten, zu differenzieren. Im Differenzierungsgebot liegt eine weitere unabdingbare Voraussetzung für die

Eindämmung und Kontrolle des Terrorismus. Es gibt eben, ungeachtet einer gemeinsamen Handlungslogik, nicht *den* Terrorismus, sondern unterschiedliche Strukturtypen mit unterschiedlichen Zielen, Identifikationsobjekten, tatsächlichen oder vermuteten Anhängern und Sympathisanten, die sich jeweils in unterschiedlichen Stadien ihrer Entwicklung befinden. Gerade der gegenwärtig besonders bedrohlich wirkende religiöse Terrorismus bietet sich als gutes Beispiel für die Notwendigkeit an, genau hinzusehen und sich vor Pauschalurteilen zu hüten. Gewaltanschläge von Tschetschenen, die sich aus dem russischen Staatsverband lösen wollen, sind eben nicht unterschiedslos gleich zu beurteilen wie Selbstmordattentate in Pakistan oder Anschläge marokkanischer Zuwanderer in Spanien. All dies dem »internationalen Terrorismus«, insbesondere al-Qaida, zuzuschreiben ist zwar gedanklich bequem, muss aber keineswegs den Tatsachen entsprechen und könnte sich als verhängnisvolle *self-fulfilling prophecy* erweisen. Es ist bekannt, dass Bin Laden und die um ihn versammelten Restgruppen von al-Qaida ein Großkalifat anstrebten, in dem sämtliche islamische Glaubensrichtungen und Völker vereint sein sollen. Doch es ist ebenso offenkundig, dass die Front der Islamisten keinen geschlossenen Block bildet, sondern aus unterschiedlichen Kräften und Gruppen besteht, die großenteils primär lokale oder auf einen bestimmten nationalen Rahmen begrenzte Ziele verfolgen. Der Westen muss ein Interesse daran haben, diese Divergenzen zur Kenntnis zu nehmen und entsprechend situationsspezifisch zu reagieren. Stülpt er allen islamistischen Organisationen das Einheitsetikett »zum Al-Qaida-Netzwerk gehörend« über, so darf er sich nicht wundern, wenn die von Bin Laden propagierte Einheitsfront sämtlicher islamistischer Gewaltverbände eines Tages tatsächlich zustande kommt.

Die terroristische Rationalität und der Versuch, sie nachzuvollziehen, haben jedoch ihre Grenzen. Ab einem bestimmten Punkt der Entwicklung dieser Organisationen sind ihre Führer nur noch bedingt den üblichen Verhaltensanreizen in Form von Belohnung und Bestrafung zugänglich, sondern neigen dazu, alle externen Stimuli im Sinne einer notwendigen Fortsetzung oder gar Verstärkung ihres

Gewaltkurses zu interpretieren. Zugeständnisse schrauben ihre Ansprüche weiter in die Höhe, und verschärfte Abwehrmaßnahmen bestärken sie nur in ihrem Vorsatz, dem betreffenden Staat und seinen Sicherheitskräften durch weitere Anschläge zu trotzen. Muss man daraus schließen, dass es überhaupt sinnlos ist, diese Gruppen in Richtung Gewaltverzicht beeinflussen zu wollen?

Diese Schlussfolgerung wäre voreilig. Die einseitige, jede Verhaltenskontingenz aufhebende Reaktionsweise gilt ja nur für die Gruppe als ganze und auch nur in Entwicklungsstadien, in denen sie sich auf dem Höhepunkt ihrer Macht glaubt oder in ihrer Widerstandsrolle festgebissen hat. In der Entstehungsphase terroristischer Verbände oder in der Phase ihres Niedergangs, wenn ihr innerer Zusammenhalt noch nicht gefestigt ist oder sich bereits aufzulösen beginnt, gelten andere Regeln. Ebenso wie Beitrittskandidaten in der Entstehungsphase durch energische – nicht ungerechte – Sanktionsmaßnahmen daran gehindert werden können, sich dem Verband anzuschließen, können Mitglieder in der Abschwungphase durch großzügige staatliche Integrationsangebote dazu veranlasst werden, der Gruppe aus eigener Initiative den Rücken zu kehren.

Operative Maßnahmen

Im Sinne der oben empfohlenen pragmatischen Vorgehensweise lassen sich einige Grundregeln und Maßnahmenbündel nennen, die sich nach der bisher vorliegenden Erfahrung zur Abwehr der terroristischen Gefahr bewährt haben. Die folgende Aufzählung erhebt weder den Anspruch auf Vollständigkeit noch auf Originalität. Sie soll aufzeigen, dass Einzelstaaten und die internationale Staatengemeinschaft terroristischen Anschlägen nicht wehrlos ausgeliefert sind, sondern es durchaus Mittel und Wege gibt, ihnen zu begegnen und ihre Auswirkungen zu begrenzen. Freilich hängt es von der Stärke und der Handlungsfähigkeit der jeweiligen Regierungen beziehungsweise der Staatengemeinschaft insgesamt ab, inwieweit sie in der Lage sind, diese Mittel effektiv zum Einsatz zu bringen. Im

Folgenden wird zwischen operationalen und strukturellen Maßnahmen unterschieden. Bei den erstgenannten geht es um die Beseitigung akuter Gefahren, vor allem die Verhinderung von Anschlägen und der Bildung terroristischer Zellen sowie die Zerschlagung bereits bestehender Gruppen und terroristischer Netzwerke. Dagegen zielen strukturelle Maßnahmen, die eher mittel- und langfristig zum Tragen kommen, mehr darauf ab, das soziale Vor- und Umfeld terroristischer Gruppen zu beeinflussen. Sie sollen bewirken, dass deren Unterstützungsbasis abbröckelt oder es gar nicht zu ihrer Entstehung kommt.

In den operationalen Bereich fallen zunächst alle Maßnahmen, die den Bewegungsspielraum radikaler Gruppen einschränken und sie in ihrer Entfaltung behindern, so dass sie Mühe haben, ein größeres Anschlagsprojekt zu planen und durchzuführen. Zahlreiche westliche Staaten haben im Anschluss an die Anschläge vom 11. September 2001 umfangreiche »Sicherheitspakete« verabschiedet, um der vom militanten Islamismus ausgehenden Gefahr zu begegnen und die Wiederholung eines Megaanschlags auf ihrem Territorium um jeden Preis zu vermeiden. Zu den wichtigsten vorbeugenden Sicherheitsmaßnahmen zählten die Vermehrung der Sicherheitskontrollen bei jeder sich bietenden Gelegenheit, die Verschärfung der Visa- und Einreisebestimmungen für Nicht-EU-Mitglieder in den europäischen Ländern, die Ausdehnung der Strafbarkeit weit in das Vorfeld der Unterstützerszene extremistischer Gruppen hinein, die Illegalisierung jeglicher Art von Werbung und Propaganda für extremistische Gewalt, das vermehrte Einschleusen von Spitzeln in terroristische Bewegungen, die ein Einschreiten bereits in einem frühen Stadium der Anschlagsplanung ermöglichen sollen, das Aufdecken und Austrocknen der Einnahmequellen radikaler Gruppen und Organisationen, die vermehrte Kontrolle des Internets, Aufklärungs- und Frühwarnkampagnen, die den Schockeffekt terroristischer Anschläge in der Bevölkerung mindern sollen, und vieles mehr.

Dass eine solche Fülle von Maßnahmen die Gefahr in sich birgt, das zu schützende Rechtsgut, den demokratischen Rechtsstaat, in einen präventiven Sicherheitsstaat zu verwandeln, liegt auf der Hand und wird im folgenden Abschnitt noch zu erörtern sein. Zusammen mit einem gesteigerten Objektschutz, insbesondere was die Energie-, Versorgungs- und Transportsysteme angeht, haben sie indessen maßgeblich dazu beigetragen, dass Europa, von einigen wenigen Ausnahmen abgesehen, in den letzten zehn Jahren von größeren Anschlägen weitgehend verschont geblieben ist.

Eine große Bedeutung im Rahmen operationaler Terrorismusabwehr kommt dem Informationsaustausch zwischen sämtlichen mit dieser Gewaltform befassten Behörden und der zentralen Sammlung und Verarbeitung aller relevanten Daten zu. Auch insoweit wurden in den meisten westlichen Ländern im vergangenen Jahrzehnt große Anstrengungen unternommen. Beispielsweise wurde in der Bundesrepublik in Berlin 2004 ein neues »Gemeinsames Terrorabwehrzentrum« mit insgesamt 180 Mitarbeitern eröffnet, in dessen zwei Hauptabteilungen sowohl die Arbeit der Polizei als auch die Erkenntnisse der Nachrichtendienste aufbereitet und koordiniert werden. An sich, so möchte man meinen, verstehe es sich von selbst, dass sämtliche mit der Terrorismusabwehr befassten Abteilungen und Zweige innerhalb der Staatsbürokratie zusammenarbeiten, doch die Praxis sieht häufig anders aus. Die für sämtliche Behörden kennzeichnende Tendenz zur Selbsterhaltung und der Ausdehnung ihres Zuständigkeitsbereichs steht ihrer Kooperationswilligkeit im Wege. Wo neben der Polizei und den Geheimdiensten auch das Militär für die Bekämpfung des Terrorismus zuständig ist (hier wären unter anderem die USA, Israel, die Türkei und zahlreiche südamerikanische Staaten zu nennen), sind Rivalitäten und Missverständnisse sozusagen vorprogrammiert, weil dem Vorgehen beider Institutionen eine unterschiedliche Sicherheitslogik zugrunde liegt. Doch auch zwischen benachbarten Sicherheitszweigen oder verschiedenen Abteilungen ein und desselben Sicherheitsdienstes sind Kompetenzrangeleien nicht unüblich. Mit denselben Problemen befasste Ämter arbeiten oft nebeneinander, wenn nicht gegeneinander, und machen die Weitergabe wichtiger Informationen von entsprechenden Gegenleistungen abhängig. Dasselbe gilt oder galt lange Zeit für die transnationale Kooperation der Sicherheitsbehörden verschiedener Länder.

Wie wichtig es ist, Reibungsverluste und operationale Fehler, die sich aus der mangelnden Bereitschaft verschiedener Sicherheitsbehörden zur Zusammenarbeit ergeben, auszuräumen, wird deutlich, wenn man einige Fälle gelungener Kooperation betrachtet. So war nach einem langen vergeblichen Kampf der peruanischen Sicherheitskräfte gegen den »Leuchtenden Pfad« für deren letztendlich erzielten Erfolg entscheidend, dass das Land in Sicherheitszonen eingeteilt wurde, die jeweils einem einheitlichen militärischen Kommando unterstanden. Israel kann sich der Angriffe der palästinensischen Hamas und Hisbollahs aus dem Libanon nur deswegen erwehren, weil es innerhalb des Nationalen Sicherheitsrates eine spezielle Abteilung gebildet hat, die für die Koordination sämtlicher Abwehrmaßnahmen zuständig ist. Was die Notwendigkeit und Fruchtbarkeit transnationaler Kooperation betrifft, so bietet sich der Fall der spanischen ETA als Beispiel an: Die spanische Polizei konnte der baskischen Gewaltorganisation erst von jenem Augenblick an ernsthaft zusetzen, als Frankreichs Regierung flüchtigen Etarras nicht mehr ein informelles Aufenthaltsrecht in Südfrankreich einräumte, sondern die französischen Sicherheitsbehörden bei deren Verfolgung eng mit der spanischen Polizei zusammenarbeiteten. Ähnlich geriet die nordirische IRA in Bedrängnis, als Südirland die Solidarität mit den radikalen Nachbarn aufkündigte und sich im Kampf gegen die Rebellen auf die Seite des britischen Staats stellte. Die Beispiele ließen sich fortsetzen.

Bislang lag der Hauptakzent der Überlegungen auf der »Stick«-Komponente im operationalen Bereich, den Unterdrückungs- und Verfolgungsmaßnahmen, daneben können aber auch positive »Carrot«-Elemente zum Zuge kommen. Nur zwei seien kurz erwähnt. Das erste ist eine großzügige Handhabung der Amnestiepraxis gegenüber Terroristen. Vorreiter in dieser Hinsicht war Italien, das nach der Ermordung Aldo Moros, als die Bewegung »Rote Brigaden« im Abstieg begriffen war, mit der sogenannten Pentiti-Gesetzgebung (wörtlich: Gesetze für die Reumütigen) günstige Ausstiegsbedingungen für jene schuf, die sich von der Gewaltorganisation lossagten. Die Häufigkeit, mit der dieses Angebot wahrgenommen wurde, ermunterte andere Länder, vor allem Spanien, ebenfalls nach rechtlichen Wegen zu suchen, um jenen eine Brücke zu bauen, die sich aus dem bewaffneten Kampf zurückziehen und ein normales Leben führen wollen. Dabei kann es sich sowohl um noch in Freiheit befindliche als auch um inhaftierte Terroristen handeln. Was Letztere betrifft – und das wäre der zweite »positive« Ansatz –, so wird inzwischen vermehrt über Entradikalisierungsprogramme in Gefängnissen nachgedacht. Ausgangspunkt waren alarmierende Nachrichten aus westlichen Haftanstalten, charismatische Islamisten nützten die speziellen Bedingungen des Gefängnisses – soziale Isolierung, relative Schutzlosigkeit des Gefangenen etc. – aus, um gewöhnliche Kriminelle für ihre radikalen Ideen zu gewinnen und zu fanatischen Glaubenskämpfern umzuformen. Warum, so fragte man sich, sollte Bekehrung nicht auch im entgegengesetzten Sinne möglich sein, Militanz in Friedfertigkeit und Integrationsbereitschaft umgewandelt werden können. Vor allem aus Saudi-Arabien, das sich Entradikalisierungsprogramme und die anschließenden sozialen Reintegrationsmaßnahmen für eingesperrte Dschihadisten einiges kosten ließ, wird von beträchtlichen Erfolgen dieser Initiativen berichtet.

Eine wichtige Rolle spielt dabei der Zeitfaktor. Staaten reagieren auf terroristische Angriffe anfangs oft übertrieben und in ungeschickter Weise. Sie lassen sich in die Provokationsfalle der Terroristen locken und setzen ein allzu großes Vertrauen in reine Unterdrückungsmaßnahmen. Wie Robert Art und Louise Richardson in einem Resümee von 13 Länderstudien betonen, sind Staaten, vor allem demokratische Rechtsstaaten, in ihrem Umgang mit der terroristischen Bedrohung jedoch lernfähig. Je länger der Konflikt anhält, desto besser gelingt es ihnen, gravierende Fehler zu vermeiden, und umso effektiver werden die Gegenmaßnahmen. Darin spiegelt sich nicht zuletzt ein besseres Verständnis für die strukturelle Seite des Terrorismus, die eine strukturelle Antwort erfordert.

Strukturelle Maßnahmen

Aus struktureller Sicht lautet eine zunächst trivial klingende, gleichwohl zentrale Maxime, dass Staaten und die internationale Staatengemeinschaft in ihrem Kurs gegenüber terroristischen Organisationen klar, konsistent und glaubhaft sein müssen. Gegen das Klarheits- und Konsistenzgebot wurde in der Vergangenheit häufig im Umgang mit Gruppen verstoßen, die auf nationaler Ebene operierten. So galten die Linksterroristen in Deutschland und Italien in den 1970er und 1980er Jahren, ungeachtet ihrer offiziellen Verurteilung und Verfolgung, gleichzeitig für einen Teil der öffentlichen Meinung gewissermaßen als verirrte Schafe, denen man ihre idealistische Gesinnung zugutehalten und die man auf dem Weg des Dialogs von ihren mörderischen Plänen abbringen müsse. Ein gutes Beispiel für ein inkonsistentes Vorgehen bietet die Haltung der spanischen Parteien gegenüber der baskischen ETA in den 1990er Jahren. Hatten sich sämtliche Parteien mit Ausnahme des politischen Sprachrohrs von ETA, Herri Batasuna, darauf geeinigt, dem Terrorismus geschlossen entgegenzutreten und kein politisches Kapital aus ihm zu schlagen, so scherte nun die bürgerliche baskische Partei, der Partido Nacionalista Vasco (PNV), zunehmend aus diesem Konsens aus und fand entschuldigende Worte für die Etarras, um ihre radikal nationalistischen Wähler nicht zu verprellen. Solch zweideutige Strategien beeinträchtigen die Klarheit der Missbilligungs- und Sanktionsbotschaft des Staates an die Terroristen, denen sich dadurch möglicherweise die Chance eröffnet, durch gezielte Anschläge zu ausgesuchten Zeitpunkten das politische Kräftespiel zu beeinflussen.

Im Falle des islamistischen Terrorismus und generell militanter Widerstandsbewegungen in weniger entwickelten Ländern gegen die Dominanz des Westens geht es hingegen weniger um den Mangel an Eindeutigkeit und Klarheit des von westlicher Seite vertretenen Staatsmodells und rechtlichen Standpunkts. Das Problem besteht eher darin, dass der Westen sich oft selbst nicht an die von ihm proklamierten Leitwerte hält, das heißt, dass er nicht glaubwürdig ist. Gegen Demokratie, Rechtsstaatlichkeit und Grundrechtsschutz dürfte auch von Seiten der reaktionärsten islamistischen Gruppen und Zirkel prinzipiell wenig einzuwenden sein. Was aber dem Westen, vor allem den USA, enorm schadet und den Vorwurf der Heuchelei nährt, ist, das sie ihre Prinzipien nur allzu rasch beiseiteschieben, wenn ihre wirtschaftlichen und politischen Interessen auf dem Spiel stehen: dass sie aus machtpolitischen Erwägungen heraus jederzeit dazu bereit sind, mit Diktaturen Bündnisse zu schließen, und hinter ihrem quasi messianischen Diskurs, es gelte in der ganzen Welt demokratische Verhältnisse herzustellen, häufig nur allzu deutlich das dringende Bestreben durchscheint, der eigenen Wirtschaft lukrative neue Absatzmärkte oder Rohstofffelder zu erschließen.

Mit dieser inkonsequenten Haltung riskiert der Westen, das oft beschworene Ringen um die *hearts and minds*, das heißt um die Sympathie der von den Terroristen umworbenen Bevölkerungsgruppen, zu verlieren. Hinter den Gewaltanschlägen stehen regelmäßig bestimmte Leitbilder und Ideale, für welche die Gewaltprotagonisten einstehen und von deren überlegener Wertigkeit sie die Öffentlichkeit zu überzeugen suchen. Die westliche Staatengemeinschaft kann diesen Kampf der Ideen nur gewinnen, wenn sie ihren eigenen Grundwerten und Prinzipien treu bleibt. Hier liegt auch die eigentliche Problematik der oben angedeuteten allmählichen Transformation des demokratischen Rechtsstaats in einen präventiven Sicherheitsstaat, wenn etwa traditionelle Rechtsprinzipien wie in *dubio pro reo*, im Zweifel für den Angeklagten, bei Angeklagten, die nicht der eigenen Nation angehören, über Bord geworfen werden und generell eine Aushöhlung der individuellen Grund- und Freiheitsrechte erfolgt. Wie kann der Westen, der wegen einer angeblichen Notstandssituation die von ihm hervorgebrachten und hochgehaltenen Leitwerte verrät, hoffen, die Bürger anderer, noch nicht gefestigter Staaten von deren Überlegenheit zu überzeugen?

Auf der politischen Ebene lautet eine oft zu hörende strukturelle Empfehlung, der angegriffene Staat solle versuchen, den gemäßigten, reformbereiten Teil der rebellischen Bevölkerungsgruppe auf seine Seite zu ziehen, um auf diese Weise die Radikalen in die Isolierung zu treiben. Dahinter steht die Vorstellung, dass es sich für den Staat in jedem Fall entlastend auswirkt, wenn sich der Konflikt, zumindest teilweise, in die betreffende ethnische oder religiöse Minderheit selbst hineinverschiebt. In der Praxis stößt diese Strategie aber oft auf erhebliche Schwierigkeiten. Denn nicht selten genießt die bewaffnete Avantgarde beim Gros der Minderheit beträchtliche Sympathie, selbst wenn diese nicht in einer offenen Unterstützung zum Ausdruck kommt. Auch wenn die Mehrheit nicht mit den radikalen Parolen und Plänen einer militanten Minderheit einverstanden ist, scheut sie doch in aller Regel davor zurück, offen gegen diese Stellung zu beziehen; fürchtet sie doch den Vorwurf, ihr in den Rücken zu fallen. Mit einer solchen Reaktion ist allenfalls dann zu rechnen, wenn die auf Gewaltanschläge folgenden staatlichen Maßnahmen sich so nachteilig auf die betreffende Bevölkerungsgruppe insgesamt auswirken, dass eine allgemeine Absetzbewegung von den Terroristen einsetzt. Doch selbst wenn traditionelle Unterstützerkreise diesen den Rücken kehren, ist nicht gesagt, dass es dem Gewaltkern nicht gelingt, ein neues Sympathisantenfeld aufzubauen.

Ein genereller, oft zu hörender Ratschlag lautet, um den Terroristen den Wind aus den Segeln zu nehmen, sollte nach Möglichkeit der den Anschlägen zugrunde liegende Konflikt, sei er sozialer, ethnischer oder religiöser Natur, angegangen und gelöst werden. Folgt daraus, dass es sinnvoll ist, mit Terroristen zu verhandeln, um einen politischen Ausweg aus der angespannten Situation zu suchen? Wie bereits angemerkt, tut sich im Westen, wo der Staat die ungeteilte Souveränität beansprucht, jede Regierung schwer, mit bewaffneten Rebellen in förmliche Verhandlungen einzutreten (dass informell und sozusagen unter der Hand so gut wie alle westlichen Regierungen wegen Einzelfragen, etwa der Zahlung eines Lösegeldes für die Freilassung von Geiseln oder der Vereinbarung von Warnsignalen vor Begehung eines Anschlags, mit Terroristen in Kontakt getreten sind, steht auf einem anderen Blatt). Doch auch unabhängig von diesen grundsätzlichen Bedenken sind zwei Voraussetzungen zu berücksichtigen. Die erste und wichtigere ist, dass es sich nicht nur um eine isolierte Splittergruppe mit einer imaginierten Anhängerschaft handelt, sondern die Terroristen mit einiger Plausibilität geltend machen können, größere Bevölkerungsgruppen zu vertreten, etwa Teile ethnischer oder religiöser Minderheiten oder von der Regierungspolitik vernachlässigter Bevölkerungsschichten. Zweitens fällt es jeder Regierung schwer, direkte Gespräche mit einer Gewaltorganisation anzuknüpfen. Der gegenseitige Annäherungsprozess wird wesentlich erleichtert, wenn die Rebellenbewegung neben ihrem bewaffneten Arm auch eine Partei hervorgebracht hat, die ihr Anliegen auf der politischen Ebene vertritt, wie dies durch Sinn Fein in Nordirland geschehen ist. Im Übrigen lassen sich Konfliktkonstellationen, die den Hintergrund terroristischer Anschläge bilden, nicht nur durch Verhandlungslösungen entschärfen. Einseitig von der Regierung eingeleitete Reformprogramme und strukturelle Verbesserungsmaßnahmen zugunsten der in Frage stehenden Bevölkerungsgruppen und -schichten können eine ähnliche Wirkung haben.

Abschließend seien zwei Politikfelder erwähnt, die für die Bekämpfung des Terrorismus irrelevant sind oder in denen Maßnahmen sich sogar als kontraproduktiv auswirken können. Als weitgehend irrelevant ist der gesamte Bereich der Entwicklungspolitik und -hilfe einzustufen. Nach dem 11. September 2001 wurden vielerorts Überlegungen über die tieferen strukturellen Ursachen des Terrorismus angestellt. Man glaubte, sie in der verbreiteten Armut und sozialen Ungerechtigkeit in großen Teilen der Welt sowie dem Mangel an Erziehung und Bildungsmöglichkeiten gefunden zu haben. Alle diese Annahmen halten einer genaueren Betrachtung nicht stand. Wie mehrfach herausgestellt wurde, sind es nicht die Ärmsten der Armen, die sich zu terroristischen Gruppen zusammenschließen, sondern überwiegend überdurchschnittlich gebildete junge Mittelschichtangehörige. Ihr Entschluss gehorcht weniger strukturellen Pushfaktoren, sondern geht meist darauf zurück, dass ihnen die personellen und sonstigen Ressourcen fehlen, um eine aufwendigere Strategie, etwa eine Volkserhebung oder einen

Guerillakrieg, zu verfolgen. Generell sind terroristische Gruppen weniger in Situationen extremer Unterentwicklung und sozialer Marginalisierung verbreitet als in Gesellschaften »im Übergang«, deren Entwicklung durch große strukturelle Verwerfungen und Ungleichzeitigkeiten gekennzeichnet ist. Sie bringen jenen Typus des innerlich zerrissenen Mittelschichtangehörigen beziehungsweise Intellektuellen hervor, der einerseits von den nicht eingelösten Versprechungen der Moderne enttäuscht ist, sich andererseits aber nicht mehr in ein traditionelles soziales Milieu hineinfinden kann und seiner Unzufriedenheit durch extremistische Optionen Luft macht. Mit Armut und Unterentwicklung hat das nichts zu tun.

Geradezu zu warnen ist vor künftigen militärischen und sonstigen Interventionen des Westens in Drittländern, um den transnationalen Terrorismus zu bekämpfen und die politische Lage vor Ort stabiler zu gestalten. Die Erfahrungen, welche die Bundesrepublik jüngst in Afghanistan gemacht hat, zeigen nur allzu deutlich, dass die eingreifende Truppe über kurz oder lang als Besatzungsmacht wahrgenommen wird. Diese Gefahr besteht vor allem in all den Fällen, in denen die Intervention nicht auf einem expliziten Mandat der UNO beruht. Es wurde wiederholt darauf hingewiesen, dass der Unterschied zwischen »Befreiungstruppen« und »Besatzungstruppen« in den Augen der Bevölkerung ein sehr geringfügiger ist und kaum eine politische Konstellation geeigneter ist, Guerilleros und Terroristen zu erzeugen, als die militärische Invasion eines Landes oder die Herrschaft eines Regimes, das sich als Marionette externer Mächte denunzieren lässt. Das Erbe des Kolonialismus und der antikolonialen Befreiungskriege wirkt hier nach. Israels Dauerauseinandersetzung mit den Palästinensern, der sowjetische Einfall in Afghanistan in den 1980er Jahren und der Irak-Feldzug seien als abschreckende Beispiele genannt.

Literaturhinweise zu den einzelnen Kapiteln

Kapitel 1

Backes, Uwe: »Auf der Suche nach einer international konsensfähigen Terrorismusdefinition«, in: *Jahrbuch öffentliche Sicherheit* 2002/2003, S. 153–165.

Baeyer-Katte, Wanda von: Artikel »Terror«, in: *Sowjetsystem und Demokratische Gesellschaft. Eine vergleichende Enzyklopädie*, Freiburg u. a. (1980), S. 342–359.

Bjørgo, Tore (Hrsg.): *Root Causes of Terrorism. Myths, Reality and Ways Forward,* London/New York 2005.

Crenshaw, Martha: *Explaining Terrorism. Causes, Processes and Consequences*, Routledge 2011.

Crenshaw, Martha (Hrsg.): *Terrorism in Context*, Pennsylvania 1995.

Della Porta, Donatella: *Social movements, political violence, and the State. A comparative analysis of Italy and Germany*, Cambridge/USA 1995.

Hoffman, Bruce: »Rethinking Terrorism and Counterterrorism since 9/11«, in: *Studies in Conflict and Terrorism*, No. 25, 2002, S. 303–316.

Hoffman, Bruce: *Terrorismus – der unerklärte Krieg*, Frankfurt/Main 1999.

Kemmesies, Uwe W. (Hrsg.): *Terrorismus und Extremismus. Der Zukunft auf der Spur*, München 2006.

Malthaner, Stefan: »Terroristische Bewegungen und ihre Bezugsgruppen. Anvisierte Sympathisanten und tatsächliche Unterstützer«, in: Peter Waldmann (Hrsg.): *Determinanten des Terrorismus*, Weilerswist 2005, S. 85–137.

Münkler, Herfried: *Die neuen Kriege*, Hamburg 2002.

Münkler, Herfried: »Guerillakrieg und Terrorismus«, in: *Neue Politische Literatur*, XXV. Jg. (1980), H. 3, S. 299–326.

Pedahzur, Ami/Eubank, William/Weinberg, Leonard: »The War on Terrorism and the Decline of Terrorist Group Formation: A Research

Note«, in: *Terrorism and Political Violence,* Vol. 14 (2002), No. 3, S. 141–147.

Rapoport, David: »The Politics of Atrocity«, in: Y. Alexander u. a. (Hrsg.): *Terrorism-Interdisciplinary Perspectives*, John Jay 1977, S. 46–61.

Richardson, Louise: *Was Terroristen wollen. Die Ursachen der Gewalt und wie wir sie bekämpfen können*, Frankfurt/New York 2007.

Sageman, Marc: *Leaderless Jihad. Terror Networks in the Twenty-First Century*, Philadelphia 2008.

Sánchez Ferlosio, Rafael: »Notas sobre el terrorismo«, in: F. Reinares (Hrsg.): *Terrorismo y Sociedad Democrática*, Madrid 1982, S. 79–94, hier S. 81/82.

Schmid, Alex P. u. a.: *Political Terrorism. A new guide to actors, authors, concepts, data bases, theories and literatures*, Amsterdam/Oxford u. a. 1988.

Stepanowa, Ekaterina: *Terrorism in Aysmmetrical Conflict. Ideological and Structural Aspects*, Oxford 2008.

Tucker, David: »What is New about the New Terrorism and how dangerous is it?«, in: *Terrorism and Political Violence*, Vol. 13 (2001), S. 1–14.

Waldmann, Peter (Hrsg.): *Determinanten des Terrorismus*, Weilerswist 2005.

Waldmann, Peter: »Terrorismus und Guerilla – Ein Vergleich organisierter antistaatlicher Gewalt in Europa und Lateinamerika«, in: *Jahrbuch Extremismus & Demokratie*, 5. Jg. (1993), S. 69–103.

Wördemann, Franz: »Mobilität, Technik und Kommunikation als Strukturelemente des Terrorismus«, in: M. Funke (Hrsg.): *Terrorismus*, Bonn 1977, S.141–15.

Kapitel 2

Crenshaw, Martha: »Thoughts on Relating Terrorism to Historical Contexts«, in: dies. (Hrsg.): *Terrorism in Context*, Pennsylvania 1995, S. 3–24.

Fetscher, Irving/Rohrmoser, Günter: *Analysen zum Terrorismus, 1. Ideologien und Strategien*, Opladen 1981.

Freedman, Lawrence: »Terrorism and Strategy«, in: ders. u. a.: *Terrorism and International Order*, London/NewYork 1986, S. 56–76.

Fromkin, David: »Die Strategie des Terrorismus«, in: M. Funke (Hrsg.): *Terrorismus. Untersuchungen zur Strategie und Struktur revolutionärer Gewaltpolitik*, Bonn 1977, S. 83–99.

Hoffman, Bruce: »Why Terrorists Don't Claim Credit« (mit Kommentaren von D. A. Pluchinsky und D. Rapoport), in: *Terrorism and Political Violence*, Vol. 9 (1997), No. 1, S. 1–19.
Iviansky, Ze'ev: »Individual Terror: Concept and Typology«, in: *Journal of Contemporary History*, No. 12 (1977), S. 43–63.
Münkler, Herfried: »Wie werden die Kriege des 21. Jahrhunderts aussehen?«, in: *Humboldt-Spektrum* 4/2002, S. 36–40.
Münkler, Herfried: »Guerillakrieg und Terrorismus«, in: *Neue Politische Literatur*, XXV. Jg. (1980), H. 3, S. 299–326.
Paris, Rainer: »Der kurze Atem der Provokation«, in: *Kölner Zeitschrift für Soziologie und Sozialpsychologie*, Jg. 41 (1989), S. 33–52.
Reinares, Fernando: *Terrorismo y antiterrorismo*, Barcelona 1998.
Walter, Eugene Victor: *Terror and Resistance. A Study of Political Violence, New York* 1969.

Kapitel 3

Bakunin, Michael: *Soziopolitischer Briefwechsel*, Berlin 1977, S. 476–481.
Donoso Cortés, Juan: *Briefe, Parlamentarische Reden und Diplomatische Berichte aus den letzten Jahren seines Lebens* (1849–53), Köln 1950, insbes. S. 179 ff.
Feierabend, Ivo K./Feierabend, Rosalind L./Gurr, Robert T. (Hrsg.): *Anger, Violence and Politics. Theories and Research*, Englewood Cliff 1972.
Ford, Franklin L.: *Political Murder. From Tyrannicide to Terrorism*, Cambridge u. a. 1985.
Kappeler, Andreas: »Zur Charakteristik russischer Terroristen (1878–1887)«, in: *Jahrbücher für Geschichte Osteuropas*, Jg. 27 (1979), Heft 4, S. 520–547.
Kropotkin, Peter: *Worte eines Rebellen*, Aufsatzsammlung, Bd. I, Frankfurt/Main 1978.
Miller, Martin A.: »The intellectual Origins of Modern Terrorism in Europe«, in: M. Crenshaw (Hrsg.): *Terrorism in Context*, Pennsylvania 1995, S. 27–62.
Laqueur, Walter/Alexander Y. (Hrsg.): *The Terrorism Reader*, New York 1987.
Laqueur, Walter: *Terrorismus. Die globale Herausforderung*, Frankfurt/Berlin 1987.
Pomper, Philip: »Russian Revolutionary Terrorism«, in: M. Crenshaw (Hrsg.): *Terrorism in Context*, Pennsylvania 1995, S. 63–101.

Rapoport, David C.: »Fear and Trembling. Terrorism in three Religious Traditions«, in: *The American Political Science Review*, Vol. 78 (1984), No. 3, S. 658–677.
Rubinstein, Richard E.: *Alchimists of Revolution. Terrorism in the Modern World*, New York 1987.

Kapitel 4

Domínguez Iribarren, Florencio: *ETA: Estrategia Organizativa y Actuaciones 1978–1992*, Zarautz 1998.
Gurr, Nadine/Cole, Benjamin: *The New Face of Terrorism. Threats from Weapons of Mass Destruction*, London/New York 2000.
Hoffman, Bruce: »Terrorism by Weapons of Mass Destruction: A Reassessment of the Threat«, in: *Vierteljahresschrift für Sicherheit und Frieden*, Jg. 18 (2000), Heft 2, S. 125–130.
Lesser, Jan u. a.: »Countering the New Terrorism«, *RAND report* 1999.
Mayntz, Renate: »Organizational Forms of Terrorism. Hierarchy, Network, or a Type sui generis?«, Max-Planck-Institut für Gesellschaftsforschung, MPIf6 Discussion Paper 04/4, Köln 2004.
Neuneck, Götz: »Terrorismus und Massenvernichtungswaffen: Eine neue Symbiose?«, in: H. Frank/K. Hirschmann (Hrsg.): *Die weltweite Gefahr. Terrorismus als internationale Herausforderung*, Berlin 2002, S. 169–224.
Radtke, Katrin: *Mobilisierung der Diaspora: Die moralische Ökonomie der Bürgerkriege in Sri Lanka und Eritrea*, Frankfurt/New York 2009.
Ronfeldt, David/Arquilla, John: »Networks, Netwars, and the Fight for the Future«, in: *First Monday*, Vol. 6, No. 10, Oktober 2001.
Sageman, Marc: *Understanding Terror Networks*, Pennsylvania 1994.
Schwartz, Yaron/Falk, Ophir: »Chemical Biological Radiological Nuclear terrorism. Assessing the Threat«, in: www.ict.org.il/articles/articledct.cfm?articleid=487, May 15, 2003.
Spyer, Jonathan: »The Al-Qaida Network and Weapons of Mass Destruction«, in: *Middle East Review of International Affairs (MERIA)*, Vol. 8, No. 3 (Sept. 2004), S. 29–45.
Tucker, David: »What is New about the New Terrorism and how dangerous is it?«, in: *Terrorism and Political Violence*, Vol. 13 (2001), No. 3, S. 1–14.
Wilkinson, Paul (Hrsg.): *Technology and Terrorism*, London 1993.

Kapitel 5

Bredekamp, Horst: »Wir sind befreundete Komplizen. Triumphgesten, Ermächtigungsstrategien und Körperpolitik: Der Kunsthistoriker Bredekamp über Bilder der Folter und Exekution in Iran«, in: *Süddeutsche Zeitung*, Juni 2004.

Crelinston, Ronald: »Power and Meaning: Terrorism as a Struggle over Access to the Communication Structure«, in: P. Wilkinson/A. M. Stewart (Hrsg.): *Contemporary Research on Terrorism*, Aberdeen 1987, S. 419–450.

Hitzler, Ronald/Reichertz, Jo (Hrsg.): *Irritierte Ordnung. Die gesellschaftliche Verarbeitung von Terror*, Konstanz 2003.

Hoffman, Bruce: *Terrorismus – der unerklärte Krieg*, Frankfurt/Main 1999, insbes. Kap. 5.

Paletz, David L./Schmid, Alex P. (Hrsg.): *Terrorism and the Media*, Newburry Park/London 1992.

Picard, Robert G.: *Media Portrayals of Terrorism. Functions and Meaning of News Coverage*, Jowa 1993.

Sageman, Marc: *Leaderless Jihad. Terror Networks in the Twenty-First Century*, Philadelphia 2008.

Schmid Alex P./Graaf, Janny de: *Violence as Communication. Insurgent Terrorism and the Western News Media*, London/Beverly Hills 1982.

United States Institute of Peace: *How Modern Terrorism uses the Internet, Special Report*, Washington 2004.

Wördemann, Franz: »Mobilität, Technik und Kommunikation als Strukturelemente des Terrorismus«, in: M. Funke (Hrsg.): *Terrorismus*, Bonn 1977, S. 141–157.

Kapitel 6

Aust, Stefan: *Der Baader-Meinhof-Komplex*, Hamburg 1985.

Backes, Uwe: *Bleierne Jahre. Baader-Meinhof und danach*, Erlangen 1991.

Bjørgo, Tore (Hrsg.): *Terror from the Extreme Right*, London 1995.

Bundesminister des Innern (Hrsg.): *Analysen zum Terrorismus* (5 Bde.), Opladen 1982.

Clark, Robert P.: *The Basque Insurgents. ETA, 1952–1980*, Madison 1984.

Diewald-Kerkmann, Gisela: *Frauen, Terrorismus und Justiz. Prozesse gegen weibliche Mitglieder der RAF und der Bewegung 2. Juni*, Düsseldorf 2009.

Langguth, Gerd: *Protestbewegungen. Entwicklung – Niedergang – Renaissance. Die neue Linke seit 1968*, Köln 1983.

Maxwell Brown, Richard: *Strain of Violence. Historical Studies of American Violence and Vigilantism*, New York 1975.

Pfahl-Traughber, Armin: »Die Entwicklung des Rechtsextremismus in Ost- und Westdeutschland«, in: *Aus Politik und Zeitgeschichte*, B 39/2000, S. 4–14.

Radtke, Karin: *Mobilisierung der Diaspora: Die moralische Ökonomie der Bürgerkriege in Sri Lanka und Eritrea*, Frankfurt/New York 2009.

Reinares, Fernando: *Patriotas de la muerte. Quienes han militado en ETA y porqué*, Madrid 2011.

Rosenbaum, H. Jon/Sederberg, Peter C. (Hrsg.): *Vigilante Politics*, Pennsylvania 1976.

Scheerer, Sebastian: »Deutschland: Die ausgebürgerte Linke«, in: H. Hess u. a.: *Angriff auf das Herz des Staates. Soziale Entwicklung und Terrorismus*, Bd. 1, Frankfurt/Main 1988, S. 193–429.

Sprinzak, Ehud: »Right-wing Terrorism in a Comparative Perspective: The case of Split Delegitimization«, in: *Terrorism and Political Violence*, 7. Vol. (1995), Issue 1, S. 17–43.

Tobler, Hans-Werner/Waldmann, Peter (Hrsg.): *Staatliche und parastaatliche Gewalt in Lateinamerika*, Frankfurt/Main 1991.

Waldmann, Peter: »Ethnic and Sociorevolutionary Terrorism: A Comparison of Structures«, in: D. della Porta (Hrsg.): *Social Movements and Violence. Participation in Underground Organization*, Vol. 4 der Serie *International Social Movement Research*, Greenwich/London 1992, S. 237–258.

Waldmann, Peter: *Ethnischer Radikalismus. Ursachen und Folgen gewaltsamer Minderheitenkonflikte*, Opladen 1989.

Weinhauer, Klaus/Requate, Jörg/Haupt, Heinz-Gerhard (Hrsg.): *Terrorismus in der Bundesrepublik. Medien, Staat und Subkulturen in den 1970er Jahren*, Frankfurt/New York 2006.

Willems, Helmut u. a.: »Fremdenfeindliche Gewalt: Eine Analyse von Täterstrukturen und Eskalationsprozessen«, Forschungsbericht für die DFG, Juni 1993.

Kapitel 7

Appleby, R. Scott: *The ambivalence of the Sacred. Religion, Violence, and Reconciliation*, Lanham u. a. 2000.

Dekmejian, R. Hrair: *Islam in Revolution. Fundamentalisms in the Arab World*, Syracuse/New York 1995.

Esposito, John L.: *The Islamic Threat. Myth or Reality?*, New York/Oxford 1999.

Girard, René: *La violence et le sacré*, Paris 1972.

Gunaratna, Rohan: *Inside Al-Qaida. Global Network of Terror*, London 2003.

Hoffman, Bruce: »›Holy Terror‹: The Implications of Terrorism motivated by a religious imperative«, in: *Studies in Conflict and Terrorism*, Vol. 18 (1995), S. 271–284.

Hunter, Shireen T. (Hrsg.): *Islam, Europe's Second Religion: The New Social, Cultural, and Political Landscape*, Westport 2002.

Juergensmeyer, Mark: *Terror in the Mind of God. The Global Rise of Religious Violence*, Berkeley 2000.

Krämer, Gudrun: *Geschichte Palästinas*, München 2002.

Krämer, Gudrun: »›Der Islam ist Religion und Staat‹: Zum Verhältnis von Religion, Recht und Politik im Islam«, in: W. Schluchter (Hrsg.): *Fundamentalismus, Terrorismus, Krieg*, Weilerswist 2003, S. 45–60.

Kippenberg, Hans G.: *Gewalt als Gottesdienst. Religionskriege im Zeitalter der Globalisierung*, München 2008.

LaPiere, Richard T: »Attitudes vs. Actions«, in: *Social Forces*, Vol. 13 (Oct. 1934), No. 1, S. 231–237.

Larzillière, Penelope: »Palästinensische ›Märtyrer‹: eine vergleichende Analyse über Selbstmordattentäter«, in: *Journal für Konflikt- und Gewaltforschung*, 2/2003, S. 121–142.

Malthaner, Stefan: *Mobilizing the Faithful. Militant Islamist Groups and their Constituencies*, Frankfurt/New York 2011.

Mishal, Shaul/Sela, Abraham: *The Palestinian Hamas. Vision, Violence and Coexistence*, New York 2000.

New York City Police Department: *Radicalization in the West. The Homegrown Threat*, New York 2007.

Paz, Reuven: »Middle East Islamism in the European Arena«, in: *Middle East Review of International Affairs (MERIA)*, Vol. 6, No. 3 (Sept. 2002), S. 67–76.

Oberdorfer, Bernd/Waldmann, Peter (Hrsg.): *Die Ambivalenz des Religiösen: Religionen als Friedensstifter und Gewalterzeuger*, Freiburg 2008.

Ranstorp, Magnus: *Understanding Violent Radicalisation: Terrorist and Jihadist Movements in Europe*, London/New York 2010.

Ranstorp, Magnus: »Terrorism in the Name of Religion«, in: *Journal of International Affairs*, Vol. 50 (Summer 1996); No. 1, S. 41–62.

Rapoport, David C.: »Comparing Militant Fundamentalist Movement and Groups«, in: M. E. Appleby (Hrsg.): *The Fundamentalism Project: Fundamentalism and the State*, Chicago 1993, S. 429–461.

Rapoport, David C.: »Fear and Trembling: Terrorism in three religious Traditions«, in: *American Political Science Review*, Vol. 78 (Sept. 1984), No. 3, S. 658– 677.

Roy, Olivier: *Globalised Islam. The Search for a New Ummah*, London 2004.

Scheffler, Thomas: »Apocalypticism, Innerworldly Eschatology, and Islamic Extremism«, in: *Orientwissenschaftliche Hefte*, 10/2003, S. 43–80.

Schiffauer, Werner: *Parallelgesellschaften: Wie viel Wertekonsens braucht unsere Gesellschaft? Für eine kluge Politik der Differenz*, Bielefeld 2008.

Schiffauer, Werner: »Vom Exil- zum Disapora-Islam. Muslimische Identitäten in Europa«, in: *Soziale Welt*, Bd. 55 (2004), S. 347–368.

Schiffauer, Werner: »Religion und Identität. Eine Fallstudie zum Problem der Reislamisierung bei Arbeitsmigranten«, in: *Schweizerische Zeitschrift für Soziologie* 2 (1984), S. 485–516.

Thomas, Dominique: *Le Londonistan. Le Djihad au Cœur de l'Europe*, Paris 2005.

Waldmann, Peter: *Radikalisierung in der Diaspora: Wie Islamisten im Westen zu Terroristen werden*, Hamburg 2009.

Waldmann, Peter: »Islamistischer Terrorismus. Ideologie, Organisation, Unterstützungspotential«, in: *Kriminalistik*, 58. Jg., 12/2004, S. 740–745.

Exkurs

Bergen, Peter L.: *Heiliger Krieg Inc. – Osama bin Ladens Terrornetz*, Berlin 2001.

Gunaratna, Rohan: *Inside Al-Qaida. Global Network of Terror*, London 2003.

Kepel, Gilles/Milelli, Jean-Pierre (Hrsg.): *Al-Qaida. Texte des Terrors*, München 2007.

Kermani, Navid: »Sprich leise und mach die Poesie zu deiner Waffe. Wie Osama bin Laden den Propagandakrieg führt – und zu gewinnen droht … «, in: *Süddeutsche Zeitung*, 11.10.2001, S. 17.

Kippenberg, Hans G./Seidensticker, Tilman: *The 9/11 Handbook. Annotated Translation and Interpretation of the Attacker's Spiritual Manual*, London 2006.

Sageman, Marc: *Leaderless Jihad. Terror Networks in the Twenty-First Century*, Philadelphia 2008.

Sageman, Marc: *Understanding Terror Networks*, Pennsylvania 2004.

Schneckener, Ulrich: *Transnationaler Terrorismus*, Frankfurt/Main 2006.
»The Al-Qaida Manual«. Das Handbuch, das dem Verfasser nur als Fotokopie vorliegt, wurde von der Manchester Metropolitan Police (England) bei einer Durchsuchung der Wohnung eines (ehemaligen) Al-Qaida-Mitglieds gefunden.
Wright, Lawrence: *Der Tod wird Euch finden. Al Qaida und der Weg zum 11. September*, München 2007.

Kapitel 8

Baeyer-Katte, Wanda von/Claessens, Dieter u. a.: *Gruppenprozesse. Analysen zum Terrorismus*, Bd. 3, Opladen 1982.
Crenshaw, Martha: *Revolutionary Terrorism. The FLN in Algeria 1954–1962*, Stanford/California 1978.
Creveld, Martin van: *Die Zukunft des Krieges*, Hamburg 2004.
Della Porta, Donatella: *Social movements, political violence and the State. A comparative analysis of Italy and Germany*, Cambridge/USA 1995.
Della Porta, Donatella (Hrsg.): *Social Movements and Violence: Participation in Underground Organizations*, Greenwich/London 1992, insbes. die Kapitel von della Porta, Braungart und Moyano.
Eubank, Lee/Weinberg, Leonhard: »Terrorism and Democracy within one country: The Case of Italy«, in: *Terrorism and Political Violence*, Vol. 9, No. 1 (Spring 1997), S. 98–108.
Eubank, Lee/Weinberg, Leonhard: »Does Democracy encourage Terrorism?«, in: *Terrorism and Political Violence*, Vol. 6, No. 4 (Winter 1994), S. 417–443.
Gal-Or, Noemi (Hrsg.): *Tolerating Terrorism in the West. An International Survey*, London 1991.
Laqueur, Walter: *Terrorism*, London 1977.
Moyano, María José: *Argentina's lost Patrol. Armed Struggle 1969–1979*, New Haven, London 1995, insbes. Kap. 4–6.
Neidhardt, Friedhelm: *Gewalt und Terrorismus. Studien zur Soziologie militanter Konflikte*, Berlin 1988.
Reinares, Fernando: »The Political Conditioning of Collective Violence: Regime change and insurgent Terrorism in Spain«, in: *Research on Democracy and Society*, Vol. 3 (1996), S. 297–326.
Waldmann, Peter: »Wann schlagen Protestbewegungen in Terrorismus um? Lehren aus der Erfahrung der 70er Jahre«, in: A. Randelzhofer/W. Süß (Hrsg.): *Konsens und Konflikt. 35 Jahre Grundgesetz*, Berlin/New York 1986, S. 399–428.

Kapitel 9

Collins, Eamon: *Killing Rage*, London 1997 (Geschichte eines IRA-Mitglieds).

Domínguez, Florenico: *Josu Ternera. Una vida en ETA*, Madrid 2006.

Thomas, Dominique: *Le Londonistan. Le djihad au cœur de l'Europe*, Paris 2005 (Kapitel III).

Waldmann, Peter (Hrsg.): *Beruf Terrorist. Lebensläufe im Untergrund*, München 1993.

Wright, Lawrence: *Der Tod wird euch finden. Al-Qaida auf dem Weg zum 11. September*, München 2007 (Bin Laden, seine Vorläufer und Weggefährten).

Kapitel 10

Adorno, Theodor W.: *The Authoritarian Personality*, New York 1950.

Burton, Frank: *The politics of legitimacy. Struggles in a Belfast Community*, London 1978.

Crenshaw, Martha: »›Suicide‹ Terrorism in Comparative Perspective«, in: International Policy Institute for Counter-Terrorism (Hrsg.): *Countering Suicide Terrorism*, Herzliya 2001, S. 21–29.

Dale, Stephen F.: »Religious Suicide in Islamic Asia: Anticolonial Terrorism in India, Indonesia and the Philippines«, in: *Journal of Conflict Resolution*, Vol. 32, No. 1 (March 1988), S. 37–59.

Diewald-Kerkmann, Giesela: *Frauen, Terrorismus und Justiz. Prozesse gegen weibliche Mitglieder der RAF und der Bewegung 2. Juni*, Düsseldorf 2009.

Durkheim, Emile: *Der Selbstmord*, (1. frz. Aufl. 1897), Frankfurt/Main 1990.

Erikson, Erik H.: *Kindheit und Gesellschaft*, Stuttgart 1961.

Gaucher, Roland: *Les Terroristes. De la Russie tsariste à l'O.A.S.*, Paris 1965.

Jäger, Herbert/Schmidtchen, Gerhard/Süllwold, Liselotte: *Lebenslaufanalysen*. Bd. 2 der *Analysen zum Terrorismus*, Opladen 1981.

Kucklick, Christoph u.a.: »Die Macht der Ohnmächtigen. Selbstmordattentäter: Wie Menschen zu lebenden Bomben werden«, in: *GEO* 11, Nov. 2001, S. 111–126.

Lofland, John/Stark, Rodney: »Becoming a World-Saver: A Theory of Conversion to a Deviant Perspective«, in: *American Sociological Review*, Bd. 30 (1965), S. 862–875.

Merkl, Peter H. (Hrsg.): *Political Violence and Terror. Motifs and Motivations*, Berkeley/Los Angeles 1986.

Rasch, Wilfried: »Psychological Dimensions of Political Terrorism in the Federal Republic of Germany«, in: *International Journal of Law and Psychiatry*, Bd. 2 (1979), S. 79–85.

Reinares, Fernando: *Patriotas de la muerte. Quienes han militado en ETA y porqué,* Madrid 2001.

Reuter, Christoph: Mein *Leben ist eine Waffe. Selbstmordattentäter. Psychogramm eines Phänomens,* München 2002.

Ross, Jeffrey Ian: »The Psychological Causes of Oppositional Political Terrorism: Toward an Integration of Findings«, in: *International Journal of Group Tensions*, Bd. 24 (1994), Nr. 2, S. 157–185.

Russell, Charles A./Miller, Bowman H.: »Profile of a Terrorist«, in: *Terrorism*, Bd. 1 (1977), Nr. 1, S. 17–34.

Scheffler, Thomas: »Helden, Märtyrer, Selbstmordattentäter: Zur religiösen Semantik des Heldentodes«, in: A. Hamzawy/F. Ibrahim (Hrsg.): *Religion, Staat und Politik im Vorderen Orient*, Münster 2003, S. 88–109.

Schweitzer, Yoram: *Female Suicide Bombers: Dying for Equality?,* Tel Aviv 2006.

Strenski, Ivan: »Sacrifice, Gift and the Social Logic of Muslim ›Human Bombers‹«, in: *Terrorism and Political Violence*, Vol. 15 (2003), No. 3, S. 1–34.

Taylor, Maxwell: *The Terrorist*, London u. a. 1988.

Waldmann, Peter: *Radikalisierung in der Diaspora: Wie Islamisten im Westen zu Terroristen werden*, Hamburg 2009.

Waldmann, Peter: »Opfer als Täter«, in: *Frankfurter Allgemeine Zeitung*, 6.8.2003, S. 9.

Weinberg, Leonard u. a.: »The Social and Religious Characteristics of Suicide Bombers and their Victims«, in: *Terrorism and Political Violence*, Vol. 15 (2003), No. 3, S. 139–153.

Wolfgang, Marvin E./Ferracuti, Franco: *The Subculture of Violence*, London u. a. 1969.

Kapitel 11

Clausewitz, Carl von: *Vom Kriege*. Ungekürzter Text nach der Erstauflage (1832–34), Frankfurt/Main 1980.

Crenshaw, Martha: »Decisions to use Terrorism: Psychological constraints on instrumental Reasoning«, in: D. della Porta (Hrsg.): *Social*

Movements and Violence: Participation in Underground Organizations. International Movement Research, Bd. 4 (1992), S. 29–42.

Crenshaw, Martha: »How Terrorism Declines«, in: *Terrorism and Political Violence*, Vol. 3 (1991), No. 1, S. 69–87.

Cronin, Audrey Kurth: »How Terrorist Campaigns Ends«, in: T. Bjørgo/ J. Horgan (Hrsg.): *Leaving Terrorism Behind*, London/New York 2009, S. 49–65.

Della Porta, Donatella: *Social movements, political violence and the State. A comparative analysis of Italy and Germany*, Cambridge/USA 1995.

Della Porta, Donatella: »Introduction: On individual Motivations in Underground Political Organizations«, in: dies. (Hrsg.): *Social Movements and Violence: Participation in Underground Organizations. International Social Movement Research*, Bd. 4, (1992), S. 3–28.

Domínguez, Florencio: *Dentro de ETA. La vida diaria de los terroristas*, Madrid 2002.

Fanon, Frantz: *Die Verdammten dieser Erde*, Frankfurt/Main 1966.

Gaucher, Roland: *Les Terroristes. De la Russie tsariste à l'O.A.S.*, Paris 1965.

Gunaratna, Rohan: *Inside Al-Qaida. Global Network of Terror*, London 2003.

Münkler, Herfried: »Sehnsucht nach dem Ausnahmezustand. Die Faszination des Untergrunds und ihre Demontage durch die Strategie des Terrors«, in: R. Steinweg (Hrsg.): *Faszination der Gewalt. Politische Strategie und Alltagserfahrung*, Frankfurt/Main 1983, S. 60–88.

Nahirny, Vladimir: »Some Observations on ideological Groups«, in: *The American Journal of Sociology*, Bd. LXVII (1961/62), S. 397–405.

Neidhardt, Friedhelm: »Über Zufall, Eigendynamik und Institutionalisierbarkeit absurder Prozesse«, in: H. von Alemann (Hrsg.): *Soziologie in weltbürgerlicher Absicht*, Festschrift für René König, Opladen 1981, S. 243–257.

Post, Jerrold M.: »Rewarding Fire with Fire: Effects of Retaliation on Terrorist Group Dynamics«, in: *Terrorism*, Bd. 10 (1987), S. 23–35.

Rapoport, David C.: »The four Waves of Rebel Terror and September 11«, in: C. W. Kegley (Hrsg.): *The New Global Terrorism. Characteristics, Causes, Controls*, New Jersey 2003, S. 36–52.

Rapoport, David C. (Hrsg.): *Inside terrorist Organizations*, London 1988.

Waldmann, Peter: »Die zeitliche Dimension des Terrorismus«, in: ders. (Hrsg.): *Determinanten des Terrorismus*, Weilerswist 2005, S. 139–187.

Waldmann, Peter: »Der Terrorist und die radikale Gemeinschaft. Am Beispiel Nordirlands und des Baskenlandes«, in: ders.: *Terrorismus und Bürgerkrieg*, München 2003, S. 109–135.
Waldmann, Peter: *Militanter Nationalismus im Baskenland*, Frankfurt/Main 1990.
Wasmund, Klaus: »Zur politischen Sozialisation in terroristischen Gruppen«, in: *Aus Politik und Zeitgeschichte*. Beilage zur Wochenzeitung *Das Parlament*, B 33–34/80, August 1980, S. 29–46.

Kapitel 12

Art, Robert J./Richardson, Louise (Hrsg.): *Democracy and Counterterrorism. Lessons from the Past*, Washington D. C. 2007.
Bjørgo, Tore/Horgan, John (Hrsg.): *Leaving Terrorism Behind. Individual and Collective Disengagement*, London/New York 2009.
Crenshaw, Martha: »How Terrorism Declines«, in: *Terrorism and Political Violence*, Vol. 3 (1991), No. 1, S. 69–87.
Dartnell, Michael: »International Counter-Terrorism Measures since 9/11: Trends, Gaps and Challenges«, in: *International Crime and Terrorism*, www. dfait-maeci.ge.ca/internationalcrime/executive.
Frank, Hans/Hirschmann, Kai (Hrsg.): *Die weltweite Gefahr. Terrorismus als internationale Herausforderung*, Berlin 2002, inbes. Teil 3, »Reaktionsstrategien und Bekämpfungsansätze«.
Graulich, Kurt/Simon, Dieter (Hrsg.): *Terrorismus und Rechtsstaatlichkeit. Analysen, Handlungsoptionen, Perspektiven*, Berlin 2007.
Heinz, Wolfgang S. u. a.: *Internationale Terrorismusbekämpfung und Menschenrechte* (Oktober 2001 – April 2003), Berlin (Deutsches Institut für Menschenrechte) 2003.
Kipling, Rudyard: *Kim*, München 1999.
Leeuwen, Marianne van (Hrsg.): *Confronting Terrorism. European Experiences, Threat Perceptions and Policies*, The Hague u. a. 2003.
Mullins, Wayman C.: *A Sourcebook on Domestic and International Terrorism*, Springfield u. a. 1997, Kap. 9.
Schneckener, Ulrich: *Transnationaler Terrorismus*, Frankfurt/Main 2006.
Taylor, Maxwell: *The Terrorist*, London u. a. 1988, Kap. 9.
Weidenfeld, Werner (Hrsg.): *Herausforderung Terrorismus. Die Zukunft der Sicherheit*, Wiesbaden 2004, insbes. die Beiträge von W. Weidenfeld, S. Avineri, C. Gusy und E. Werthenbach.

Gesamtliteraturverzeichnis

Adorno, Theodor W.: *The Authoritarian Personality*, New York 1950.
Appleby, R. Scott: *The ambivalence of the Sacred. Religion, Violence, and Reconciliation*, Lanham u. a. 2000.
Art, Robert J./Richardson, Louise (Hrsg.): *Democracy and Counterterrorism. Lessons from the Past*, Washington D.C. 2007.
Aust, Stefan: *Der Baader-Meinhof-Komplex*, Hamburg 1985.

Backes, Uwe: »Auf der Suche nach einer international konsensfähigen Terrorismusdefinition«, in: *Jahrbuch öffentliche Sicherheit* 2002/2003, S. 153–165.
Backes, Uwe: *Bleierne Jahre. Baader-Meinhof und danach*, Erlangen 1991.
Baeyer-Katte, Wanda von/Claessens, Dieter u. a.: *Gruppenprozesse. Analysen zum Terrorismus*, Bd. 3, Opladen 1982.
Baeyer-Katte, Wanda von: Artikel »Terror«, in: *Sowjetsystem und Demokratische Gesellschaft. Eine vergleichende Enzyklopädie*, Freiburg u. a. (1980), S. 342–359.
Bakunin, Michael: *Soziopolitischer Briefwechsel*, Berlin 1977.
Bergen, Peter L.: *Heiliger Krieg Inc. – Osama bin Ladens Terrornetz*, Berlin 2001.
Billig, Otto: »The Case History of a German Terrorist«, in: *Terrorism*, Bd. 7 (1984), Nr. 1, S. 1–10.
Bjørgo, Tore/Horgan, John (Hrsg.): *Leaving Terrorism Behind. Individual and Collective Disengagement*, London/New York 2009.
Bjørgo, Tore (Hrsg.): *Root Causes of Terrorism. Myths, Reality and Ways Forward*, London/New York 2005.
Bjørgo, Tore (Hrsg.): *Terror from the Extreme Right*, London 1995.
Bjørgo, Tore/Witte, Rob (Hrsg.): *Racist Violence in Europe*, London 1993.
Bundesminister des Innern (Hrsg.): *Analysen zum Terrorismus* (5 Bde.), Opladen 1982.
Burton, Frank: *The politics of legitimacy. Struggles in a Belfast Community*, London 1978.

Clark, Robert P.: *The Basque Insurgents. ETA, 1952–1980*, Madison 1984.
Clausewitz, Carl von: *Vom Kriege*. Ungekürzter Text nach der Erstauflage (1832–1834), Frankfurt/Main 1980.
Crelinsten, Ronald: »Power and Meaning: Terrorism as a Struggle over Access to the Communication Structure«, in: P. Wilkinson/A. M. Stewart (Hrsg.): *Contemporary Research on Terrorism*, Aberdeen 1987, S. 419–450.
Crenshaw, Martha: *Explaining Terrorism. Causes, Processes and Consequences*, Routledge 2011.
Crenshaw, Martha: »›Suicide‹ Terrorism in Comparative Perspective«, in: The International Policy Institute for Counter-Terrorism (Hrsg.): *Countering Suicide Terrorism*, Herzliya 2001, S. 21–29.
Crenshaw, Martha (Hrsg.): *Terrorism in Context*, Pennsylvania 1995.
Crenshaw, Martha: »Thoughts on Relating Terrorism to Historical Contexts«, in: dies. (Hrsg.): *Terrorism in Context*, Pennsylvania 1995, S. 3–24.
Crenshaw, Martha: »Decisions to use Terrorism: Psychological constraints on instrumental Reasoning«, in: D. della Porta (Hrsg.): *Social Movements and Violence: Participation in Underground Organizations. International Movement Research*, Bd.4 (1992), S. 29–42.
Crenshaw, Martha: »How Terrorism Declines«, in: *Terrorism and Political Violence*, Vol. 3 (1991), No. 1, S. 69–87.
Crenshaw, Martha (Hrsg.): *Revolutionary Terrorism. The FLN in Algeria 1954–1962*, Stanford/California 1978.
Creveld, Martin van: *Die Zukunft des Krieges*, Hamburg 2004.
Cronin, Audrey Kurth: »How Terrorist Campaigns Ends«, in: Bjørgo, Tore/Horgan, John (Hrsg.): *Leaving Terrorism Behind*, London/New York 2009, S. 49–65.

Dale, Stephen F.: »Religious Suicide in Islamic Asia: Anticolonial Terrorism in India, Indonesia and the Philippines«, in: *Journal of Conflict Resolution*, Vol. 32, No. 1 (March 1988), S. 37–59.
Dartnell, Michael: »International Counter-Terrorism Measures since 9/11: Trends, Gaps and Challenges«, in: *International Crime and Terrorism*, www.dfait-maeci.ge.ca/internationalcrime/executive.
Dekmejian, R. Hrair: *Islam in Revolution. Fundamentalisms in the Arab World*, Syracuse/New York 1995.
Della Porta, Donatella: *Social movements, political violence and the State. A comparative analysis of Italy and Germany*, Cambridge/USA 1995.

Della Porta, Donatella (Hrsg.): *Social Movements and Violence: Participation in Underground Organizations*, Greenwich/London 1992, insbes. die Kapitel von della Porta, Braungart und Moyano.

Della Porta, Donatella: »Introduction: On individual Motivations in Underground Political Organizations«, in: dies. (Hrsg.): *Social Movements and Violence: Participation in Underground Organizations*, Greenwich/London 1992, S. 3–28.

Diewald-Kerkmann, Gisela: *Frauen, Terrorismus und Justiz. Prozesse gegen weibliche Mitglieder der RAF und der Bewegung 2. Juni*, Düsseldorf 2009.

Domínguez Iribarren, Florencio: *Dentro de ETA. La vida diaria de los terroristas*, Madrid 2002.

Domínguez Iribarren, Florencio: ETA: *Estrategia Organizativa y Actuaciones 1978–1992*, Zarautz 1998.

Donoso Cortés, Juan: *Briefe, Parlamentarische Reden und Diplomatische Berichte aus den letzten Jahres seines Lebens (1849–53)*, Köln 1950.

Durkheim, Emile: *Der Selbstmord*, (1. frz. Aufl. 1897), Frankfurt/Main 1990.

Erikson, Erik H.: *Kindheit und Gesellschaft*, Stuttgart 1961.

Esposito, John L.: *The Islamic Threat. Myth or Reality?*, New York/Oxford 1999.

Eubank, Lee/Weinberg, Leonhard: »Terrorism and Democracy within one country: The Case of Italy«, in: *Terrorism and Political Violence*, Vol. 9, No. 1 (Spring 1997), S. 98–108.

Eubank, Lee/Weinberg, Leonhard: »Does Democracy encourage Terrorism?«, in: *Terrorism and Political Violence*, Vol. 6, No. 4 (Winter 1994), S. 417–443.

Fanon, Frantz: *Die Verdammten dieser Erde*, Frankfurt/Main 1966.

Feierabend, Ivo K./Feierabend, Rosalind L./Gurr, Robert T. (Hrsg.): *Anger, Violence and Politics. Theories and Research*, Englewood Cliff 1972.

Fetscher, Irving/Rohrmoser, Günter: *Analysen zum Terrorismus, 1. Ideologien und Strategien*, Opladen 1981.

Fielding, Nick/Fouda, Yosi: *Masterminds of Terror. Die Drahtzieher des 11. September berichten*, Hamburg 2003.

Ford, Franklin L.: *Political Murder. From Tyrannicide to Terrorism*, Cambridge u. a. 1985.

Frank, Hans/Hirschmann, Kai (Hrsg.): *Die weltweite Gefahr. Terrorismus als internationale Herausforderung*, Berlin 2002, vor allem Teil 3: »Reaktionsstrategien und Bekämpfungsansätze«.

Freedman, Lawrence: »Terrorism and Strategy«, in: ders. u. a.: *Terrorism and International Order*, London/New York 1986, S. 56–76.

Fromkin, David: »Die Strategie des Terrorismus«, in: M. Funke (Hrsg.): *Terrorismus. Untersuchungen zur Strategie und Struktur revolutionärer Gewaltpolitik*, Bonn 1977, S. 83–99.

Gal-Or, Noemi (Hrsg.): *Tolerating Terrorism in the West. An International Survey*, London 1991.

Gaucher, Roland: *Les Terroristes. De la Russie tsariste à l'O.A.S.*, Paris 1965.

Girard, René: *La violence et le sacré*, Paris 1972.

Graulich, Kurt/Simon, Dieter (Hrsg.): *Terrorismus und Rechtstaatlichkeit. Analysen, Handlungsoptionen, Perspektiven*, Berlin 2007.

Gunaratna, Rohan: *Inside Al Qaida. Global Network of Terror*, London 2003.

Gurr, Nadine/Cole, Benjamin: *The New Face of Terrorism. Threats from Weapons of Mass Destruction*, London/New York 2000.

Heinz, Wolfgang S. u. a.: »Internationale Terrorismusbekämpfung und Menschenrechte« (Oktober 2001–April 2003), Berlin (Deutsches Institut für Menschenrechte) 2003.

Hess, Henner u. a.: *Angriff auf das Herz des Staates* (2 Bde.), Frankfurt/Main 1988.

Hitzler, Ronald/Reichertz, Jo (Hrsg.): *Irritierte Ordnung. Die gesellschaftliche Verarbeitung von Terror*, Konstanz 2003.

Hoffman, Bruce: »Rethinking Terrorism and Counterterrorism since 9/11«, in: *Studies in Conflict and Terrorism*, No. 25, 2002, S. 303–316.

Hoffman, Bruce: »Terrorism by Weapons of Mass Destruction: A Reassessment of the Threat«, in: *Vierteljahresschrift für Sicherheit und Frieden*, Jg. 18 (2000), Heft 2, S. 125–130.

Hoffman, Bruce: *Terrorismus – der unerklärte Krieg*, Frankfurt/Main 1999.

Hoffman, Bruce: »Why Terrorists Don't Claim Credit« (mit Kommentaren von D. A. Pluchinsky und D. Rapoport), in: *Terrorism and Political Violence*, Vol. 9 (1997), No. 1, S. 1–19.

Hoffman, Bruce: »›Holy Terror‹: The Implications of Terrorism motivated by a religious imperative«, in: *Studies in Conflict and Terrorism*, Vol. 18 (1995), S. 271–284.

Hunter, Shireen T. (Hrsg.): *Islam, Europe's Second Religion: The New Social, Cultural, and Political Landscape*, Westport 2002.

Iviansky, Ze'ev: »Individual Terror: Concept and Typology«, in: *Journal of Contemporary History*, No. 12 (1977), S. 43–63.

Jäger, Herbert/Schmidtchen, Gerhard/Süllwold, Liselotte: *Lebenslaufanalysen.* Bd. 2 der *Analysen zum Terrorismus*, Opladen 1981.

Juergensmeyer, Marc: *Terror in the Mind of God. The Global Rise of Religious Violence*, Berkeley 2000.

Juergensmeyer, Marc (Hrsg.): *Violence and the Sacred in the Modern World*, London 1992.

Juergensmeyer, Marc: »The Logic of Religious Violence«, in: D. C. Rapoport (Hrsg.): *Inside terrorist organizations*, London 1988, S. 172–193.

Kaldor, Mary: *Neue und alte Kriege. Organisierte Gewalt im Zeitalter der Globalisierung*, Frankfurt/Main 2000.

Kappeler, Andreas: »Zur Charakteristik russischer Terroristen (1878–1887)«, in: *Jahrbücher für Geschichte Osteuropas*, Jg. 27 (1979), Heft 4, S. 520–547.

Kegley, Charles W. (Hrsg.): *The New Global Terrorism. Characteristics, Causes, Controls*, New Jersey 2003.

Kemmesies, Uwe W. (Hrsg.): *Terrorismus und Extremismus. Der Zukunft auf der Spur*, München 2000.

Kepel, Gilles/Milelli, Jean-Pierre (Hrsg.): *Al-Qaida. Texte des Terrors*, München 2007.

Kepel, Gilles: *Jihad: The Trail of Political Islam*, Cambridge 2002.

Kermani, Navid: »Sprich leise und mach die Poesie zu deiner Waffe. Wie Osama bin Laden den Propagandakrieg führt – und zu gewinnen droht … « , *Süddeutsche Zeitung* vom 11.10.2001, S. 17.

Kipling, Rudyard: *Kim*, München 1999.

Kippenberg, Hans G.: *Gewalt als Gottesdienst. Religionskriege im Zeitalter der Globalisierung*, München 2008.

Kippenberg, Hans G./Seidensticker, Tilman: *The 9/11 Handbook. Annotated Translation and Interpretation of the Attacker's Spiritual Manual*, London 2006.

Krämer, Gudrun: »›Der Islam ist Religion und Staat‹: Zum Verhältnis von Religion, Recht und Politik im Islam«, in: W. Schluchter (Hrsg.): *Fundamentalismus, Terrorismus, Krieg*, Weilerswist 2003, S. 45–60.

Krämer, Gudrun: *Geschichte Palästinas*, München 2002.

Krebs, Valdis E.: »Mapping Networks of Terrorist cells«, in: *Connections* 24 (3), 2002, S. 43–52.

Kropotkin, Peter: *Worte eines Rebellen*, Aufsatzsammlung, Bd. I, Frankfurt/Main 1978.

Krueger, Alan B./Maleckova, Jitka: »Education, Poverty, Political Violence and Terrorism: Is there a causal connection?«, Manuskript, Princeton 2002.

Kucklick, Christoph u. a.: »Die Macht der Ohnmächtigen. Selbstmordattentäter: Wie Menschen zu lebenden Bomben werden«, in: *GEO* 11, Nov. 2001, S. 111–126.

Langguth, Gerd: *Protestbewegungen. Entwicklung – Niedergang – Renaissance. Die neue Linke seit 1968*, Köln 1983.

LaPiere, Richard T: »Attitudes vs. Actions«, in: *Social Forces*, Vol. 13 (Oct. 1934), No. 1, S. 231–237.

Laqueur, W./Alexander Y. (Hrsg.): *The Terrorism Reader*, New York 1987.

Laqueur, Walter: *Terrorismus. Die globale Herausforderung*, Frankfurt/Berlin 1987.

Laqueur, Walter: *Terrorism*, London 1977.

Larzillière, Penelope: »Palästinensische ›Märtyrer‹: eine vergleichende Analyse über Selbstmordattentäter«, in: *Journal für Konflikt- und Gewaltforschung*, 2/2003, S. 121–142.

Leeuwen, Marianne van (Hrsg.): *Confronting Terrorism. European Experiences, Threat Perceptions and Policies*, The Hague u. a. 2003.

Lesser, Jan u. a.: »Countering the New Terrorism«, *RAND report* 1999.

Lofland, John/Stark, Rodney: »Becoming a World-Saver: A Theory of Conversion to a Deviant Perspective«, in: *American Sociological Review*, Bd. 30 (1965), S. 862–875.

Malthaner, Stefan: »Terroristische Bewegungen und ihre Bezugsgruppen. Anvisierte Sympathisanten und tatsächliche Unterstützer«, in: Waldmann, Peter (Hrsg.): *Determinanten des Terrorismus*, Weilerswist 2005, S. 85–137.

Maxwell Brown, Richard: *Strain of Violence. Historical Studies of American Violence and Vigilantism*, New York 1975.

Mayntz, Renate: »Organizational Forms of Terrorism. Hierarchy, Network, or a Type sui generis?«, Max-Planck-Institut für Gesellschaftsforschung, MPIf6 Discussion Paper 04/4, Köln 2004.

Miller, Martin A.: »The intellectual Origins of Modern Terrorism in Europe«, in: M. Crenshaw (Hrsg.): *Terrorism in Context*, Pennsylvania 1995, S. 27–62.

Mishal, Shaul/Sela, Abraham: *The Palestinian Hamas. Vision, Violence and Coexistence*, New York 2000.

Moyano, María José: *Argentina's lost Patrol. Armed Struggle 1969–1979*, New Haven/London 1995, insbes. Kap. 4–6.

Mullins, Wayman C.: *A Sourcebook on Domestic and International Terrorism*, Springfield u. a. 1997, Kap. 9.

Münkler, Herfried: *Die neuen Kriege*, Hamburg 2002.

Münkler, Herfried: »Wie werden die Kriege des 21. Jahrhunderts aussehen?«, in: *Humboldt-Spektrum* 4/2002, S. 36–40.

Münkler, Herfried: »Sehnsucht nach dem Ausnahmezustand. Die Faszination des Untergrunds und ihre Demontage durch die Strategie des Terrors«, in: R. Steinweg (Hrsg.): *Faszination der Gewalt. Politische Strategie und Alltagserfahrung*, Frankfurt/Main 1983, S. 60–88.

Münkler, Herfried: »Guerillakrieg und Terrorismus«, in: *Neue Politische Literatur*, XXV. Jg. (1980), H. 3, S. 299–326.

Nahirny, Vladimir: »Some Observations on ideological Groups«, in: *The American Journal of Sociology*, Bd. LXVII (1961/62), S. 397–405.

Neidhardt, Friedhelm: *Gewalt und Terrorismus. Studien zur Soziologie militanter Konflikte*, Berlin 1988.

Neidhardt, Friedhelm: »Über Zufall, Eigendynamik und Institutionalisierbarkeit absurder Prozesse«, in: H. von Alemann (Hrsg.): *Soziologie in weltbürgerlicher Absicht*, Festschrift für René König, Opladen 1981, S. 243–257.

Neuneck, Götz: »Terrorismus und Massenvernichtungswaffen: Eine neue Symbiose?«, in: H. Frank/K. Hirschmann (Hrsg.): *Die weltweite Gefahr. Terrorismus als internationale Herausforderung*, Berlin 2002, S. 169–224.

New York City Police Department: *Radicalization in the West. The Homegrown Threat*, New York 2007.

Oberdorfer, Bernd/Waldmann, Peter (Hrsg.): *Die Ambivalenz des Religiösen: Religionen als Friedensstifter und Gewalterzeuger*, Freiburg 2008.

OECD: »Economic Consequences of Terrorism«, in: *Economic Outlook*, Vol. 2002/1, No. 71.

Orbach, Benjamin: »Usama Bin Ladin and Al-Qua'ida: Origins and Doctrines«, in: *Middle East Review of International Affairs (MERIA)*, Vol. 5, No. 4 (Dec. 2004), S. 54–68.

Paletz, David L./Schmid, Alex P. (Hrsg.): *Terrorism and the Media*, Newburry Park/London 1992.

Palmer Harik, Judith: »Between Islam and the System. Sources and Implications of popular Support for Lebanon's Hizbollah«, in: *Journal of Conflict Resolution*, Vol. 40, No. 1/March 1996), S. 41–67.

Paris, Rainer: »Der kurze Atem der Provokation«, in: *Kölner Zeitschrift für Soziologie und Sozialpsychologie*, Jg. 41 (1989), S. 33–52.

Paz, Reuven: »Middle East Islamism in the European Arena«, in: *Middle East Review of International Affairs (MERIA)*, Vol. 6, No. 3 (Sept. 2002), S. 67–76.

Pedahzur, Ami/Eubank, William/Weinberg, Leonard: »The War on Terrorism and the Decline of Terrorist Group Formation: A Research Note«, in: *Terrorism and Political Violence*, Vol. 14 (2002), No. 3, S. 141–147.

Pfahl-Traughber, Armin: »Die Entwicklung des Rechtsextremismus in Ost- und Westdeutschland«, in: *Aus Politik und Zeitgeschichte*, B 39/2000, S. 4–14.

Picard, Robert G.: *Media Portrayals of terrorism. Functions and Meaning of News Coverage*, Jowa 1993.

Pomper, Philip: »Russian Revolutionary Terrorism«, in: M. Crenshaw (Hrsg.): *Terrorism in Context*, Pennsylvania 1995, S. 63–101.

Post, Jerrold M.: »Rewarding Fire with Fire: Effects of Retaliation on Terrorist Group Dynamics«, in: *Terrorism*, Bd. 10 (1987), S. 23–35.

Qutb, Sayed: *Milestones*, Delhi 1995.

Radtke, Karin: Mobilisierung der Diaspora: *Die moralische Ökonomie der Bürgerkriege in Sri Lanka und Eritrea*, Frankfurt/New York 2009.

Ranstorp, Magnus: *Understanding Violent Radicalisation: Terrorist and Jihadist Movements in Europe*, London/New York 2010.

Ranstorp, Magnus: »Terrorism in the Name of Religion«, in: *Journal of International Affairs*, Vol. 50 (Summer 1996); No. 1, S. 41–62.

Rapoport, David C.: »The four Waves of Rebel Terror and September 11«, in: C. W. Kegley (Hrsg.): *The New Global Terrorism. Characteristics, Causes, Controls*, New Jersey 2003, S. 36–52.

Rapoport, David C.: »Comparing Militant Fundamentalist Movement and Groups«, in: M. E. Appleby (Hrsg.): *The Fundamentalism Project: Fundamentalism and the State*, Chicago 1993, S. 429–461.

Rapoport, David C. (Hrsg.): *Inside terrorist Organisations*, London 1988.

Rapoport, David C.: »Fear and Trembling: Terrorism in three religious Traditions«, in: *American Political Science Review*, Vol. 78 (Sept. 1984), No. 3, S. 658–677.

Rapoport, David C.: »The Politics of Atrocity«, in: Y. Alexander u. a. (Hrsg.): *Terrorism-Interdisciplinary Perspectives*, John Jay 1977, S. 46–61.

Rasch, Wilfried: »Psychological Dimensions of Political Terrorism in the Federal Republic of Germany«, in: *International Journal of Law and Psychiatry*, Bd. 2 (1979), S. 79–85.

Reinares, Fernando: *Terrorismo global*, Madrid 2003.

Reinares, Fernando: *Patriotas de la muerte. Quienes han militado en ETA y porqué*, Madrid 2011.

Reinares, Fernando: »The Political Conditioning of Collective Violence: Regime change and insurgent Terrorism in Spain«, in: *Research on Democracy and Society*, Vol. 3 (1996), S. 297–326.

Reuter, Christoph: *Mein Leben ist eine Waffe. Selbstmordattentäter. Psychogramm eines Phämomens*, München 2002.

Richardson, Louise: *Was Terroristen wollen. Die Ursachen der Gewalt und wie wir sie bekämpfen können*, Frankfurt/New York 2007.

Ronfeldt, David/Arquilla, John: »Networks, Netwars, and the Fight for the Future«, in: *First Monday*, Vol. 6, No. 10, Oktober 2001.

Rosenbaum, H. Jon/Sederberg, Peter C. (Hrsg.): *Vigilante Politics*, Pennsylvania 1976.

Ross, Jeffrey Ian: »The Psychological Causes of Oppositional Political Terrorism: Toward an Integration of Findings«, in: *International Journal of Group Tensions*, Bd. 24 (1994), Nr. 2, S. 157–185.

Roy, Olivier: *Globalised Islam. The Search for a New Ummah*, London 2004.

Rubinstein, Richard E.: *Alchimists of Revolution. Terrorism in the Modern World*, New York 1987.

Russell, Charles A./Miller, Bowman H.: »Profile of a Terrorist«, in: *Terrorism*, Bd. 1 (1977), Nr. 1, S. 17–34.

Sageman, Marc: *Leaderless Jihad. Terror Networks in the Twenty-First Century*, Philadelphia 2008.

Sageman, Marc: *Understandig Terror Networks*, Pennsylvania 1994.

Scheerer, Sebastian: *Die Zukunft des Terrorismus. Drei Szenarien*, Hamburg 2002.

Scheerer, Sebastian: »Deutschland: Die ausgebürgerte Linke«, in: H. Hess u. a.: *Angriff auf das Herz des Staates. Soziale Entwicklung und Terrorismus*, Bd. 1, Frankfurt/Main 1988, S. 193–429.

Scheffler, Thomas: »Apocalypticism, Innerworldly Eschatology, and Islamic Extremism«, in: *Orientwissenschaftliche Hefte*, 10/2003, S. 43– 80.

Scheffler, Thomas: »Helden, Märtyrer, Selbstmordattentäter: Zur religiösen Semantik des Heldentodes«, in: A. Hamzawy/F. Ibrahim (Hrsg.): *Religion, Staat und Politik im Vorderen Orient*, Münster 2003, S. 88–109.

Schiffauer, Werner: *Parallelgesellschaften: Wie viel Wertekonsens braucht unsere Gesellschaft? Für eine kluge Politik der Differenz*, Bielefeld 2008.

Schiffauer, Werner: »Vom Exil- zum Disapora-Islam. Muslimische Identitäten in Europa«, in: *Soziale Welt, Bd.* 55 (2004), S. 347–368.

Schiffauer, Werner: »Religion und Identität. Eine Fallstudie zum Problem der Reislamisierung bei Arbeitsmigranten«, in: *Schweizerische Zeitschrift für Soziologie* 2 (1984), S. 485–516.

Schluchter, Wolfgang (Hrsg.): *Fundamentalismus, Terrorismus, Krieg*, Weilerswist 2003.

Schmid, Alex P. u. a.: *Political Terrorism. A new guide to actors, authors, concepts, data bases, theories and literatures*, Amsterdam, Oxford u. a. 1988.

Schmid Alex P./Graaf, Janny de: *Violence as Communication. Insurgent Terrorism and the Western News Media*, London/Beverly Hills 1982.

Schneckener, Ulrich: *Transnationaler Terrorismus*, Frankfurt/Main 2006.

Schröm, Oliver: *Im Schatten des Schakals. Carlos und die Wegbereiter des internationalen Terrorismus*, Berlin 2002.

Schwartz, Yaron/Falk, Ophir: »Chemical Biological Radiological Nuclear terrorism. Assessing the Threat«, in: www.ict.org.il/articles/articledct.cfm?ar ticleid=487, May 15, 2003.

Schweitzer, Yoram: *Female Suicide Bombers: Dying for Equality?*, Tel Aviv 2006.

Sprinzak, Jehud: »Right-wing Terrorism in a Comparative Perspective: The case of Split Delegitimization«, in: *Terrorism and Political Violence*, Vol. 7 (1995), Issue 1, S. 17–43.

Sprinzak, Jehud: »From Messianic Pioneering to Vigilante Terrorism: The case of Gush Emunim Underground«, in: D. C. Rapoport (Hrsg.): *Inside terrorist Organizations*, London 1988, S. 194–216.

Spyer, Jonathan: »The Al-Qaida Network and Weapons of Mass Destruction«, in: *Middle East Review of International Affairs (MERIA)*, Vol. 8, No. 3 (Sept. 2004), S. 29–45.

Stepanowa, Ekaterina: *Terrorism in Aysmmetrical Conflict. Ideological and Structural Aspects*, Oxford 2008.

Stepanova, Ekaterina: *Anti-terrorism and Peace-building During and After Conflict*, Stockholm (Sipri) 2003.

Stern, Jessica: *The Ultimate Terrorists*, Cambridge 1999.

Strenski, Ivan: »Sacrifice, Gift and the Social Logic of Muslim ›Human Bombers‹«, in: *Terrorism and Political Violence*, Vol. 15 (2003), No. 3, S. 1–34.

Tan, Andrew/Ramakrishna, Kumar (Hrsg.): *The New Terrorism. Anatomy, Trends and Counter-Strategies*, Singapore 2002.

Taylor, Maxwell: *The Terrorist*, London u. a. 1988.

»The Al-Qaida Manual.« Das Handbuch, das dem Verfasser nur als Fotokopie vorliegt, wurde von der Manchester Metropolitan Police (England) bei einer Durchsuchung der Wohnung eines (ehemaligen) Al-Qaida-Mitglieds gefunden.

»The 9/11 Commission Report.« Die offizielle Untersuchung zu den Terrorattacken vom 11. September 2001, Potsdam 2004.

Thomas, Dominique: *Le Londonistan. Le Djihad au Cœur de l'Europe*, Paris 2005.

Tobler, Hans-Werner/Waldmann, Peter (Hrsg.): *Staatliche und parastaatliche Gewalt in Lateinamerika*, Frankfurt/Main 1991.

Tucker, David: »What is New about the New Terrorism and how dangerous is it?«, in: *Terrorism and Political Violence*, Vol. 13 (2001), No. 3, S. 1–14.

Waldmann, Peter: *Radikalisierung in der Diaspora: Wie Islamisten im Westen zu Terroristen werden*, Hamburg 2009.

Waldmann, Peter (Hrsg.): *Determinanten des Terrorismus*, Weilerswist 2005.

Waldmann, Peter: »Die zeitliche Dimension des Terrorismus«, in: ders. (Hrsg.): *Determinanten des Terrorismus*, Weilerswist 2005, S. 139–187.

Waldmann, Peter: »Islamistischer Terrorismus. Ideologie, Organisation, Unterstützungspotential«, in: *Kriminalistik*, 58. Jg., 12/2004, S. 740–745.

Waldmann, Peter: »Der Terrorist und die radikale Gemeinschaft. Am Beispiel Nordirlands und des Baskenlandes«, in: ders.: *Terrorismus und Bürgerkrieg*, München 2003, S. 109–135.

Waldmann, Peter (Hrsg.): *Beruf: Terrorist. Lebensläufe im Untergrund*, München 1993.

Waldmann, Peter: »Terrorismus und Guerilla – Ein Vergleich organisierter antistaatlicher Gewalt in Europa und Lateinamerika«, in: *Jahrbuch Extremismus & Demokratie*, 5. Jg. (1993), S. 69–103.

Waldmann, Peter: »Ethnic and Sociorevolutionary Terrorism: A Comparison of Structures«, in: D. della Porta (Hrsg.): *Social Movements and Violence: Participation in Underground Organization*, Vol. 4 der Serie: *International Social Movement Research*, Greenwich/London 1992, S. 237–258.

Waldmann, Peter: *Ethnischer Radikalismus. Ursachen und Folgen gewaltsamer Minderheitenkonflikte*, Opladen 1989.

Waldmann, Peter: »Wann schlagen Protestbewegungen in Terrorismus um? Lehren aus der Erfahrung der 70er Jahre«, in: A. Randelzhofer/W. Süß (Hrsg.): *Konsens und Konflikt. 35 Jahre Grundgesetz*, Berlin/New York 1986, S. 399–428.

Walter, Eugene Victor: *Terror and Resistance. A Study of Political Violence*, New York 1969.

Wasmund, Klaus: »Zur politischen Sozialisation in terroristischen Gruppen«, in: *Aus Politik und Zeitgeschichte*. Beilage zur Wochenzeitung *Das Parlament*, B 33–34/80, August 1980, S. 29–46.

Weidenfeld, Werner (Hrsg.): *Herausforderung Terrorismus. Die Zukunft der Sicherheit*, Wiesbaden 2004, insbes. die Beiträge von W. Weidenfeld, S. Avineri, C. Gusy und E. Werthenbach.

Weinberg, Leonard u. a.: »The Social and Religious Characteristics of Suicide Bombers and their Victims«, in: *Terrorism and Political Violence*, Vol. 15 (2003), No. 3, S. 139–153.

Weinmann, Gabriel: *How Modern Terrorism uses the Internet, Special Report of the United States Institute of Peace*, Washington 2004.

Wilkinson, Paul (Hrsg.): *Technology and Terrorism*, London 1993.

Willems, Helmut u. a.: »Fremdenfeindliche Gewalt: Eine Analyse von Täterstrukturen und Eskalationsprozessen«, Forschungsbericht für die DFG, Juni 1993.

Wolfgang, Marvin E./Ferracuti, Franco: *The Subculture of Violence*, London u. a. 1969.

Wördemann, Franz: »Mobilität, Technik und Kommunikation als Strukturelemente des Terrorismus«, in: M. Funke (Hrsg.): *Terrorismus*, Bonn 1977, S. 141–157.

Wright, Lawrence: *Der Tod wird Euch finden. Al Qaida und der Weg zum 11. September*, München 2007.

Zeidan, David: »Radical Islam in Egypt: A Comparison of Two Groups«, in: *Middle East Review of International Affairs (MERIA)*, Vol. 3, No. 3 (Sept. 1999), S. 1–10.

Anhang

1. Internationaler und nationaler Terrorismus – Großanschläge mit fünfzig und mehr Todesopfern (ohne Anschläge im Irak*) 1993–2008

Datum	Ort	Art des Anschlags
12.03.1993	Bombay (Indien)	**Bombenanschlag.** 13 Bombenexplosionen innerhalb von drei Stunden in und um Bombay. Ziel sind unter anderem die Börse, der Hauptsitz der indischen Fluggesellschaft und verschiedene Luxushotels.
18.07.1994	Buenos Aires (Argentinien)	**Bombenanschlag.** Zerstörung eines Gebäudes, das Sitz mehrerer jüdischer Organisationen war, durch einen Lieferwagen, der mit Sprengstoff beladen und vor dem Gebäude abgestellt worden ist. Zündung durch einen Selbstmordattentäter.
19.04.1995	Oklahoma City (USA)	**Bombenanschlag.** Explosion eines mit Sprengstoff beladenen Lkw vor einem Regierungsgebäude zu Arbeitsbeginn um 9.00 Uhr morgens.
31.01.1996	Colombo (Sri Lanka)	**Bombenanschlag.** Anschlag mit einem mit Sprengstoff beladenen Lkw, der in das Gebäude der Zentralbank in Colombo gefahren wurde.
23.11.1996	Addis Abeba (Äthiopien)/ Komoren	**Flugzeugentführung.** Absturz einer Boeing 767 der Ethiopian Airlines nahe den Komoren, die nach der Entführung aus Addis Abeba in Richtung Australien wegen Treibstoffmangels in den Ozean stürzt.
17.11.1998	Luxor (Ägypten)	**Anschlag mit Handfeuerwaffen.** Sich als Sicherheitspersonal ausgebende Terroristen eröffnen vor dem Tempel von Hatshepsut in Luxor das Feuer auf eine Gruppe vorwiegend ausländischer Touristen.
11.01.1998	Algier (Algerien)	**Bombenanschlag.** Während einer Filmvorführung in Algier wird ein Sprengsatz in ein Kino geschleudert.

Verletzte	Todesopfer	Verantwortlich/ Verdächtigt	Art des Terrorismus
1200	317	Verdächtigt: pakistanische Islamisten Verantwortlich: keine Übernahme von Verantwortung	International
236	96	Verdächtigt: islamische Fundamentalisten aus dem Libanon mit engen Verbindungen zu Teheran Verantwortlich: Übernahme von Verantwortung durch Ansar Allah, der Verbindungen zur Hisbollah nachgesagt werden	International
592	168	Verantwortlich: Einzeltäter Timothy McVeigh und Terry Nichols	National
1400	96	Verantwortlich: Übernahme von Verantwortung durch Liberation Tigers of National Tamil Eelam (LTTE)	National
48	127	Verantwortlich: aus dem Gefängnis entlassene Einzeltäter, die sich vermutlich gegen die Regierung richten wollten	National
24	68	Verantwortlich: Übernahme von Verantwortung durch Gam'at Islamiyya (GAI)	International
0	50	Verdächtigt: unbekannt Verantwortlich: keine Übernahme von Verantwortung	National

Datum	Ort	Art des Anschlags
11.01.1998	Sidi Ahmen/ Haouche Sahraoui (Algerien)	**Anschlag mit Handfeuerwaffen/Bombenanschlag.** Eine Gruppe von etwa 100 bewaffneten Männern eröffnet im Kino von Sidi Ahmen das Feuer auf Zivilisten. Im benachbarten Haouche Sahraoui wird anschließend eine Bombe in einer Moschee gezündet
14.02.1998	Wuhan (China)	**Bombenanschlag.** Explosion eines Sprengsatzes auf einer Brücke, die unter anderem von einem Bus befahren wurde.
07.08.1998	Nairobi (Kenia)	**Bombenanschlag.** Explosion einer Autobombe gegenüber der US-amerikanischen Botschaft in Nairobi.
18.10.1998	Segovia (Kolumbien)	**Bombenanschlag.** Anschlag auf eine Ölpipeline, durch den ein nahe gelegenes Dorf zerstört wird.
19.03.1999	Vladikavkaz (Russland)	**Bombenanschlag.** Explosion einer zeitgesteuerten Bombe auf dem zentralen Markt von Vladikavkaz.
09.09.1999	Moskau (Russland)	**Bombenanschlag.** Zerstörung eines neunstöckigen Wohnhauses mit einer 350 Kilogramm schweren Bombe, die mit einem Zeitzünder versehen war.
13.09.1999	Moskau (Russland)	**Bombenanschlag.** Anschlag auf ein Wohnhaus, ähnlich dem vom 09.09.1999.
11.08.2001	Luanda (Angola)	**Bombenanschlag.** Anschlag auf Gleisanlagen zwischen Luanda und Dodo, der einen Zug mit Flüchtlingen zum Entgleisen bringt. Die sich aus dem entgleisten Zug befreienden Menschen werden hingerichtet.
11.09.2001	New York (USA)	**Unkonventioneller Anschlag/Flugzeugentführung.** Entführung zweier Passagierflugzeuge, die in das World Trade Center geflogen werden.

mehr Todesopfern (ohne Anschläge im Irak*) 1993–2008

Ver-letzte	Todes-opfer	Verantwortlich/Verdächtigt	Art des Terrorismus
0	120–400	Verdächtigt: Groupe Islamique Armé (GIA)	National
0	50	Verdächtigt: Xinjiang-Separatisten	National
5000	291	Verantwortlich: Übernahme von Verantwortung durch al-Qaida	International
35	71	Verantwortlich: Übernahme von Verantwortung durch Ejército de Liberación Nacional (ELN)	National
101	60	Verdächtigt: Tschetschenische Separatisten	National
200	95	Verantwortlich: Übernahme von Verantwortung durch Dagestan Liberation Army	National
0	120	Verantwortlich: Übernahme von Verantwortung durch Dagestan Liberation Army	National
165	252	Verdächtigt: União Nacional para a Independencia do Angola (UNITA)	National
?	2823	Verantwortlich: Übernahme von Verantwortung durch al-Qaida	International

Datum	Ort	Art des Anschlags
11.09.2001	Washington D.C. (USA)	**Unkonventioneller Anschlag/Flugzeugentführung.** Entführung eines Passagierflugzeugs, das in Richtung Pentagon geflogen wird.
26.04.2002	Agoro Mountains (Sudan)	**Anschlag mit Handfeuerwaffen.** Die Trauergäste einer Beerdigung werden gezwungen, den Leichnam zu garen und anschließend zu essen. Danach werden alle 60 Trauergäste erschossen.
03.05.2002	Bojaya (Kolumbien)	**Bombenanschlag.** Nach Zusammenstößen mit den Paramilitärs schleudern die FARC einen Sprengsatz auf den Marktplatz von Bojaya.
12.10.2002	Bali (Indonesien)	**Bombenanschlag.** In dem vorwiegend von Touristen frequentierten Amüsierviertel Kuta Beach detoniert eine Autobombe und fordert zahlreiche Opfer und Verletzte unter den Urlaubern.
24.10.2002	Moskau (Russland)	**Geiselnahme mit Handfeuerwaffen.** Etwa 45 tschetschenische Terroristen stürmen ein Theater in Moskau und nehmen 750 bis 800 Menschen als Geiseln. Nach ersten Tötungen schreiten die russischen Sicherheitskräfte ein, versprühen ein unbekanntes Gas und stürmen das Theater. Ein Großteil der Todesopfer ist auf das Vorgehen der russischen Sicherheitskräfte zurückzuführen.
27.12.2002	Grosny (Tschetschenien/ Russland)	**Bombenanschlag.** Drei Selbstmordattentäter steuern zwei mit Sprengsätzen beladene Fahrzeuge in das Hauptquartier der pro-russischen Regierung in Grosny.
12.05.2003	Znamenskoye (Tschetschenien/ Russland)	**Bombenanschlag.** Ein mit Sprengstoff beladener Lkw wird von drei Selbstmordattentätern in ein Regierungsgebäude in Znamenskoye gefahren und explodiert. Das Gebäude wird völlig zerstört.

mehr Todesopfern (ohne Anschläge im Irak*) 1993–2008

Ver-letzte	Todes-opfer	Verantwortlich/Verdächtigt	Art des Terrorismus
?	189	Verantwortlich: al-Qaida	International
0	60	Verantwortlich: Lord's Resistance Army (LRA)	International
70	60	Verantwortlich: Fuerzas Armadas Revolucionarias de Colombia (FARC)	National
300	190	Verdächtigt: Jemaah Islamiyah (JI) Verantwortlich: Übernahme von Verantwortung durch al-Qaida	International
0	162	Übernahme von Verantwortung durch tschetschenische Extremisten um Movsar Barayev	National
280	72	Verantwortlich: Übernahme von Verantwortung durch tschetschenische Extremisten um Shamil Basayev (Riyad us-Saliheyn Märtyrer-Brigaden)	National
110	52	Verdächtigt: tschetschenische Extremisten	National

Internationaler und nationaler Terrorismus – Großanschläge mit fünfzig und

Datum	Ort	Art des Anschlags
04.07.2003	Quetta (Pakistan)	**Hinrichtung.** Während des Freitagsgebets in einer Moschee eröffnen Terroristen das Feuer auf die Betenden. Einer der Terroristen sprengt sich in die Luft.
01.08.2003	Mozdok (Russland)	**Bombenanschlag.** Ein Selbstmordattentäter platziert einen mit Sprengstoff beladenen Lkw vor einem Militärkrankenhaus und sprengt ihn.
25.08.2003	Bombay (Indien)	**Bombenanschlag.** Zwei in Taxis platzierte Bomben detonieren in der Mittagszeit.
21.02.2004	Lira (Uganda)	**Überfall.** Angriff auf ein Flüchtlingslager mit schwerem Gerät im nördlichen Uganda, bei dem die Zivilisten verbrannt werden.
27.02.2004	Manila (Philippinen)	**Bombenanschlag.** Ein in einem Fernsehgerät platzierter Sprengsatz explodiert auf einer Fähre.
11.03.2004	Madrid (Spanien)	**Bombenanschlag.** Zehn in Zügen platzierte Sprengsätze werden über Mobiltelefone in Madrid gezündet.
01.09.2004	Beslan (Tschetschenien/ Russland)	**Geiselnahme mit Handfeuerwaffen.** Eine Gruppe von 30 bis 35 Männern und Frauen (zum Teil mit Sprengstoffgürteln) nehmen in einem Schulgebäude etwa 1000 bis 1500 Kinder, Eltern und Lehrer am ersten Schultag als Geiseln. Einige Geiseln können vor der Erstürmung des Gebäudes durch russische Sicherheitskräfte fliehen.
09.11.2005	Amman (Jordanien)	**Bombenanschlag.** Drei beinahe simultane Anschläge auf westliche Hotelketten. Zwei der Sprengsätze detonieren.
11.04.2006	Karachi (Pakistan)	**Bombenanschlag.** Selbstmordanschlag bei einer großen religiösen Zeremonie im Nishtar Park.

mehr Todesopfern (ohne Anschläge im Irak*) 1993–2008

Ver-letzte	Todes-opfer	Verantwortlich/Verdächtigt	Art des Terrorismus
60	53	Verdächtigt: Lashkar-e-Jhangvi/ Army of Jhangvi	International
72	52	Verantwortlich: Übernahme von Verantwortung durch tschetschenische Extremisten um Shamil Basayev (Riyad us-Saliheyn Märtyrer-Brigaden)	National
52	150	Verdächtigt: Lashkar-e-Taiba (LeT)/ Army International of the Pure/ Army of the Righteous Jahish-i-Mohammad	International
239	60	Verantwortlich: Lord's Resistance Army (LRA)	National
9	118	Verdächtigt: Abu Sayyaf	International
600	190	Verantwortlich: Übernahme von Verantwortung durch Abu Hafs al-Masri-Brigaden/al-Qaida	International
338	727	Verantwortlich: tschetschenische Extremisten um Shamil Basayev (Riyad us-Saliheyn Märtyrer-Brigaden)	National
100	63	Verantwortlich: Übernahme der Verantwortung durch al-Qaida	International
80	57	Verdächtigt: unbekannt	National

Datum	Ort	Art des Anschlags
17.05.2006	Musa Qala (Afghanistan)	**Anschlag mit Handfeuerwaffen.** Eine große, mit Handfeuerwaffen bewaffnete Gruppe attackiert ein Verwaltungsbüro. Beim darauf folgenden Schusswechsel mit der Polizei kommen auch Zivilisten ums Leben.
15.06.2006	Anurah-Bura (Sri Lanka)	**Bombenanschlag.** Bombenexplosion an Bord eines vollbesetzten Reisebusses.
11.07.2006	Mumbai (Indien)	**Bombenanschlag.** Anschlagsserie, bestehend aus sieben Explosionen, auf verschiedene Reisezüge und Bahneinrichtungen im Großraum Mumbai.
18.02.2007	Diwana (Indien)	**Bombenanschlag.** Serie von Bombendetonationen an Bord eines Personenzuges.
11.12.2007	Algier (Algerien)	**Bombenanschlag.** Zwei Selbstmordattentäter sprengen ihre Fahrzeuge kurz nacheinander vor einem Gebäude der Vereinten Nationen und dem algerischen Verfassungsgericht in die Luft.
06.01.2008	Pul-i-Khumri (Afghanistan)	**Bombenanschlag.** Beim Besuch von Mitgliedern des afghanischen Parlaments in einer Zuckerfabrik zündet ein Selbstmordattentäter eine Bombe inmitten der wartenden Arbeiter.
13.05.2008	Jaipur (Indien)	**Bombenanschlag.** Innerhalb von zehn Minuten detonieren acht Bomben an verschiedenen Orten in der beliebten Touristengegend Jaipur.
21.08.2008	Wah (Pakistan)	**Bombenanschlag.** Selbstmordanschlag auf eine pakistanische Waffenfabrik. Während des Schichtwechsels zünden zwei Attentäter an den Eingangstoren ihre Sprengsätze.

mehr Todesopfern (ohne Anschläge im Irak*) 1993–2008

Ver-letzte	Todes-opfer	Verantwortlich/Verdächtigt	Art des Terrorismus
0	59	Verantwortlich: Übernahme der Verantwortung durch Taliban	National
25	58	Verdächtigt: Liberation Tigers of Tamil Eelam (LTTE)	National
625	190	Verdächtigt: unbekannt	National
13	66	Verdächtigt: unbekannt	National
100	67	Verantwortlich: Übernahme der Verantwortung durch al-Qaida	National
81	76	Verdächtigt: Taliban	National
150	60	Verdächtigt: Harkat-ul-Jihad-al-Islami (HUJI)	National
67	72	Verantwortlich: Übernahme der Verantwortung durch Tehrik-e-Taliban	National

Datum	Ort	Art des Anschlags
20.09.2008	Islamabad (Pakistan)	**Bombenanschlag.** Ein mit Sprengstoff beladener Lastwagen detoniert in der pakistanischen Hauptstadt vor dem Marriott Hotel. Zündung durch einen Selbstmordattentäter.
10.10.2008	Stammesregion Orakzai (Pakistan)	**Bombenanschlag.** Während einer Versammlung der Stammesältesten der Region lässt ein Selbstmordattentäter sein mit Sprengstoff beladenes Auto detonieren.
30.10.2008	Guwahati (Indien)	**Bombenanschlag.** Mehr als zehn Explosionen erschüttern innerhalb von wenigen Minuten die Landeshauptstadt des westindischen Bundesstaates Assam. Betroffen sind vor allem Orte, an denen sich Personen auf ihrem Weg zur Arbeit oder zum Einkaufen befinden.
26.11.2008	Mumbai (Indien)	**Anschlag mit Handfeuerwaffen.** Zwischen dem 26. und 29. November ereignet sich eine Serie von koordinierten Anschlägen bewaffneter Terroristen. Der erste Anschlag erfolgt gegen 9.30 Uhr in der Wartehalle des Chhatrapati Shivaji Terminus (CST), eines der betriebsamsten Bahnhöfe des Landes.

* Irak 1999–2008: Anmerkung: Im Zeitraum 2004 bis 2008 kam es im Irak zu 40 terroristischen Anschlägen mit 50 oder mehr Todesopfern. Bei mehr als der Hälfte der Anschläge ist der Täter allerdings bislang unbekannt – ein Umstand, der die Einordnung in nationalen beziehungsweise internationalen Terrorismus erschwert. Allenfalls können Vermutungen angestellt werden. Um die Übersichtlichkeit zu gewährleisten und einer Verzerrung vorzubeugen, wurde daher darauf verzichtet, diese Großanschläge in die Darstellung aufzunehmen.

mehr Todesopfern (ohne Anschläge im Irak*) 1993–2008

Ver-letzte	Todes-opfer	Verantwortlich/Verdächtigt	Art des Terrorismus
266	54	Verdächtigt: Harkat-ul-Jihad-al-Islami (HUJI)	International
200	86	Verdächtigt: Taliban	National
470	77	Verdächtigt: United Liberation Front of Assam (ULFA)/ Harkat-ul-Jihad-al-Islami (HUJI)	National
308	173	Verdächtigt: Lashkar-e-Taiba (LeT)	International

Quelle: RAND Database of Worldwide Terrorism Incidents (http://www.rand.org/nsrd/projects/terrorism-incidents.html)

2. Wichtige terroristische Gruppierungen (1960–2010)

Europa

Gruppierung	Land	Gründung	Ende
Ethnisch-nationalistischer, separatistischer Terrorismus			
Front de Libération de la Corse (FLNC)	Frankreich	1976	.
Ushtria Çlirimtare e Kosovës (UÇK)	Kosovo	1994	1999
Continuity Irish Republican Army (CIRA)	Nordirland	1985	.
Real Irish Republican Army (RIRA)	Nordirland	1998	.
Irish National Liberation Army (INLA)	Nordirland	1974	.
Provisional Irish Republican Army (PIRA)	Nordirland	1969	.
Euzkadi ta Askatasuna (ETA)	Spanien	1961	.
Sozialrevolutionärer Terrorismus			
Revolutionäre Zellen (RZ)	Deutschland	1974	späte 1980er
Rote Armee Fraktion (RAF)	Deutschland	1972	1998
Bewegung 2. Juni	Deutschland	1971	Ende 1970er
Action Directe (AD)	Frankreich	1979	1987
17. November (17N)	Griechenland	1973	2002
Rote Brigaden (RB)	Italien	1969	1989
Grupos de Resistencia Antifascista Primero de Octubre (GRAPO)	Spanien	1975	.

Naher/Mittlerer Osten

Gruppierung	Land	Gründung	Ende
Ethnisch-nationalistischer, separatistischer Terrorismus			
Armée de Libération Nationale (ALN)	Algerien	1954	1962
Democratic Front for the Liberation of Palestine (DFLP)	Palästina	1969	.
Popular Front for the Liberation of Palestine (PFLP)	Palästina	1967	.
Aqsa Martyrs' Brigades/ Al Aqsa	Palästina	2000	.
Abu Nidal Organization – Fatah: The Revolutionary Council (ANO)	Palästina	1974	1996
al Fatah	Palästina	1957	.
Organisation Schwarzer September	Palästina	1971	1974
Palestine Liberation Front (PLF)	Palästina	1978	.
Popular Front for the Liberation of Palestine – General Command (PFLP-GC)	Palästina	1968	.
Kurdische Arbeiterpartei (PKK)	Türkei	1978	.
Armenian Secret Army for the Liberation of Armenia (ASALA)	Türkei	1975	1996
Religiöser Terrorismus			
al-Qaida	Afghanistan	1989	.
Afghan Mujahideen	Afghanistan	Ende 1970er	.
Islamische Gruppe/Gama'a al-Islamiya (GAI)	Ägypten	1977	.
Muslimbruderschaft	Ägypten	1928	.
Islamic Liberation Party/ Hizb al Tahrir al Islami (HT)	Ägypten	1958	.
Armée Islamique du Salut (AIS)	Algerien	1987	1999

Fortsetzung: Naher/Mittlerer Osten

Gruppierung	Land	Gründung	Ende
Religiöser Terrorismus			
Groupe Islamique Armé (GIA)	Algerien	1992	.
Groupe Salafiste pour la Prédication et le Combat/al Qa'eda in the Islamic Maghreb (AQIM)	Algerien	1998	.
Ansar al Sunna (AS)	Irak	2003	.
al Qa'eda in Iraq (AQI)	Irak	2003	.
Mujahedin-e Khalq (MeK)	Iran	Mitte 1960er	1992
Aden-Abyan Islamic Army(AAIA)	Jemen	Mitte 1990er	.
Hisbollah	Libanon	1982	.
Fatah al-Islam	Libanon	2006	.
Hamas	Palästina	1988	.
Palestine Islamic Jihad (PJI)	Palästina	Ende 1970er	.

Ferner Osten/(Süd-)Ostasien

Name	Land	Gründung	Ende
Ethnisch-nationalistischer, separatistischer Terrorismus			
Moro National Liberation Front (MFLN)	Philippinen	1972	.
Hizbul Mujahideen (HM)	Pakistan	1989	.
Liberation Tigers of Tamil Eelam (LTTE)	Sri Lanka	1983	2009
Sozialrevolutionärer Terrorismus			
Japanese Red Army (JRA)	Japan	1970	2001
Chukaku-Ha/Japan Revolutionary Communist League	Japan	1957	.
Religiöser Terrorismus			
East Turkestan Islamic Movement (ETIM)	China	1990er	.

Gruppierung	Land	Gründung	Ende
Harakat ul-Mujahideen (HuM)	Indien	1997	.
Aum Shinrikyō	Japan	1985	.
Lashkar-e-Taiba (LeT)	Pakistan	1990	.
Jaish-e-Muhammad (JEM)	Pakistan	Ende 1990er	.
Lashkar-e Jhangvi (LJ)	Pakistan	1996	.
Moro Islamic Liberation Front (MILF)	Philippinen	1987	.
Abu Sayyaf Group (ASG)	Philippinen	1994	.
Islamic Movement of Uzbekistan (IMU)	Usbekistan	1999	.

Nordamerika, Südamerika

Name	Land	Gründung	Ende
Ethnisch-nationalistischer, separatistischer Terrorismus			
Front de Libération du Québec (FLQ)	Kanada	1963	1971
Fuerzas Armadas de Liberación Nacional Puertorriqueña (FALN)	Puerto Rico	1974	1985
Ejército Popular de Boricua/ Los Macheteros (EPB)	Puerto Rico	1978	.
Black Panther Party (BPP)	USA	1966	1972
Sozialrevolutionärer Terrorismus			
Ejército Revolucionario del Pueblo (ERP)	Argentinien	1970	1977
Movimiento Peronista Montonero/Montoneros	Argentinien	1970	1981
Che Guevara Anti-Imperialist Command	Argentinien	2005	.
Ejército de Liberación Nacional (ELN)	Bolivien	1967	1993
Vanguardia Popular Revolucionaria (VPR)	Brasilien	1967	1973

Fortsetzung: Nordamerika, Südamerika

Name	Land	Gründung	Ende
Sozialrevolutionärer Terrorismus			
Ação Libertadora Nacional (ALN)	Brasilien	1967	1972
El Frente Patriótico Manuel Rodríguez/Partido Comunista de Chile (FPMR/PCC)	Chile	1983	1994
Movimiento de Izquierda Revolucionaria (MIR)	Chile	1965	.
Movimiento Juvenil Lautaro (MJL)	Chile	späte 1980er	1994
Ejército Revolucionario del Pueblo (ERP)	El Salvador	1972	1977
Fuerzas Populares de Liberación (FPL)	El Salvador	1970	1992
Fuerzas Armadas Rebeldes (FAR)	Guatemala	1962	1996
Organización Revolucionaria del Pueblo en Armas (OPRA)	Guatemala	1979	1996
Ejército Guerillero de los Pobres (EGP)	Guatemala	1975	1996
Frente Patriótico Morazanista (FPM)	Honduras	1979	1995
Ejército de Liberación Nacional (ELN)	Kolumbien	1964	.
Fuerzas Armadas Revolucionarias de Colombia (FARC)	Kolumbien	1964	.
Autodefensas Unidas de Colombia (AUC)	Kolumbien	1996	.
Movimiento 19 de Abril (M-19)	Kolumbien	1973	1990
Ejército Zapatista de Liberación Nacional (EZLN)	Mexiko	1983	2005
Frente Sandinista de Liberación Nacional (FSLN)	Nicaragua	1960	.

Name	Land	Gründung	Ende
Movimiento Revolucionario Tupac Amaru	Peru	1983	1997
Sendero Lumioso (SL)	Peru	1969	.
Movimiento de Liberación Nacional/Tupamaros (MLN)	Uruguay	1963	1985
The Weathermen	USA	1969	1976

Alle Daten zu den wichtigsten terroristischen Organisationen im Zeitraum 1960 bis 2010 wurden den gängigen Nachschlagewerken entnommen, insbesondere S. K. Anderson/S. Sloan: *Historical Dictionary of Terrorism*, Lanham 2009, J.-M. Balencie/A. de LaGrange (Hrsg.): *Les Nouveaux Mondes Rebelles – Conflicts, Contestations, Terrorismes*, Paris 2005, sowie M. Crenshaw/ J. Pimlott (Hrsg.): *Encyclopedia of World Terrorism*, Armonk 1997. Einige Informationen wurden auch der Datenbank »Terrorist Organization Profiles« (TOPs) des Memorial Institute for the Prevention of Terrorism (MIPT) entnommen (online unter http://www.start.umd.edu/start/data_collections/tops/). Als »wichtig« galten diejenigen Organisationen, deren Lebensdauer mindestens fünf Jahre beträgt/betrug. Auch mussten ihnen Aktionen und Aktivitäten zugeschrieben werden, die als terroristische Tatbestände bezeichnet werden können. Für die Festlegung des »Beginns« einer terroristischen Organisation war ihr Entstehungszeitpunkt beziehungsweise das Gründungsdatum maßgebend; ihr »Ende« wurde durch ihre offizielle Auflösung beziehungsweise die Niederlegung der terroristischen Tätigkeit definiert.

3. Forschungszentren, Nachschlagewerke und Bibliografien, wichtige Zeitschriften zur Terrorismusforschung

Forschungszentren

Combating Terrorism Center (CTC)
United States Military Center
Lincoln Hall
West Point, NY 10996
USA
http://www.ctc.usma.edu/

International Institute for Counter-Terrorism (ICT)
Interdisciplinary Center Herzliya
P.O. Box 167
Herzliya 46150
Israel
http://www.ict.org.il/

National Consortium for the Study of Terrorism and Responses to Terrorism (START)
University of Maryland
College Park, MD 20742
USA
http://www.start.umd.edu/start/

Norwegian Defence Research Institute (FFI)
P.O. Box 25
N-2027 Kjeller, Norway
Norwegen
http://www.ffi.no/en/Sider/default.aspx

RAND Corporation
Research Area Terrorism and Homeland Security/Rand Database of Worldwide Terrorism Incidents (RDWTI)
1700 Main Street
P.O. Box 2183
Santa Monica, CA 90407-2138
USA
http://www.rand.org/nsrd/projects/terrorism-incidents.html

Nachschlagewerke und Bibliografien

Anderson, Sean K./Sloan, Stephen (Hrsg.): *Historical Dictionary of Terrorism*, Lanham 2009.

Babinka, A. M. (Hrsg.): *Terrorism: A Bibliography with Indexes*, New York 2005.

Balencie, Jean-Marc/La Grange, Arnaud de (Hrsg.): *Les Nouveaux Mondes Rebelles. Conflicts, Contestations, Terrorismes*, Paris 2005.

Balencie, Jean-Marc/La Grange, Arnaud de (Hrsg.): *Mondes Rebelles: Guérillas, Milices, Groupes Terroristes*, Paris 2001.

Chaliand, Gérard/Blin, Arnaud (Hrsg.): *The History of Terrorism. From Antiquity to al Qaeda*, Berkeley 2007.

Crenshaw, Martha (Hrsg.): *Encyclopedia of World Terrorism* (3 Bde.), Armonk 1997.

Forest, J. F. (Hrsg.): *Terrorism and Counterterrorism. An Annotated Bibliography* (3 Bde.), Westpoint 2004.

Heitmeyer, Wilhelm/Hagan, John (Hrsg.): *Internationales Handbuch der Gewaltforschung*, Wiesbaden 2002.

Laqueur, Walter: *No End to War. Terrorism in the Twenty-first Century*, New York 2008.

Schmid, Alex P./Jongman, Albert/Price, Eric (Hrsg.): *The Routledge Handbook of Terrorism Research*, New York 2011.

Wichtige Zeitschriften

Critical Studies in Terrorism, London (Großbritannien)/New York (USA)

Dynamics of Asymmetric Conflicts, Philadelphia (USA)

International Journal of Conflict and Violence, Bielefeld (Deutschland)

Journal of Conflict Studies, Fredericton (Kanda)

Perspectives on Terrorism, London (Großbritannien)

Studies in Conflict & Terrorism, Philadelphia (USA)

Terrorism and Political Violence, Philadelphia (USA)

Über den Autor

Peter Waldmann, geb. 1937, emeritierter Professor für Soziologie und Sozialkunde an der Universität Augsburg, ist bereits durch zahlreiche Veröffentlichungen als Experte der Erforschung des Terrorismus ausgewiesen. Nach seinem Studium der Rechts- und der Sozialwissenschaften in München und Paris verbrachte er ein einjähriges Forschungsstipendium in Argentinien. Zwischen 1986 und 1995 war Peter Waldmann fünf Jahre als Direktor des Instituts für Spanien- und Lateinamerikastudien der Universität Augsburg tätig, außerdem von 1988 bis 1990 dort Vizerektor der Universität. Die internationale und komparative Ausrichtung seiner Forschungen führte zu mehreren Gastdozenturen im Ausland (u.a. Bern, Harvard, Buenos Aires), zur Mitgliedschaft in der »Academia Argentina de la Historia« und zum Ehrendoktor der Universität Madrid. Peter Waldmann veröffentlichte mehrere Bücher zum Thema Terrorismus, unter anderem die Titel *Ethnischer Radikalismus. Ursachen und Folgen gewaltsamer Minderheitenkonflikte* und *Beruf: Terrorist. Lebensläufe im Untergrund.*